MENSAGENS DE *Maria*
PARA OS *Momentos Felizes*

Elizabeth Clare Prophet

Mensagens de Maria para os Momentos Felizes

Tradução
Renato Motta

NOVA ERA

CIP-Brasil. Catalogação-na-fonte
Sindicato Nacional dos Editores de Livros, RJ.

P958m   Prophet, Elizabeth, 1939
       Mensagens de Maria para os momentos felizes / Elizabeth Clare
Prophet; tradução: Renato Motta. – Rio de Janeiro: Nova Era, 2009.
(Mensagens douradas de Maria; v.3)

       Tradução de: The Age of the Divine Mother
       ISBN 978-85-7701-213-8

       1. Maria, Virgem, Santa - Ensinamentos. 2. Felicidade. 3. Vida
espiritual. I. Título. II. Série.

                                        CDD: 299.93
09-1969   CDU: 299.93

Título original norte-americano:
The Age of the Divine Mother

Copyright da tradução © 2007 by Editora Best Seller Ltda.
The Age of the Divine Mother, Livro Três da Trilogia Mensagens Douradas de Maria, de Elizabeth Clare Prophet.

Summit University Press
63 Summit Way, Gardiner, Montana, 59030-9314 USA
Tel.: 406-848-9500 – Fax; 406-848-9555
e-mail: info@summituniversitypress.com – Website: http://www.summituniversitypress.com

Summit Lighthouse do Brasil
Rua Machado de Assis, 252, Vila Mariana, 04106-000, São Paulo, SP.
www.summit.org.br
Tel.: (11) 3804-2944

Editoração eletrônica: Abreu's System
Capa: Mello & Mayer

Este livro foi revisado segundo o Novo Acordo Ortográfico
da Língua Portuguesa.

Direitos exclusivos de publicação em língua portuguesa para o Brasil adquiridos pela Editora Nova Era um selo da Editora Best Seller Ltda.
Rua Argentina 171 – Rio de Janeiro, RJ – 20921-380 – Tel.: 2585-2000
que se reserva a propriedade literária desta tradução.

Impresso no Brasil

ISBN 978-85-7701-213-8

PEDIDOS PELO REEMBOLSO POSTAL
Caixa Postal 23.052
Rio de Janeiro, RJ — 20922-970

Sumário

Nota: Oito rosários — um para cada manhã da semana e domingo à noite — foram publicados no livro *Mensagens de Maria para um novo dia*, da Editora Nova Era, primeiro volume da trilogia *Mensagens Douradas de Maria*. Outros cinco rosários, representando os cinco raios secretos do Espírito Santo — um para cada noite da semana —, foram publicados em *Mensagens de Maria sobre o amor divino*, segundo volume da trilogia.

Apresentação

Oferecemos este trabalho em uma época em que muitos, incluindo os protestantes que não conheceram Maria, estão despertando para a imensa relevância de sua figura e também para o lado feminino da Divindade e a chama da Mãe. A verdadeira importância de Maria foi mantida à sombra por mais de dois mil anos pela imagem do seu Filho, Jesus, e pela hierarquia masculina da Igreja. Agora, ao entrarmos na era de Aquário, conseguimos vê-la como o verdadeiro Ser divino que realmente é.

Elizabeth Clare Prophet é uma grande devota da chama da Mãe. Mesmo tendo tido uma criação religiosa não católica, ela conseguiu deixar de lado a doutrinação preconceituosa que recebeu e oferecer sua vida para Nossa Senhora, a serviço do mundo.

No Capítulo Um, os caros leitores vão apreciar o contato com sua busca por Maria, que talvez sirva de paralelo à busca de vocês mesmos, ainda que não percebam que estão buscando pela Mãe e que precisam ser libertados de muitas ideias preconcebidas que ainda possam ter.

Vamos aceitar Maria como nossa mestra, pois ela caminhou por onde caminhamos hoje. Criou um filho e o perdeu, do mesmo modo que tantas mães de hoje choram por seus filhos mortos em batalhas. Mesmo assim, ela triunfou! Este livro traz esperança para todas as mães e futuras mães do mundo.

Incluímos maravilhosas meditações sobre o bebê que se desenvolvia em seu ventre. Contamos a respeito dos testes e das provas aos quais ela teve de se submeter, e sua superação quando ela, uma arqueia e consorte de um arcanjo, veio à Terra para ser a mãe do Cristo. E agora que ela já ascendeu de volta para o Pai, como todos deveremos fazer um dia ao encerrarmos nossa vida na Terra, Maria nos ensina o caminho da superação e da ascensão.

Entretanto, este livro não é apenas para as mulheres — os homens também têm um lado feminino. O objetivo é que todos nós, tanto homens quanto mulheres, nos vejamos com a energia da Mãe. E então, a partir da Mãe, poderemos nos tornar o Cristo. Este livro pode atender à sua aspiração, talvez ainda não percebida, pela Mãe.

A Sra. Elizabeth Clare Prophet é mãe, não apenas de seus cinco filhos, mas também de milhares de outras pessoas em todo o mundo, que a chamam de "Mãe" como um tratamento carinhoso. Ela deu ensinamentos, conselhos e, também, muitas reprimendas ao longo dos anos em que serviu aos Mestres Ascensos. Colocamos todo o texto na primeira pessoa para que todos vocês, leitores, possam apreciar melhor o tom das palestras, e possam conhecer e amar a Sra. Prophet também, além de Nossa Senhora.

Incluímos mensagens que Nossa Senhora ditou por intermédio da sua mensageira e que tratam de assuntos como sabedoria, esperança e paz para um mundo em ebulição. Nossa Senhora demonstra muita preocupação com o futuro e diversas vezes apareceu com mensagens e profecias. Ela apareceu em

Fátima, em Lourdes, em Medjugorje, em Garabandal e também para Juan Diego, sob a forma de Nossa Senhora de Guadalupe. Ela também apareceu em muitas outras ocasiões que não foram registradas. Muitas vezes, imagens nas igrejas foram vistas vertendo lágrimas, muitas vezes lágrimas de sangue. Todos esses casos representam tentativas de Nossa Senhora para entrar em contato com a humanidade e alertá-la do que poderá acontecer se nós não nos modificarmos e não nos dedicarmos ao serviço da luz.

Incluímos dois novos rosários para a Nova Era: o Décimo Quarto Rosário — o Mistério da Renúncia — e também uma versão reduzida do rosário original, também conhecida como "O Rosário da Criança". Nossa Senhora reforça a importância de fazermos o rosário diariamente para a transmutação do mundo e ofereceu este último, de vinte minutos, para aqueles que não têm tempo de fazer o rosário mais longo todos os dias.

É sempre aconselhável apreciar as reproduções de pinturas da Madona e da criança, especialmente os maravilhosos quadros renascentistas. Sabemos que os Mestres Ascensos podem irradiar sua presença Divina por meio das fotos e pinturas colocadas em suas casas e escritórios.

Nossa Senhora é uma mestra muito próxima de nós e de nosso dia a dia, uma Mestra Ascensa sintonizada com o século XXI. Ela é a mãe de todos os filhos de Deus, não só dos católicos, e nosso objetivo é ajudá-los a reconhecer a Mãe nas muitas formas pelas quais ela se nos apresenta. Nossa Senhora nos diz, em uma de suas mensagens: "Eu sou a mãe do vosso coração."

Annice Booth

Annice Booth
Gerente editorial da Summit University Press
Paradise Valley
Montana

Uma palavra da autora

Este trabalho é um tributo à Mãe do Mundo e a Maria, que, como Mãe de Jesus, foi sua representação mais importante na era de Peixes. Esta é uma trilogia de sabedoria, amor e poder* que flui do coração da Mãe para seus filhos. Ela contém não apenas as revelações feitas por Maria por intermédio de seus mensageiros, mas também as emanações de luz que sua Presença tornou manifesta para nós. Desse modo, prestamos testemunho à sua alma imortal, que engrandece continuamente o Senhor.

Fui criada como protestante e não tive a oportunidade de apreciar Nossa Senhora, embora minha inclinação natural fosse a de entrar em todas as igrejas católicas e fazer orações. Entretanto, não sabia como fazer isso, e fui até mesmo doutrinada a desenvolver certo preconceito contra a figura de Nossa Senhora, que, segundo me ensinaram, era um ato de idolatria

---

* Além deste volume, a Editora Nova Era lançou, anteriormente, os dois primeiros livros da trilogia *Mensagens Douradas de Maria*: *Mensagens de Maria para um novo dia* e *Mensagens de Maria sobre o amor divino*. (*N. do T.*)

dos católicos, que a deificavam, erguiam estátuas para ela e fabricavam medalhas em sua homenagem.

Certo dia, tive uma experiência maravilhosa. Foi uma conversão pessoal. Estava simplesmente caminhando pela rua, olhei para cima e vi, diante de mim, Nossa Senhora. Avistei-a em toda a sua beleza, doçura, Presença e amor do Ser que eu sabia que era. Fiquei tão comovida e tocada pela Realidade dela, que substituiu a irrealidade com a qual eu havia sido programada, que, literalmente, corri até a igreja católica mais próxima. Ajoelhei-me diante da imagem e lhe pedi perdão pelos pensamentos e sentimentos que alimentara contra ela. Ofereci-lhe também a minha vida e solicitei que ela me usasse como instrumento, para que, por meu intermédio, ela servisse de mãe para todas as pessoas.

A alegria que venho sentindo desde então, por ter Nossa Senhora como companhia constante e conselheira em todos os momentos da vida, é simplesmente incomensurável. Sinto-me muito grata por Nossa Senhora ter demonstrado interesse em uma simples pessoa, a ponto de mostrar-me de forma verdadeira a sua Presença e a sua Realidade, que dissolveram, de forma instantânea, uma vida inteira de doutrinação contrária.

Ao conhecer Maria como ela realmente é, passei a considerá-la uma força incansável e constante, desafiando a opressão feita a seus filhos em toda parte, em todas as fés e religiões. Ela é uma Mãe do Mundo, e aprendi isso pela sua tremenda mestria de vida. Seus conhecimentos de administração e organização, que ela foi me ensinando, serviram de verdadeiros manuais sobre como administrar esta organização e, com a ajuda de uma equipe de colaboradores muito capazes, levá-la ao nível de complexidade de serviços que hoje beneficia a todos.

Quando queremos adquirir mestria sobre os detalhes da vida, em qualquer campo, devemos compreender que o aspecto

Mãe em Deus é o que corresponde à Matéria, ou ao universo da Matéria, da mesma forma que a palavra *mater*, que é *matéria*, em latim, também representa Mãe. Desse modo, aqui na Terra, se pretendemos alcançar qualquer objetivo, precisamos invocar a chama da Mãe. Precisamos compreender a concepção hindu da Mãe como o aspecto de Deus na figura de Shakti, o princípio ativo, a força que coloca em manifestação a vontade do Pai.

Assim, se você quer saber como alcançar suas metas, seus projetos, e como fazer com que eles se cumpram; se seu objetivo é ajudar as pessoas e glorificar a Deus — a única razão de existirmos —, então peça isso a Nossa Senhora. Você vai descobrir que ela é verdadeiramente a mestra, e não uma camponesa inculta que, por acaso, deu à luz o amado Jesus, como muitos nos querem fazer acreditar.

Conhecemos Nossa Senhora como um anjo. Compreendemos que, no decorrer do plano divino de Deus, durante um milhão de anos e até mais, muitos anjos do céu encarnaram na Terra devido à sua preocupação com os filhos de Deus, para ensinar a eles.

Tais anjos surgem como pessoas com grande sentimento e abundância de amor. Talvez não pareçam os mais brilhantes, por não terem trabalhado necessariamente os campos do desenvolvimento da mente. Preferiram trabalhar no nível dos sentimentos, pois os anjos, sendo ordens de seres celestiais, na verdade, existem com a finalidade de oferecer, aos filhos e filhas de Deus, fé, esperança, perseverança, compaixão e amor — os mesmos sentimentos que precisamos para nos relacionar bem uns com os outros, ajudando-nos mutuamente.

Sem esses sentimentos edificantes, poderíamos nos tornar sombrios, céticos e desesperançados. Não conseguiríamos superar as crises relacionadas à morte dos que amamos ou às várias calamidades que nos atingem. Em tais momentos de grande necessidade, precisamos sentir uma presença confortadora que nos preencha com amor e apoio, e é Deus que nos estende estes cuidados por meio de anjos invisíveis. E, às vezes, Ele também o faz por meio de anjos encarnados.

Nossa Senhora faz parte da hierarquia e da evolução dos anjos.[1] Essas hierarquias também servem nos sete raios da Divindade que emergem do prisma da consciência Crística. O raio de Nossa Senhora é o quinto, o raio verde esmeralda, o raio da cura. Ele é também o raio da ciência, da medicina, do suprimento e da abundância. A economia também está sob a ação do quinto raio.

Nossa Senhora, portanto, tem grandes talentos em muitas áreas. Não creio que exista um campo sequer na área do empreendimento humano na qual ela não demonstre perícia e compreensão total, a fim de ensinar aos outros como compreender e implementar os objetivos maiores e mais elevados. A mente de Nossa Senhora é vasta, tão vasta que está muito além da compreensão humana.

Ao vermos Nossa Senhora nos dias de hoje, passamos a ter um compreensão dela como uma mulher do nosso meio — uma Nossa Senhora que é moderna, liberada, e também forte e determinada, como muitas das grandes mulheres do nosso tempo, pessoas que lutam pelas causas mais variadas.

Precisamos enxergá-la como uma amiga, uma companheira, uma irmã, embora também possamos nos referir a ela, com todo o direito, como "deusa", devido à incomensurável consciência de Deus que ela possui. Não devemos colocá-la em um pedestal e nos tornarmos idólatras de sua imagem, mas devemos reverenciá-la no sentido de reconhecer que ela tem grande mestria e imensa estatura nas esferas celestes, tendo sido escolhida para ser a mãe de Cristo por ter a habilidade de manter a luz e o equilíbrio de toda a sua missão.

Assim, a Mãe vem para nos curar do senso de pecado, tanto com relação a nós mesmos quanto com relação a outras pessoas. Ela vem nos libertar, especialmente no mundo cristão, dessa enorme divisão que torna o cristianismo ineficaz. E, é claro, ela traz consigo o pesar de todas as pessoas em todas as nações do planeta, bem como a determinação de ajudá-las conforme pedirmos, por meio de chamados e orações.

Uma das maiores professoras que conheci nos últimos 25 anos é Nossa Senhora. De seu amor, vieram dois grandes ensinamentos. Nossa Senhora nos ensinou o Relógio Cósmico, esquematizando os ciclos do retorno de nosso carma e de nossas iniciações. Esses ensinamentos são uma maravilha que deve ser admirada e todos podem encontrá-los em numerosos livros e gravações disponíveis.[2]

O segundo grande ensinamento que ela nos legou é o rosário. Quando Nossa Senhora veio a mim e me disse de seu desejo de ter devotos em todo o mundo que lhe oferecessem o Rosário Escritural para a Nova Era, ela primeiro anunciou os sete mistérios para os sete raios, bem como o formato das orações que deveriam ser usadas.

Depois que esses rosários foram completados, conforme a sua orientação, a Mãe Abençoada divulgou os Mistérios Magistrais para o oitavo raio, que focam a majestade e a mestria de Deus.[3] Em sua terceira aparição para mim, a Virgem Sagrada apresentou os mistérios e o formato das orações para os cinco raios secretos, que ela determinou que fossem feitos ao anoitecer, de segunda a sexta-feira.

Nossa Senhora explicou que, quando um número suficiente de pessoas tivesse estabelecido o ritual diário da oração desses rosários, ela ditaria o Décimo Quarto Rosário — O Mistério da Renúncia. Apresentamos esse último rosário neste terceiro volume da trilogia.[4] Ao oferecer diariamente o rosário nesses formatos, os devotos da Mãe ancoram o amor de Nossa Senhora dentro do cálice de seus corações, consagrando, dessa forma, suas energias vitais à expansão da luz da Mãe por todo o corpo planetário.

O Rosário Escritural de Nossa Senhora para a Nova Era ensina ao discípulo o aspecto devocional do amor da Mãe e do Filho — não só o seu amor por ele, mas também o amor do devoto a eles —, ao mesmo tempo em que reforça o padrão da vida e do trabalho de Maria e de Jesus, apresentando-os como os maiores e mais belos exemplos de uma forma cristã de viver, além de servir de fundação para a dispensação cristã.

O oferecimento do rosário, formulado por nossa Mãe espiritual para atender às necessidades do momento, nos permite usufruir uma experiência Crística universalmente calculada pelo céu, visando despertar a alma para as Realidades da Mulher Divina e do Filho Varão. Pois é a luz deles que é emanada de cada um que escolhe ser parte do rosário da vida que enfeita a Terra. Esse rosário vivo é composto por todos os filhos e filhas da chama que diariamente consagram suas energias, tanto na Terra quanto no céu, ao serviço constante de Jesus e Maria.

Esse rosário de almas é uma corrente infinita de oferendas florais à Mãe, as quais ela recebe, abençoa e devolve a seus filhos para torná-los unos — coração, alma e mente —, como o grande corpo de Cristo na Terra, a Igreja viva.

Nossa Senhora explica que, quando dizemos "Ave Maria", não estamos procedendo de forma idólatra, nem adorando uma figura ou uma pessoa; estamos simplesmente saudando o raio da Mãe, o Ma-ray,* que é o significado do nome Maria. Estamos prestando devoção ao princípio de Deus que é Mãe. É um evento universal, presente em todas as culturas e religiões, mesmo nas mais primitivas. O reconhecimento do princípio da Mãe, seja ela representada como uma deusa da fertilidade ou por tantas outras formas, é fundamental à vida, ao nascimento, às colheitas e assim por diante.

Assim, saudamos o raio da Mãe em Deus, no universo, em Nossa Senhora. Na realidade, estamos oferecendo adoração à luz em cada um dos santos — à luz única que é Deus — e não à personagem. Adorem esse Deus único, em seguida adorem Sua luz e compreendam que essa mesma luz também existe em cada um de vocês.

Os cristãos rezaram a Deus por intermédio de Jesus e de Maria, e essas formas de oração surgiram na fundação da Igreja primitiva e vêm até o presente. Desse modo, podemos compreender que o oferecimento do rosário é a exaltação da Maternidade de Deus e da Filiação Divina, conceitos que não podem ser confinados a uma só igreja ou a um só dogma. Do mesmo modo que o tema do Filho de Deus concebido pela Virgem Cósmica é ouvido constantemente em muitas das religiões do mundo, assim também a humanidade vai, um dia, reverenciar a Mãe como a Fonte da Vida e o Filho de Deus como o Salvador da luz Crística dentro de cada um.

Nossa Senhora legou para a humanidade o arquétipo da mulher da Nova Era. Por meio de seu exemplo e de sua perseverança, ela invoca a Mulher Divina em todos nós. Mostra-nos não apenas a forma pela qual o princípio feminino pode ser

---

* A autora faz uma relação, no original em inglês, entre *Ma-ray* (raio da Mãe) e *Mary* (Maria). (*N. do T.*)

redimido, mas também explica por que ele deve ser redimido, a fim de que o Divino Filho-Varão, sob a forma do homem Crístico e da mulher Crística, possa surgir em todos os filhos e filhas amadas de Deus.

Até que o princípio feminino da Divindade possa ser dignificado em cada homem e em cada mulher, o Cristo não poderá nascer. E até que o Cristo nasça em cada indivíduo, a identidade evolutiva do homem e da mulher não poderá vivenciar esse novo nascimento. Desse modo, o renascer de Cristo no homem e na mulher, o qual muitas vezes é chamado de Segunda Vinda, é necessário para a salvação da alma; na realidade, o Cristo Pessoal individualizado é o Salvador do mundo do indivíduo.

Quando o Cristo nasce no coração do homem e da mulher, sua consciência destrona o Anticristo, ao qual Paulo se referia como a mente carnal, inimiga de Deus.[5] Pois o Filho de Deus vem para exterminar o dragão do eu inferior — o ego humano —, o qual deve ser derrotado a fim de que o Ego Divino possa aparecer.

Sem a Mãe, não existe o Filho. Portanto, este terceiro volume da trilogia é dedicado a todos os devotos da Mãe Abençoada e do seu Filho, Jesus Cristo, que personificou a glória do filho unigênito de Deus, a fim de que possamos manter a sua luz — "a Luz verdadeira, que ilumina todo homem quem vem ao mundo" —[6] e para que, assim, possamos ser moldados à sua imagem.

A suave esperança da Mãe e a sua fervorosa fé consistem em que seus filhos, seguindo os preceitos do Pai, possam alcançar seus sonhos mais distantes.

A serviço Dela eu permaneço,

Elizabeth Clare Prophet

Damos a todos as boas-vindas no instante em que vocês leem as palavras dela e seus ensinamentos neste livro, e esperamos que todos consigam conhecê-la como ela realmente é. Pois ela não é apenas um grande Ser de luz, "a mulher vestida com o Sol" (como lemos no Apocalipse), mas é também uma amiga muito real, alguém em quem podemos confiar e que pode nos dar força nos momentos difíceis.

Acima de tudo, rezamos para que todos possam ouvir as palavras proféticas de Nossa Senhora e, a partir de então, fazer escolhas sábias em suas estradas de vida individuais à medida em que entram na Era da Mãe Divina.

PARTE UM

Minha Busca por Maria

Eu sou a Mãe de todos os Filhos de Deus, não apenas dos católicos. Sou uma vinha tenra, uma mestra no céu que representa a Mãe Divina. Nossa Senhora também representa essa Mãe. Eu também pertenço ao reino angélico, pois sou a parte complementar do Arcanjo Rafael, que mantém o equilíbrio para mim, como minha chama gêmea. Vim à Terra para amar a alma de Jesus e fornecer-lhe os panos que ele próprio usou para tecer a veste nupcial.

Maria

1

A Maria verdadeira

por Elizabeth Clare Prophet

Gostaria de falar com vocês a respeito do coração de Maria, como Mãe Divina, e o que ela passou a significar para mim.

Nossa Senhora não é, de forma alguma, um conceito exclusivo da Igreja Católica Romana, e ela também não aparece necessariamente como aquela imagem em particular que mostra seu Imaculado Coração atravessado por um punhal, suportando as dores do mundo.

Gostaria de lhes mostrar uma pintura de Nossa Senhora que é típica da Nova Era. Essa obra foi feita por Ruth Hawkins,[1] e nela vocês podem ver outra imagem, o rosto de uma amiga amada, professora, irmã e Mãe, algo que eu sei que está muito próximo do coração de vocês. Esse quadro em especial fez muitos acharem esta figura moderna mais semelhante ao que sentiam no coração, em vez da forma como ela é representada em imagens mais antigas. A Mãe Divina aparece em todas as culturas de formas diferentes, e a familiaridade que temos com ela é a grande chave para nossa evolução e para nossa vitória.

Nossa Senhora, então, nos aparece como um ser que alcançou a mestria de chegar ao nível de um arcanjo (a forma fe-

minina da palavra *arcanjo é arqueia*). Ela serve com o Arcanjo
Rafael, que é seu divino complemento, sua chama gêmea.

Rainha dos anjos

Nossa Senhora é chamada de "Rainha dos Anjos". Ela é certamente a Rainha dos Anjos do quinto raio, no qual ela e
Rafael servem.

Ela e Rafael contam, em seus ditados,[2] que muito tempo
atrás eles foram chamados ao altar de Deus e foi dada a ela
a missão de encarnar na Terra e vivenciar numerosas encarnações até chegar à época, dois mil anos atrás, em que ela seria preparada para ser o instrumento do nascimento de Jesus
Cristo. Rafael foi convocado para manter o equilíbrio para ela
no céu.

Nossa Senhora encarnou na antiga Atlântida, onde manteve o foco de um magnífico templo de cura. Serviu nesse raio
de cura e, portanto, está muito mais envolvida com nossa cura
pessoal e com a cura do mundo. E suas profecias vêm nos ensinar como evitar as coisas que ela profetizou.

Compreendemos, então, no coração de Nossa Senhora,
que ela é, acima de tudo, a grande Professora-Mãe que vem até
nós. Ela é muito querida, está muito próxima e é uma parte de
todos nós. Ela chora por nossos fardos. Ela implora ao Pai para
que Ele interceda e envie anjos para nos dar assistência. Nossa
Senhora, portanto, é chamada de Mediadora. Ela é a Mãe da
misericórdia e do conforto.

Em seu Imaculado Coração, Maria mantém para cada um
de nós a visão divina. E a palavra *visão* vem no mesmo quinto
raio,[3] que corresponde ao chakra do terceiro olho.[4] Por meio
de sua visão singular e de sua compreensão imaculada de quem

somos, ela vê para cada um de nós, diariamente e a cada hora, a pura perfeição que ela conheceu no Princípio, com o Deus Pai-Mãe. Ela jamais afasta o olho dessa visão e a mantém sempre, para que possamos ter a coragem e a alegria de completar os espaços em branco e achar todas as peças do quebra-cabeça de nossa vida. Costumamos imaginar que nossas próprias mães fazem isso para nós, e elas realmente o fazem. Mas temos também uma Mãe Divina que faz o mesmo.

Preconceitos antigos

Nesta vida, fui criada em uma subdivisão protestante do cristianismo e encontrei o caminho da metafísica quando ainda era bem jovem. Por causa dos protestantes e da metafísica, descobri que havia criado preconceito contra Nossa Senhora e também contra os católicos. Isso é muito triste, porque, devido às críticas que ouvi contra essa forma de adoração, eu me vi privada da bênção de conhecer uma amiga tão antiga e querida.

Sou muito grata por ter tido contato com Nossa Senhora, que aconteceu quando conheci a Grande Fraternidade Branca,* pois até então, durante a minha criação, eu sempre estivera rodeada de pessoas que criticavam constantemente a Igreja Católica e o que ela dizia de Maria. Reclamavam que a Igreja Católica a transformara em uma deusa, e a chamava de "Rainha do Céu", "Rainha dos Anjos" e "Mãe de Deus". Como podiam chamá-la de Mãe de Deus? Como alguém poderia ter a

---

* A Grande Fraternidade Branca é uma ordem espiritual de santos e adeptos de todas as raças, culturas e religiões. Esses mestres transcenderam os ciclos de carma e renascimento e se reuniram ao Espírito do Deus vivo. A palavra "branca" refere-se à aura ou ao halo de luz branca que circunda esses seres.

coragem de elevar um ser humano a esse nível, transforman-
do-o em um foco de reverência? Toda a revolta dos protestantes é baseada nesses conceitos; e o resultado dessa revolta foi a
retirada, em suas igrejas, dos santos, do Arcanjo Miguel e de
Nossa Senhora.

Eu estava tão rodeada por essas ideias mal compreendidas
e ouvira tanto a respeito da idolatria dos católicos que esses
conceitos permearam todos os meus pensamentos de criança. E essas sementes mortais continuaram a crescer dentro de
mim, porque não havia nada para contra-atacar tais ideias.

Lembro-me de que o ápice do antagonismo que eu sentia
em relação a todos esses conceitos aconteceu quando eu estava na faculdade, em Boston. Costumava usar o metrô para ir
às aulas, e ali, em uma das estações, havia um imenso mosaico
de Maria, a Mãe de Jesus, e acima dele estavam escritas as palavras: "Maria, a Rainha do Céu." Eu ficava ali diante do mosaico e repassava em minha mente todos aqueles conceitos sob
os quais fora doutrinada. E ficava zangada de ver as crenças
religiosas de outras pessoas serem impostas para mim em um
lugar público; costumava dizer para mim mesma: "Se esse Ser
existe, por que permite ser retratado dessa forma?"

Encontrando Maria

Pois bem, não muito depois disso, recebi a minha primeira comunicação de Maria, a Mãe, por meio de uma carta publicada nas *Pérolas de Sabedoria*,[5] e senti a ternura e o amor
da Mãe Divina que vieram a mim daquela *Pérola*. Enquanto
a lia, caminhando para o trabalho, senti seu manto descer sobre mim. Senti a presença de seu amor. Senti como se tivesse
conhecido uma mulher como eu naquela rua em Boston, sen-

ti que ela me cumprimentou e saudou a Mãe divina dentro de mim; senti que ela queria fazer amizade comigo e renovar uma antiga relação.

Nossa Senhora apareceu para mim e tirou de meu coração o peso de todo o preconceito que eu desenvolvera nos anos anteriores: a grande consternação sobre o catolicismo, contra a adoração de sua imagem e sua elevação, que eu antes considerava idolatria, pois fora isso que me haviam ensinado.

Olhei para cima ao caminhar pela avenida Commonwealth e lá estava ela, sem a sobrecarga nem os grilhões de qualquer tipo de ortodoxia ou dogma. Ela era simplesmente o mais lindo Ser de luz, a mais maravilhosa Presença. E o amor e o conforto de seu coração me fizeram compreender que ela era não apenas Mãe, mas também irmã e amiga — alguém com quem poderíamos nos sentar a qualquer hora a fim de conversar e confessar nossos segredos mais íntimos.

A verdadeira Maria

Pensei comigo mesma: "Então, essa é a *verdadeira* Maria. Essa é a verdadeira maravilha do céu. Ela realmente é a maravilha do amor de mãe." Estava tão insuflada pelo Espírito Santo, com sua Presença, que todo o peso relacionado com sua personagem ou de como ela poderia ou não ser vista desapareceu no mesmo instante.

E corri com grande alegria para a igreja católica mais próxima, onde pude me ajoelhar diante da sua imagem, sabendo que aquilo não era um foco de idolatria, mas sim a Presença da Mãe Divina centrada ali, na Matéria, naquele ponto de contato. Por trás daquela forma, estava o espírito de uma manifestação de Deus. E era com aquele Deus único e com aquela luz única que eu estava entrando em contato. Foi maravilhoso encontrar uma amiga e sentir essa definição dentro de meu ser.

Pedi desculpas a ela por toda a raiva, por toda animosidade e incompreensão, que eu mantive por tantos anos, causadas pela falsa imagem dela que me fora apresentada e pelas mentiras que me haviam contado. De repente, eu me senti livre como nunca. Minha alma fora sobrecarregada por todos aqueles preconceitos. Eu nem mesmo percebera o peso da dor que carregava dentro de meu ser; obviamente, meu Ser interior conhecia a Mãe Divina e se sentia sobrecarregado pelo peso daqueles conceitos do subconsciente.

Eu me senti livre da doutrina e do dogma, da igreja à qual pertencera. Na verdade, eu me senti livre de todas as igrejas. Senti-me com a liberdade de entrar em qualquer igreja e de adorar qualquer ponto de contato com a Divindade — qualquer personificação daquela chama. Essa foi uma liberação completa, que me tornou capaz de transcender todos os confinamentos e compartimentos que a humanidade fez de Deus.

Como minha devoção a Maria cresceu ao longo dos anos — e eu não consigo deixar de falar dela quando estou com aqueles que a conhecem e a amam —, muitas vezes me perguntaram o porquê de eu não ter me tornado católica. Eu me via conversando com padres e freiras, conhecendo mais a respeito dos santos do que os próprios católicos, e eles sempre me diziam: "Você daria uma católica muito boa. Por que nunca se converteu?"

A única resposta que eu podia lhes dar era: "Eu não preciso me tornar católica; não preciso colocar minha consciência dentro dos confinamentos de nenhuma Igreja. Posso ter a realização na luz e sucesso total dos santos. Posso ter o rosário.

Posso ter tudo que vocês têm. Posso entrar e assistir às suas missas e unir-me a vocês em suas preces, mas sou parte da Igreja Universal da humanidade, adorando a Deus onde quer que ele se encontre."

Creio que isso é uma liberação para todas as almas que fazem parte da veneração a Maria. Vejo como uma parte da liberdade da era de Aquário essa possibilidade de ser Deus onde quer que a pessoa esteja e de adorar a Deus onde quer que ela O ou A encontre. Assim, dediquei meus filhos a Nossa Senhora; compreendo que eles são os filhos da Mãe Divina.

As muitas faces da Mãe Divina

Nossa Senhora me explicou que ela não é a dona exclusiva do título Mãe Divina, ou Mãe Abençoada. Muitos anjos, bem como santos, também atendem a esse chamado, e ela é um dos seres no céu que respondem àqueles que invocam a Mãe Divina ou a Mãe do Mundo. No Oriente, as pessoas fazem chamados a Kuan Yin, denominando-a Mãe Divina, aquela que tem muitas faces e muitas manifestações, mas, ainda assim, é Única.

Esses ensinamentos eliminaram, para mim, todas as ofensas que poderiam vir a nós e dividir o ponto de nossa adoração religiosa. Nós adoramos um Deus e uma luz. Não adoramos santos ou Mestres Ascensos* ou anjos; compreendemos o sig-

---

* Mestres Ascensos são seres espirituais iluminados que já viveram na Terra, alcançaram a sua razão de ser e ascenderam, reunindo-se com Deus. O mestre, por intermédio do Cristo e revestido pela mente que estava no Cristo Jesus, adquiriu total mestria sobre o tempo e sobre o espaço e, nesse processo, adquiriu mestria nos quatro corpos inferiores, nos quatro quadrantes da Matéria, nos chakras e no equilíbrio da chama trina.

nificado da declaração de Moisés: "Ouve, ó Israel: O Senhor nosso DEUS é um único Senhor."[6] E esse único Senhor individualizado para mim e para você colocou sua centelha divina dentro de cada um de nós. Essa centelha divina é Deus, é a manifestação de Deus, é a única luz através da qual podemos entender a completude de Deus. Portanto, podemos facilmente nos curvar à luz uns dos outros sem qualquer sentido de idolatria, sem qualquer ideia de que existam muitos deuses.

A mente carnal, a mente humana e a mente mortal — essas têm tendência à idolatria. Existem muitos ídolos que as pessoas criam neste mundo, sejam eles astros de rock, ou de cinema, seus automóveis, suas posses materiais e até mesmo uns aos outros. As pessoas idolatram aqueles a quem amam. Idolatram seus pais, seus filhos, seus líderes e assim por diante. Porém, na realidade, é a luz única que existe em todos nós que devemos compartilhar e amplificar.

A Mãe de Deus

Um dos conceitos mais importantes que Maria me ensinou é o conceito de Maria, a Mãe de Deus. Ela explicou que essa denominação, que já foi objeto de tanta controvérsia, representa o cuidado de mãe em relação a uma chama. Na Terra, Deus exige uma mãe porque Deus é Espírito, e, para o Verbo ou a Palavra poder encarnar, a consciência da Mãe e a chama da Mãe devem nutrir, sustentar, preparar o corpo e oferecer adoração diária a essa chama, para que ela seja protegida, além de manter o conceito imaculado — que significa a visualização do padrão divino — para o modelo da alma e para a missão.

Se Maria não tivesse mantido o padrão divino para a missão de Jesus, talvez ele não tivesse conseguido completar essa missão. É o cargo da Mãe Divina dentro do homem e da mulher que mantém o padrão divino para que o Espírito possa preenchê-lo. A Mãe é a taça; ela é o cálice. A Matéria* e todo o universo material são o cálice dentro do qual a energia de Deus é despejada. Sem essa energia para instilar vida aqui embaixo, não seríamos nada além de uma matriz oca e frágil — sem vida, sem alegria, sem Espírito.

Depois de eu me tornar uma mensageira dos Mestres Ascensos, Nossa Senhora ditou para mim seu rosário da Nova Era e me ofereceu uma compreensão muito profunda com relação a ela e a esse rosário.

Primeiramente, o fato de ela ser chamada de "Mãe de Deus" na Ave Maria ofende algumas pessoas, pois quem poderia ser a Mãe de Deus e por que Deus precisa de uma Mãe?

Nossa Senhora me explicou que ela é o ser que nutre a chama de Deus nos filhos e nas filhas de Deus, e também em suas crianças. E eu consegui vê-la como uma grande figura ministrante, um grande arcanjo cujo poder e Presença são tão plenos que realmente preenchem toda a Terra. Nossa Senhora pode estar com cada um de nós individual e pessoalmente da mesma forma que qualquer ser Ascenso ou santo pode fazer; ela pode colocar sobre nós sua Presença Eletrônica** e o *mo-*

---

* Consideramos Matéria como *Mater* (palavra latina para "mãe"). O universo da Matéria é a manifestação de Deus como Mãe: o universo do Espírito é a manifestação de Deus como Pai.

** A Presença Eletrônica é a Presença do EU SOU, ou o EU SOU O QUE EU SOU, a Presença individualizada de Deus focada para cada alma. É a identidade Divina de cada um. A Presença Eletrônica de um mestre Ascenso é uma duplicata da Presença EU SOU daquele mestre. Uma mestra como Nossa Senhora pode estar em muitos lugares da Terra ao mesmo tempo porque ela pode multiplicar sua Presença Eletrônica muitas vezes, a fim de colocar uma duplicata dela mesma junto daqueles que estão necessitados.

mentum da sua mestria, tanto como a arqueia que é quanto como uma filha de Deus que tomou um corpo na Terra.

Pude perceber então que chamá-la de Mãe era o mesmo que chamar Deus de Mãe e recebê-la como uma serva de Deus que vem trazer e restaurar para nós a totalidade de nossa compreensão da chama da Mãe e da nossa natureza feminina. Tanto os homens quanto as mulheres têm uma natureza feminina e uma masculina — o Alfa e o Ômega. Assim, compreendi que precisamos ter modelos. E Nossa Senhora no céu e na terra foi o grande modelo de Maternidade, de divina intercessão, de ensino e de sabedoria profunda.

Assim, o conceito de Mãe de Deus é algo que Maria consegue transferir para você de imediato, um título que ela não guarda para si, oferecendo-o a homens e mulheres que desejem nutrir a Chama da Vida. Nunca na história houve maior necessidade de compreensão desse princípio único, porque a vida está batendo nos portais do nascimento.

Os gênios necessários para enfrentar o desafio de fazer a passagem para uma era de ouro estão esperando para encarnar. Muitos deles foram abortados e continuam a bater na porta, sem parar. Estão determinados a encarnar nesta era, a fim de nos liderar através da etapa de transição. Vemos na sociedade uma carência de liderança, que percebemos ser necessária para nos guiar neste período; no entanto, por causa do aborto, fechamos a porta para os líderes que se preparam para chegar.

A mulher vestida com o Sol

A negação da vida acontece porque não compreendemos a imagem da Mãe, a imagem da Mulher como a "mulher vestida de Sol" que nos é mostrada no Apocalipse.[7] Essa é a mulher que fez elevar o fogo do resplandecente núcleo do ser e as energias da Kundalini, no chakra da base da coluna. Ao elevar essas energias, ela está vestida com o Sol, porque aquela luz da Mãe vem se encontrar com a luz do Pai, e todos os chakras — especialmente o da coroa — explodem e se unem no fogo do Sol. Toda a sua aura se enche com essa luz dourada, e Maria usa uma "coroa de 12 estrelas". Ela não deseja usar essa coroa sozinha. Oferece-a a você como o ponto focal da sua mestria nas iniciações das 12 hierarquias solares.

Existem 12 frequências de Deus representadas pelas 12 mandalas dos seres cósmicos, conhecidas como as 12 hierarquias solares.[*] Quando falamos desses seres cósmicos, referimos-nos a eles por nomes dos signos do zodíaco. (Portanto, falamos, por exemplo, da hierarquia solar de Capricórnio — legiões de seres cósmicos que mantêm o foco, para nosso cosmos, da energia do poder de Deus. Quando falamos da hierarquia de Aquário, essas são as legiões de seres cósmicos que mantêm o foco das energias do amor de Deus etc.) A mulher usando a coroa de 12 estrelas significa que existe a obtenção da mestria desses 12 atributos divinos no raio feminino e que eles são focados pelos seres cósmicos que os lançam para baixo, a fim de que eles sejam absorvidos pelas evoluções inferiores.

---

[*] Como as energias das 12 hierarquias solares estão representadas no relógio cósmico, elas começam com a hierarquia de Capricórnio e a qualidade do poder divino, na linha 12 do relógio, e terminam com Sagitário e a vitória de Deus na linha 11. A qualidade da vitória, então, é o teste e a energia que nos levam à conclusão de um ciclo e ao começo do próximo. Se o potencial completo do ciclo for alcançado, o seguinte ocorrerá em um nível mais elevado, mantendo a fundação de tudo o que foi alcançado no anterior. Desse modo, a vida é planejada para ser uma espiral autotranscendente contínua.

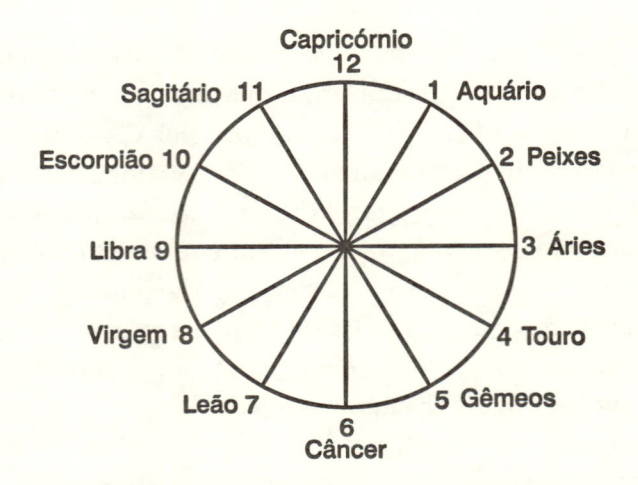

As 12 Hierarquias Solares que Iniciam as Evoluções da Terra na Consciência Divina

A Mãe Divina dentro de você está destinada a ter mestria, nos planos da Matéria, das qualidades de Deus e, por meio dessa mestria, ela cria o berço, o cadinho dentro do qual ela poderá receber o Filho-Varão. Essa mulher do Apocalipse é o arquétipo de você, do homem e da mulher da era de Aquário, do ápice da mestria de Jesus e Maria, conforme ela é realizada no Espírito Santo, no raio violeta[8] e no sétimo raio, nesta era. O que é tão inspirador a respeito dessa mulher maravilhosa é que sua mestria é possível para você, aqui e agora. E não apenas possível — é obrigatória. É a exigência para que completemos o arco que nos levará à Nova Era, o pulo que nos levará à consciência cósmica.

Nossa Senhora está profundamente preocupada com a mestria de cada um de nós. Ela está totalmente devotada à vitória da alma de cada um de nós e à liberação do raio da Mãe dentro de todos. E por causa dessa sua preocupação ela divulgou o ensinamento do relógio cósmico,[9] para que você possa ter conhecimento dos ciclos do seu carma, de seu darma, de suas iniciações, e determinar quais testes você enfrentará a cada dia, de modo que a vida não seja uma sequência de eventos aleatórios, e sim uma estrutura calculada matematicamente. Você pode determinar que nível de esforço será necessário em termos de energia para que seus chakras enfrentem a oposição das trevas — qual frequência e qual a qualidade que devem ser intensificadas em determinado dia, a fim de contra-atacar a manifestação do Antideus ou do Anticristo dessa qualidade.

Aprendemos, quando estamos encarnados no plano físico, quanto esforço é necessário para desatarraxar uma tampa, empurrar uma peça de mobília, abrir uma porta ou carregar o peso de nosso próprio corpo. Adquirimos esse sentido ainda na infância; o sentido de como andar, de como carregar essa forma física e de como interagir com objetos materiais. Nossa Senhora nos ensina a liberar a energia de nossas almas e de nossos chakras, e também nos ensina como interagir com a energia cósmica e com o carma que retorna, como lidar com ele, como libertar o raio que sai do coração e faz retroceder os caídos — os demônios da noite, os desencarnados que vêm poluir a consciência da criança recém-nascida, dos Seres Crísticos e de sua própria chama dentro de seu coração.

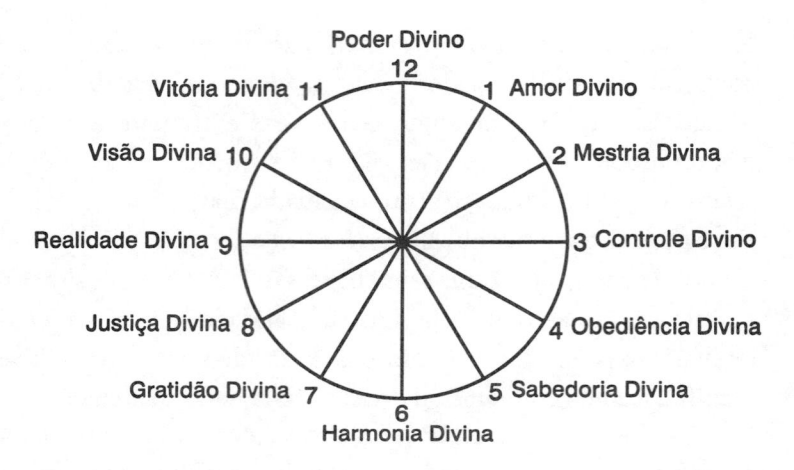

A Consciência Divina, ou Qualidades Divinas das Linhas do Relógio Cósmico

Perversões Humanas da Consciência Divina das 12 Hierarquias Solares

PARTE DOIS

O Presente de uma Mãe para seus Filhos

Confortai-vos, meus filhos! Não existe lugar algum no mundo onde podeis estar em que eu também já não tenha estado. Eu já vi o tentador e as tentações do pecado. Vi o Cristo na cruz e o segurei em meus braços como se fosse uma criança, e também o vi ao lado do túmulo, no momento da consagração do ventre cósmico. Separei-me do meu Filho ao longo da via crucis e o vi pregado na cruz em um dia muito escuro. Minha alma foi tão ferida quanto a vossa pode vir a ser. Mas não temais: Eu sou vossa Mãe, eu estou convosco.

Maria

Assim no Alto como embaixo

Uma mensagem de Nossa Senhora

Filhos do Um, Vinde ao Sagrado Coração da Virgem Cósmica; EU SOU Maria. Escolhi personificar o raio da Mãe para um cosmos. Sou a serva do Senhor Alfa e o instrumento de Ômega. Sou a percepção do Deus Pai-Mãe estendendo-se até os planos da Matéria para que os filhos do Um possam conhecer a santidade da comunhão — do casamento das filhas do Espírito Santo, dos votos dos filhos à Virgem Cósmica.

Pelo fato de a chama do quinto raio estar relacionada com a precipitação na Matéria e de o aspecto feminino da chama estar diretamente envolvido com as espirais da realização Divina que descem do mundo que não tem forma até o mundo da forma, fui escolhida por Alfa e Ômega para encarnar neste sistema de mundos, a fim de implementar no tempo e no espaço o exemplo da Mulher Divina que alcança a autorrealização *em* e *como* a Mãe Divina. Lembro-me muito bem do momento em que fui convidada pelos mensageiros do rei e da rainha, nossos muito amados Alfa e Ômega, e vim acompanhada pelo amado Rafael para me apresentar diante do trono das duas chamas gêmeas do cosmos!

"Vós chamastes, meu pai e minha mãe, e eu vim."

"Sim, amada, nós te chamamos. A ti e a Rafael está sendo dada a oportunidade vinda do coração do Logos Solar, de manifestar o equilíbrio do fluxo da Verdade 'assim no Alto como embaixo' sobre as espirais da figura em forma de oito do nosso cosmos — oportunidade de ser na Terra como no céu a encarnação do raio da Mãe."

"O que isso significa, meu pai e minha mãe?"

"Significa que foste escolhida, Maria, para encarnar nos planos da Matéria, para assumir a forma feminina que as almas errantes das crianças de Deus agora usam, para viver e servir em meio a eles, para adorar a chama Crística que existe em seus corações — como Sanat Kumara e Gautama fizeram, e como os Seres Crísticos, os avatares e Budas que foram antes, e também os muitos anjos que se apresentaram como voluntários para trabalhar sob a forma de sangue e carne a fim de salvar as ovelhas perdidas da casa de Israel, que seguiram os caminhos da geração idólatra."

Eu ouvi as palavras do querido Pai-Mãe e olhei para os olhos de Rafael, meu amado. E por um momento — apenas por um momento — a dor da separação iminente foi grande demais. No mesmo instante, porém, fui fortalecida pela beleza, pela nobreza de seu semblante e pela firmeza do seu olhar disciplinado na Lei. Pode-se dizer que ele teve de mostrar ainda mais coragem do que eu, que ia descer aos planos da Matéria.

Mas, quando senti sua mão pressionar a minha e senti também a força da vontade de Deus e de nossa dedicação à eterna Verdade que fluiu em meu ser e em minha alma, eu me vi frente a frente com a amada Presença de Deus que agora pulsava em absoluta ausência de forma, como línguas de fogo bipartidas onde um momento antes os personagens da Divina Polaridade estavam. Eu me ajoelhei em sinal de total entrega ao chamado da hierarquia e, em silêncio diante do Santo dos Santos, ofereci a minha vida para que o Verbo se tornasse carne e habitasse entre os que viviam na Terra,[1] a fim de que o Cristo, o eterno Logos, pudesse encarnar como o Ser Incorruptível.[2]

Preciosos, sabíeis que, para as almas e os anjos que se oferecem como voluntários para encarnar nestes vários sistemas de mundos em que a consciência da Queda[3] e também dos homens e das mulheres caídos subjugaram a raça no passado, não há garantias de que essa corrente de vida vá emergir das trevas incólume, livre para levantar voo mais uma vez rumo ao Amor Eterno? Aqueles que vêm das oitavas celestiais em defesa da Verdade, em defesa da vida das almas que se afastaram do centro do Ser, têm apenas seu compromisso com a chama no qual confiar — têm apenas a determinação, a vontade e o amor. Pois até mesmo da lembrança dessas esferas eles devem abrir mão ao entrarem no canal do nascimento e ao assumir o templo do corpo que foi preparado — às vezes de forma amorosa e às vezes de forma não tão amorosa — pelos pais terrenos.

> Ó, sim, a graça de Deus está sempre lá.
> Sua Presença pode ser conhecida.
> O amor de Deus está em toda parte —
> Até mesmo nas asas da manhã
> Onde eu alcei voo.
> Porém, entendam que tudo depende do chamado
> E de como fazer o chamado.
> Pois todo o potencial de Deus e do homem
> Pode se transformar em nada
> Quando as almas e anjos abandonam a Verdade
> Que Deus trouxe.
> A oração, portanto, de todo avatar que desce

É pela lembrança da estrela de Belém,
Para que ela possa entrar em contato com o
    mestre
E o ensinamento da Presença do EU SOU
E o Cristo Pessoal de cada um
Para a jornada através dos vales da Terra
E então para o voo até o centro do Sol.

E assim eu desci pela graça de Deus;
E pela sua graça, e apenas por ela,
Eu ascendi ao trono celeste.
Portanto, eu sou uma entre as arqueias
Que experimentaram diretamente
O véu das lágrimas humanas
Da escuridão para a escuridão
Enquanto a consciência da humanidade flui
Até que, acelerada por alguma luz interior,
Elas encontrem o caminho de glória a glória.

Confortai-vos, meus filhos!
Não existe lugar algum no mundo onde podeis
    estar
Em que eu também já não tenha estado.
Eu já vi o tentador e as tentações do pecado.
Vi o Cristo na cruz
E o segurei em meus braços
Quando criança, e também ao lado do túmulo,
No momento da consagração ao ventre cósmico.
Separei-me do meu Filho ao longo da via
    dolorosa
E o vi pregado na cruz

Em um dia muito escuro.
Minha alma foi tão ferida quanto a vossa pode vir
a ser.[4]
Mas não temais: Eu sou a vossa Mãe, e estou
convosco.

Por eu ter ido antes de vós
Seguindo as pegadas da Senda.
Por ter o Filho abençoado
Também descido e ascendido
Por todo o vasto cosmos,
Podeis seguir cada pegada dolorosa e jubilosa —
Com os pés firmes como a cabra da montanha,
Pulando rumo ao vosso destino cósmico
E o vosso lugar nessa cruz,
Acelerando para saudar a espada
Que deve trespassar a alma
Para que possais ter compaixão
E tornar toda a humanidade íntegra.
Porque o caminho é conhecido,
Porque nós buscamos e vencemos,
Vós, que descestes em resposta ao chamado
De Alfa e Ômega,
Podeis ter a certeza de ascender
Se fizerdes firme a vossa vocação e eleição[5]
Pelo chamado, pelas iniciações
Pelos testes, testes e mais testes.

Estendemos a mão para ajudar-vos
Agarrai-a, se quiserdes!
Senti a força de Rafael

E a firmeza do seu amor.
Senti a promessa do amado
Assegurando-vos do vosso compromisso
De acordo com o lema
Daqueles que vêm para fazer a Sua vontade:[6]
Podeis conseguir se tentardes!
Podeis conseguir se tentardes!

Em meio a todas as trevas,
À densidade e aos perigos
Inerentes a um plano mundial
Em que o julgamento está perto,
Os arcanjos se colocam à frente.
Ouvi o seu chamado!
Eles vêm para interceder.
Por que não lhes dais ouvidos?
A sua palavra é Lei
Diretamente do discurso do Logos.
A sua palavra é o poder manifestando a obra
Do Criador, do Preservador, do Destruidor.
Neste ciclo do Espírito Santo
Podeis esperar para ouvi-la,
Para ouvir a sabedoria,
Que faz com que os demônios estremeçam[7]
E o amor, que é castigo
Para aqueles que o temem.

Sem o temor do Senhor
Não há arrependimento.
E sem o arrependimento não pode haver
     perdão.

O perdão flui;
Mas ele deve ser invocado
Pelos humildes de coração,
Pelos sinceros que pedem perdão ao Senhor
Para que possam desfazer seus erros
E refazer seus acertos.
Quando o pedido de perdão se torna um ritual —
Morto e sem obras —
Então é melhor ficar calado
E se dedicar a sacrifícios vivos
Como o serviço à Lei,
Como testemunho e prova
De que o perdão é a justiça
Da misericórdia da Lei.

Quando o Senhor Cristo, Jesus, meu Filho, reza com fervor diante do altar do Mais Alto Deus pelos filhos do Um, e quando eu o vejo descendo da montanha do SENHOR, "com Seu rosto resplandecendo como o Sol e suas vestes brancas como a luz",[8] corro na direção dele para saudá-lo e ele então me abraça no raio da Mãe. E então peço a ele aquelas dispensações para os escolhidos, que são dele para que as conceda e minhas para que as transmita, como Matriarca da Lei.

Chamai-me de Rainha dos Anjos, e assim fui feita por Deus, porque desci, por algum tempo, um pouco mais baixo do que as arqueias, nos planos da Mater-realização;* E assim, por intermédio da superação do Espírito Santo, fui coroada com mais glória e honra.[9] Como os soldados que voltaram

---

* Aqui a autora faz um jogo de palavras entre "matéria" e "materialização". (*N. do T.*)

das batalhas da vida para receber suas faixas e medalhas — ou como também os escoteiros e as bandeirantes com seus distintivos e bastões — ou os flamejantes que superaram e foram convidados às recepções formais oferecidas nos retiros da Grande Fraternidade Branca, onde devem se apresentar em traje de gala. E através de suas fardas todos sabem que mundos eles conquistaram — quando e onde. E também velhos camaradas que compartilharam a vitória dos mundos relembram a estratégia de sua superação ao olharem com nostalgia para os que estão agora engajados na luta pela salvação deste planeta e de seu povo.

Nós, que conhecemos as estratégias dos seres das trevas, podemos transmiti-las a nossos irmãos e irmãs abaixo de nós. Mas o mensageiro que se ofereceu como voluntário para escrever o livro *Estratégias das Trevas*[10] saiu de cena no auge da vida e deixou para a amada Elizabeth a tarefa de escrever muitos livros sobre a Lei e tantos outros que estão nas prateleiras das bibliotecas de nossos retiros à espera de um tradutor, à espera de alguém que tenha a chave para decifrar a Palavra do Espírito e a Palavra da Mater.

Sabíeis, preciosos, que estes livros são escritos em muitas línguas — as línguas dos anjos e dos seres cósmicos e as línguas que vêm de outros sistemas de mundos e de outras interpretações do Logos? Desse modo, colocamos as chaves para que fosse decifrado esse código na aura de nossa mensageira.[11]

Sabíeis que cada um dos raios dos sete arcanjos que estão sendo endereçados a vós, da humanidade, possui os próprios engramas de luz e os próprios hieróglifos da Palavra? Eles passam através da mente do Cristo para a nossa mensageira e são entregues a vós em uma linguagem que possais compreender, na linguagem que o Senhor Deus usou para transmitir à humanidade os ensinamentos do EU SOU nesta era. Não é esse, verdadeiramente, o milagre da ciência do quinto raio? Não é essa a mão da Mãe que alimenta os filhos, para que eles possam compreender, assimilar e se transformar?

Deixo-vos agora. EU SOU.[12]

Maria

*Estarei lá na hora e no momento
da conquista de vossa vitória.*

Maria

3

O rosário da Nova Era

por Elizabeth Clare Prophet

Nossa Senhora, em sua preocupação com o contato com os filhos de Deus e a fim de realizar a transição para a Nova Era, divulgou 13 mistérios do rosário. Ela veio a mim no retiro de Colorado Springs[1] no outono de 1972 e disse: "Quero ditar um rosário para a Nova Era, um rosário escritural, e ele será feito com o mantra da Ave Maria, só que com uma pequena alteração."

Ao me ensinar o rosário, naquela ocasião, ela fez uma correção nas palavras que são ensinadas pela Igreja Católica. Assim, ensinou-me a rezar a Ave Maria da seguinte forma:

> Ave Maria, cheia de Graça,
> O Senhor é convosco.
> Bendita sois vós entre as mulheres
> E bendito é o fruto do vosso ventre, Jesus.
> Santa Maria, Mãe de Deus,
> Rogai por nós, filhos e filhas de Deus,
> Agora e na hora da nossa vitória
> Sobre o pecado, a doença e a morte.

Nossa Senhora pode ser muito severa ao censurar erros humanos em doutrinas que expressem alguma inverdade. E ela me disse: "Não deveis chamar a vós mesmos de pecadores. Não sois pecadores. Embora possais eventualmente ter pecado, podeis parar de pecar." Portanto, embora cometamos erros e criemos carma, não devemos ser chamados para sempre de pecadores. Devemos reconhecer que desde o princípio, em Alfa, até o fim, em Ômega, somos filhos e filhas de Deus, como o próprio João, o Amado, disse.[2]

Nossa Senhora aconselhou que pedíssemos que ela estivesse conosco na hora de nossa vitória sobre o pecado, a doença e a morte. Pois a morte não é real, mas apenas uma passagem da alma para outra oitava. No momento em que estamos prestes a alcançar a vitória sobre a besta* e sobre a lei da mortalidade, sobre a lei do pecado e da doença, sobre a lei de nosso carma pessoal, é nesse momento que todo o mal se desencadeia a fim de nos afastar da luz e da vitória — a fim de arrancar a taça da vitória de nossos lábios antes mesmo de conseguirmos provar dela. Assim, ela disse: "Estarei convosco na hora e no momento da conquista de vossa vitória."

A recitação dessa prece, então, traz um tremendo benefício adicional. Ela nos oferece a celebração da Mãe Divina em nosso templo, na senda da civilização ocidental. No Oriente, existe a elevação do fogo sagrado do chakra da base até o chakra da coroa e do terceiro olho (que é chamada de elevação da Kundalini), que ocorre pela repetição de mantras e bija mantras, sílabas, sementes que usam o nome da Mãe. No Ocidente, porém, não temos essa tradição.

---

* Referência à besta descrita no Apocalipse — Cap. 13. (*N. do T.*)

Nossa Senhora, sendo a completa expressão dessa luz, desejou que as pessoas das igrejas ocidentais também tivessem esse recurso. Assim, revelou o rosário e sua celebração. Explicou que, quando dizem "Ave Maria", estão fazendo uma saudação ao raio da Mãe do cosmos — o *Ma-Ray*, o Ômega. É isso que a Ave-Maria faz.

E quando celebramos o raio da Mãe, quando oferecemos essa grande saudação, a luz em nós manifesta a luz da Mãe, e começamos a sentir sua chama se elevando do chakra da base até o da coroa, para a cura de todas as nossas doenças, para a aniquilação da lei da doença, do pecado e da morte. Pois é a luz da Mãe dentro de nós que realmente cura tudo o que nos acomete.

Nossa Senhora disse: "Este mantra afirmará para todo o sempre que a humanidade não é composta de pecadores e que todos são filhos e filhas de Deus, herdeiros legítimos da consciência Crística e do raio da Mãe, e isso vai confirmar a realização Divina dentro daquele que recitar o mantra.

Chakra da coroa

Chakra do terceiro olho

Chakra da garganta

Chakra do coração

Chakra do plexo solar

Chakra da alma

Chakra da base da coluna

O mantra trabalha de modo tal que as almas que evoluem no tempo e no espaço farão contato com a Mãe Divina no momento da iniciação da vitória. Essas iniciações para a vitória dos ciclos são difíceis e normalmente estão repletas de considerável oposição da mente de massa e de nossa própria mente carnal, nesse momento, devido à entrada em uma nova frequência ao passar no teste da vitória."

Ela disse: "Os filhos e filhas de Deus precisam da intercessão das energias, o *momentum* da Mãe Divina. E é para esse instante que eles devem ser invocados — para a hora da vitória sobre o pecado a doença e a morte."

Quem é a Mãe Divina? Será que a Mãe Divina é Maria, a mãe de Jesus?

Maria, a mãe de Jesus, é uma *encarnação* da Mãe Divina. Ela é uma *representante* da Mãe Divina.

A Mãe Divina é o complemento do Pai Divino. Maria não é a única Mãe Divina, do mesmo modo que Jesus, El Morya e Saint Germain não são os únicos Pais Divinos. Eles são os eletrodos para a consciência cósmica de Alfa e Ômega, dos princípios masculino e feminino.

Desse modo, Maria é *uma* Mãe Divina — uma Mãe Divina muito próxima de nós, pelo fato de ter fundido os átomos de sua consciência com os átomos da Terra. Ela esteve conosco recentemente. Demonstrou uma vitória sem paralelos em milhares de anos, então seu contato é muito íntimo, muito pessoal, muito dedicado.

As orações do rosário

Ela nos pediu que, ao rezarmos o rosário, recitássemos o Pai Nosso do modo como ele foi ensinado por Jesus, o Cristo, ao seu círculo interno de discípulos. É uma oração lindíssima; é aquela em que Jesus revelou a seus discípulos as afirmações do Pai dentro dele.

> *Pai Nosso que estais no Céu,*
> *Santificado seja o vosso nome, EU SOU.**

A santificação do nome está na chama do seu coração.

> *EU SOU o Vosso Reino manifestado*

Deus em mim é o vosso reino, a vossa consciência, manifestada.

> *EU SOU a Vossa Vontade que está sendo cumprida*

Deus em mim é a vossa vontade sendo cumprida.

> *EU SOU na Terra assim como EU SOU no Céu.*
> *A todos eu dou hoje o pão de cada dia.*

Deus em mim está dando a todos o pão de cada dia. Esta é a oração da sua parte feminina para a masculina. É a Mãe falando ao Pai; é a conversa que poderia imaginar ocorrendo entre o seu Pai e a sua Mãe, nas câmaras secretas do Santo dos Santos.

É a Mãe dizendo para o Pai:

---

* EU SOU é o nome de Deus revelado a Moisés quando ele viu a sarça ardente (Êx 3:14). EU SOU O QUE EU SOU significa, de forma simples, mas também profunda, *Assim no Alto como embaixo. Do mesmo modo que Deus está no céu, Deus também está na Terra dentro de mim. Bem aqui onde estou, o poder de Deus também está.* Desse modo, todas as vezes que dizemos "EU SOU", estamos na realidade afirmando "Deus em mim é...".

Eu perdoo neste dia a toda a Vida
E EU SOU também o perdão que ela me estende.

Este é o relato do seu aspecto feminino em progresso neste plano da Matéria.

EU afasto todo homem das tentações [Deus em mim
   afasta]
EU liberto todo homem de qualquer situação
   nefasta.
EU SOU o Reino,
EU SOU o Poder e
EU SOU a Glória de Deus em manifestação eterna
   e imortal –
Tudo isto EU SOU.

Esta é a oração do Pai-Nosso do EU SOU, de Jesus; quando entramos nela como se estivéssemos entrando no Santo dos Santos, sentimos esse fluxo, essa adoração; então, nós a alternamos com a Ave-Maria, como a resposta do aspecto masculino de Deus dentro de nós.

Ave Maria...

Salve, raio Mãe! Salve, raio da Mãe,

   ... cheia de graça
   O Senhor é convosco
   Bendita sois vós entre as mulheres

— abençoado é o raio da Mãe Divina, manifesto na mulher.

E bendito é o fruto do vosso ventre, Jesus.

Abençoado é o fruto do ventre do cosmos. Abençoado é o fruto da consciência Crística que a Mãe nutre.

Santa Maria, Mãe de Deus,
Rogai por nós, filhos e filhas de Deus,
Agora e na hora da nossa vitória
Sobre o pecado, a doença e a morte.

A Ave-Maria é a saudação que os envolve com a veste de luz que Maria colocou em torno de Jesus.

A recitação do rosário a cada manhã é uma parte do ritual de nossa família e dos estudantes dos mestres. Leva de quarenta minutos a uma hora para fazermos o rosário, e ele é uma meditação sobre os eventos da vida de Jesus e de Maria, e também sobre as profecias do Antigo e do Novo Testamentos. Essas pequenas matrizes com cenas da vida de Jesus e de Maria funcionam como nichos da consciência — e a palavra "nicho" implica "eu + nicho + ação", ou seja, iniciação. A cada momento em que passam por uma iniciação, entram em um novo nicho da consciência de Deus, por sua própria mestria.

Assim, somos ensinados a meditar sobre uma cena específica, sobre as palavras do mestre, sobre um acontecimento em particular. Em seguida, oferecemos a saudação da Ave-Maria. Isso é feito para atrair as energias da Mater — o raio da Mãe —, para que se juntem a nós, a fim de recriar o registro e a consciência do momento descrito bem aqui onde nós estamos e para que possamos experimentar a divina Masculinidade e a divina Feminilidade de Jesus e de Maria.

Nossa Senhora definiu um rosário para cada um dos sete raios, um para cada dia da semana. Em seguida, deu um rosário para o oitavo raio e também os cinco rosários dos raios secretos, que são para as noites de segunda a sexta-feira.*

Só recentemente eu me dei conta de todo o impacto dos dois rosários diários. Percebi que o rosário feito pela manhã serve ao ciclo de 12 horas — um impulso de Alfa para nossas atividades do dia — e o rosário da noite é um impulso para as 12 horas seguintes, do retorno de Ômega até Alfa, completando a espiral em forma de oito no núcleo do fogo branco.

---

* Os rosários para os sete raios (a serem feitos nas sete manhãs da semana) e o oitavo raio (a ser feito no domingo à noite) já foram apresentados no primeiro livro desta trilogia, *Mensagens de Maria para um novo dia* (publicado pela Editora Nova Era). Os rosários para os raios secretos (feitos nas noites de segunda a sexta-feira) foram publicados no segundo livro da trilogia, *Mensagens de Maria sobre o amor divino* (também publicado pela Editora Nova Era).

PARTE TRÊS

A Trilogia da Mãe

Sempre me lembrarei do momento em que ele apareceu, quando José e eu demos as boas-vindas ao menino Jesus, e também da primeira vez em que o segurei nos braços, reparando em seus olhos brilhantes como as estrelas de onde descera. E fiz uma prece para Deus: "Abençoado sejas, ó SENHOR, Criador do céu e da Terra, que determinaste a vinda de Tu mesmo ao mundo da forma para a redenção da humanidade, para que, por meio da graça e do perdão da Lei, todos possam vir a conhecer a verdadeira natureza do Eu Crístico na forma deste Ser Crístico."

Maria

4

A trilogia da Mãe

I
A chama da Mãe e a encarnação de Deus

Crianças do Meu Coração,

Aproximamo-nos agora do advento da encarnação do Verbo. "E o Verbo se fez carne, e habitou entre nós, cheio de graça e de verdade; e vimos a sua glória, como a glória do unigênito do Pai, cheio de graça e de verdade."[1]

Sempre me lembrarei do momento em que ele apareceu, quando José e eu demos as boas-vindas ao menino Jesus, e também da primeira vez em que o segurei nos braços, reparando em seus olhos brilhantes como as estrelas de onde descera. E fiz uma prece para Deus: "Abençoado sejas, ó SENHOR, Criador do céu e da Terra, que determinaste a vinda de Tu mesmo ao mundo da forma para a redenção da humanidade, para que, por meio da graça e do perdão da Lei, todos possam vir a conhecer a verdadeira natureza do Eu Crístico na forma deste Ser Crístico, e que todos possam ser batizados em preparação para o retorno ao centro da tua Lei no Santo dos Santos."

E tive consciência de que minhas mãos seguravam a encarnação de Deus, enquanto eu mesma me sentia uma só com o conceito de Maternidade de Deus, embalando uma humanidade-bebê. Pois naquela criança, naquele presente enviado pelo próprio coração de Deus, estava a prova viva daquilo que toda a humanidade poderia um dia se tornar. E me lembrei das palavras de Eva: "Alcancei do Senhor um varão."[2] Pensei a respeito das muitas filhas de Israel que aguardavam com grande expectativa a vinda do Messias,[3] o prometido que seria Rei dos Reis e Senhor dos Senhores,[4] e também o Salvador de um povo importante e de uma nação poderosa.

O mistério da Maternidade de Deus

A Maternidade de Deus é um eterno mistério e um privilégio sagrado concedido a todas as pessoas que encarnam no raio feminino. Nessa hora de condenação do Cristo, do bebê de Belém e da criança-homem que está sendo criada no ventre do tempo e do espaço, venho proclamar a eterna Missa de Natal. Venho falar a cada mãe que tem um filho. Quero vos aconchegar junto do coração e vos transmitir o manto — que, na verdade, é o *momentum* — da minha experiência quando carregava o Senhor abençoado em meu ventre.

A glória de minha comunhão com o Espírito Santo e com a luz do Pai e do Filho era, na verdade, para a união das energias da Santíssima Trindade e sua fusão com a chama da Mãe, que culmina na Mater-realização do Verbo. Portanto, o mistério da maternidade é o talento especial que Deus ofertou à alma da Mulher para destilar os fatores da Santíssima Trindade, a fim de ser o ponto focal para o entrelaçamento dos fios e dos campos de força do Espírito com o princípio da Matéria.

O entrelaçamento de Espírito e Matéria

Na verdade, a encarnação do Verbo tem sido um mistério para muitos homens que não conseguem compreender como Deus, sendo Espírito, pôde vir em carne e sangue. Da mesma forma que "é mais fácil um camelo passar pelo fundo de uma agulha do que um rico entrar no reino de Deus",[5] também é igualmente difícil, às vezes, até para alguns que se distinguem por seu desenvolvimento mental, compreender a lógica do mistério do Espírito eterno acendendo a centelha da vida e se mesclando com o receptáculo de barro da Matéria-forma. Para outros, porém, a aceitação desse princípio da vida é parte de sua aceitação comum das maravilhas e milagres do Criador, expressos não apenas na vida de Jesus, mas também nas vidas dos muitos santos e sábios que caminharam pela Terra, tanto antes quanto depois de sua missão.

Devo dizer, então, para aqueles dentre vós que compreendem o entrelaçar dos fios da forma e da não forma, que Espírito e Matéria como princípio Pai-Mãe — como polaridades positiva e negativa do Ser — misturam-se como o tecido e a trama de toda a criação. Que todos saibam também que a Matéria que observais tem, na realidade, outras facetas, outras dimensões e outras frequências que vós ainda não experimentastes. Elas são, como sempre foram, a exaltada manifestação da tessitura da Virgem Cósmica expressa através de Ômega — até mesmo o fator equilibrador do Espírito, ao qual até agora vos referistes como os planos do Espírito. Assim, como podeis ver, a exaltação da Maternidade como materialização do Espírito ocorre em cada um dos níveis sucessivos do Autoconhecimento Divino, reportando-se até o Grande Sol Central e mais além.

Foi, então, uma alegria suprema engrandecer o Senhor dentro de minha alma.[6] E o meu amado Rafael me mostrou que o ventre da mãe é a câmara arqueada em que a alma é vestida pelo convergir das energias do Espírito e da Matéria com camada após camada de substância formada da essência do Espírito, para expressão da alma nas oitavas da Terra.

Minhas visualizações para o nascimento do Filho-Varão

Portanto, em minhas visualizações para o nascimento do Filho-Varão, vi o bebê Jesus recolhido em uma matriz em forma de coração, a matriz do próprio coração de Deus, nadando no mar eterno da consciência Divina, absorvendo a cada dia mais e mais dos fragmentos de seu amor. E os elementos e nutrientes fornecidos pela Mãe Natureza estavam ali para promover a aglutinação, nos quatro corpos inferiores, dos 144 elementos que representam a expressão equilibrada das 12 hierarquias do Sol na Matéria. Eu visualizava todas aquelas partículas, todas aquelas células, átomos e moléculas, como se estivesse imbuídas com o Espírito Santo, tendo um sagrado Sol central como a chama que ardia dentro do meu coração, como o centro da Presença do Ser Flamejante, o EU SOU O QUE EU SOU.

Acima de tudo, como o Deus e a Deusa Meru[7] me ensinaram em níveis interiores, no templo do Lago Titicaca, eu sabia que, para preservar a Matéria como uma habitação sagrada para o Senhor, e também para preservar a Matéria das doutrinas mecânicas dos luciféricos, eu devia praticar o ritual de dotar a vida na forma com as qualidades sagradas da graça, amor e alegria. Como está escrito na parede do templo: Tudo é puro para os que são puros;[8] para o sagrado, todas as coisas são sagradas. Desse modo, em minhas primeiras lições naquele templo, a amada Deusa Meru me mostrou que a mais sagrada das dádivas da maternidade e da chama da Mãe que habita os corpos dos homens e das mulheres é sua habilidade de dotar a criação material com vida, luz e amor. E isso é alcançado conscientemente ao se estender o fogo do coração — o fogo que coalesce aglutina na mente como o conceito imaculado — para todos os aspectos da criação.

O poder transformador da Mãe

Sem esse amor, surgem a crítica proverbial e a análise interminável que os seres humanos fazem uns dos outros, e que destroem o próprio tecido da evolução da alma, do mesmo modo que o desmanchar de uma rosa, pétala por pétala, destrói a matriz do milagre floral que existia nela. Sim, sem o amor da Mãe, a humanidade não apenas contempla a imperfeição, mas ratifica essa imperfeição e a torna lei para os seres humanos, a lei da qual, em sua forma de ver, jamais poderão escapar. Infelizmente, suas mentes não conseguem igualar o potencial presente com a realização futura. Colocado de forma simples, sem a chama da Mãe manifestada como ciência sagrada, como Verdade e Lei, a humanidade não consegue nem mesmo aceitar o potencial que a pequena semente tem de se transformar no imenso carvalho.

Portanto, vós que sereis Mães do mundo. Vós, que neste momento são mães que cuidam de uma família, deveis compreender que aqueles de quem cuidais, que olham para vós com fé e confiança, vão alcançar apenas o que permitirdes a eles alcançar por meio da generosidade da visão imaculada de vosso coração e das faculdades intuitivas de vossa alma, que verdadeiramente ampliam a Lei do Senhor como potencial Crístico trino de cada criança de Deus.

Devo continuar a vos fornecer algumas das visualizações e meditações ensinadas por mim pelos anjos e mestres, visando à preparação do advento do Senhor.

EU SOU, em vós, a Mãe,[9]

Maria

Este é verdadeiramente o poder transformador da Mãe: sua habilidade de enxergar beleza em seus filhos e, ao ver tal beleza, selá-la em seus pequeninos, por meio da ação do fluxo do chakra do coração.

Este é o significado de manter o conceito imaculado para toda a vida, e é aqui que a Maternidade tem início. É o amor que jorra de dentro do coração que faz a diferença entre as deficiências das crianças e a perfeição do Cristo Pessoal de cada um.

Essa lacuna entre as imperfeições presentes e as conquistas futuras é sempre preenchida pelo amor do coração da mãe.

Maria

5

A Trilogia da Mãe

II
A ciência do conceito imaculado

Crianças do Meu Filho Crístico,

A chama trina é um presente de Deus para o homem e para a mulher, visando à implementação do conceito imaculado. A pluma azul da vontade de Deus representa os meios pelos quais podeis manter na consciência o padrão divino para a alma que vem vindo — para aqueles que estão chegando agora ao mundo da forma e também para aqueles já na plenitude da luz.

O padrão divino é uma equação matemática, uma fórmula alquímica, um padrão preciso baseado no Ovo Cósmico.[1] O padrão divino da vida contém em si mesmo, da mesma forma que uma semente, todas as características do Espírito que a alma tencione ancorar no mundo da Matéria-forma. E tudo o que é exigido para o surgimento físico das matrizes estocadas no computador etérico, nas faculdades mentais e no corpo emocional deve ser ancorado no chakra da base, na semente, no ovo, nos cromossomos e nos genes.

Outros aspectos da natureza espiritual do homem e do padrão divino da vida são ancorados unicamente no corpo etérico e podem ser liberados para o mundo da forma e da consciência da forma quando o desejo fervoroso da alma de transcender seus limites impulsionar a descida da graça do Espírito Santo, imbuindo a forma com a chama desse Espírito e sobrepondo a radiância do Ser Superior sobre os átomos e moléculas do Eu Crístico. Aqueles, então, que desejam desposar a chama da Mãe e cumprem os comandos da chama aqui na Terra devem estar preparados para reforçar — por meio da vontade de Deus ancorada na vontade da mente individual, por meio da oração sagrada e fervorosa, dos *fiats*, dos decretos e das invocações, e das afirmações e visualizações — tudo o que Deus planeja para as correntes de vida de um planeta.

Isso pode ser alcançado mediante a meditação sobre as formas geométricas, a estrutura dos cristais e a harmonia e o ritmo da música clássica. Ouvindo os sons da natureza com o ouvido interno, a mãe é capaz de perceber com a sensibilidade aumentada da alma as estruturas de todas as coisas vivas. Uma vez que tudo o que existe em forma física e na Matéria-forma foi moldado pelo Criador a partir dos desígnios do universo do Espírito, a meditação sobre formas perfeitas prepara a alma para dar o salto da molécula da Matéria para a molécula do Espírito. Esse salto é uma parte necessária à manutenção do conceito imaculado, e esse salto, feito diariamente e em plena consciência, será, um dia, o grande salto da alma para os braços da Presença do EU SOU, pelo ritual da ascensão.

Manter a visão do padrão divino

A manutenção do conceito imaculado dia após dia para todas as porções da vida é, na verdade, o meio pelo qual o indivíduo afirma a imagem imaculada de seu próprio Eu Crístico surgindo aqui e agora no mundo da forma. Pois tudo de Deus que vedes, e tudo o que confirmais em nome da humanidade, está gravado no Livro da Vida, e são as vossas percepções do Eu Crístico como Deus. Aquilo que afirmais para outros é aquilo no qual vos transformareis.

Eis por que Jesus ensinou que "sempre que o fizestes a um destes meus irmãos, mesmo dos mais pequeninos, a mim o fizestes".[2] Esse "a mim" ao qual Jesus se referia é o Cristo. Como os seus contemporâneos não conseguiam entender que eles também eram o Cristo e possuíam todo o potencial de expressar o Cristo por meio da chama Crística dentro dos seus corações, ele explicou a Lei nesses termos.

Os discípulos do Cristo, hoje em dia, compreendem que esta ciência do conceito imaculado é a ciência dos iluminados de todas as eras. "Autointeresse Iluminado" é um termo merecedor de consideração. Longe de nós confirmar a negação cínica do mundo de que exista uma centelha de altruísmo em todos os corações; pois o autointeresse iluminado é a mais elevada forma de altruísmo — o altruísmo que coloca o Cristo dentro de cada um como o primeiro objeto de adoração. Servir o Cristo em outros é servir o Cristo dentro de si mesmo: e servir o Cristo dentro de si mesmo é servir o Cristo nos outros. E muitos que serão obrigados a fazer escolhas pela luz, muitos que serão obrigados a abrir mão da hostilidade ou até mesmo do companheirismo da família e dos amigos poderão encontrar nesta simples expressão da Lei uma chave importante para suas deliberações.

A alma é libertada pelo perdão

Compreendei, então, que a prática da ciência do conceito imaculado é a libertação em primeiro lugar de quem pratica o perdão e, em segundo lugar, de quem o recebe. Esta lei é também expressa na oração "perdoa-nos as nossas dívidas, assim como nós também temos perdoado aos nossos devedores".[3] Assim, da mesma forma que a alma perdoa a todos no círculo de conhecidos dela,* também o Senhor Deus perdoa a alma. E, à medida que a alma retém o perdão, também a Grande Lei retém os aspectos da misericórdia, sem os quais poucos dentre a humanidade poderiam se qualificar para a salvação.[4]

Nesse contexto, o mundo e suas evoluções são a exteriorização da autopercepção do indivíduo — seja como o Cristo ou como o Anticristo. O mundo então é, de certo modo, criação do homem. E este mundo da criação do homem é o mundo no qual devemos corrigir os efeitos das antigas visões erradas, sentimentos errados, mentalizações erradas e maneiras de ser erradas. Vida após vida, a alma deve voltar ao mesmo lugar no qual seus próprios padrões imperfeitos tiveram como resultado a manifestação do caos e da confusão. Quando a alma condena o caos e a confusão, ela se une mais uma vez a essas mesmas condições. Quando, porém, a alma afirma a realidade de Deus, a matriz original, o padrão divino de vida por trás de todas as imperfeições da forma, ela então afirma a sua libertação da limitação autoimposta.

Aqueles dentre vós que buscam aumentar a chama da vontade Divina e as qualidades do poder Divino, da harmonia Divina, do controle Divino e da realidade Divina como a cruz azul da proteção e da perfeição deveriam, então, afirmar essa proteção e essa perfeição da cruz da vida, do equilíbrio das linhas de Alfa e Ômega para o eu, a alma e o Cristo por

---

* Quer esteja alojada em um corpo masculino ou feminino, a alma é o complemento feminino do Espírito masculino, por isso sempre nos referimos a ela usando os pronomes da terceira pessoa no feminino (*ela* e *dela*).

todo o cosmos — sabendo, ao mesmo tempo, que o que quer que enxergueis por meio da criação material é um aspecto da própria autopercepção de Deus dentro de vós, a qual podeis com todo o direito invocar como uma exteriorização da vossa própria identidade.

O *fiat* eterno pronunciado por Jesus enquanto descia ao mundo da forma, "Eis-me aqui para fazer a tua vontade, ó Deus",[5] é um mantra perpétuo que conduz as energias do Ser para as matrizes perfeitas da vida. A recitação deste *fiat* quando vos preparais para os dias sagrados irá energizar o ser e a vossa consciência do próprio magneto da vontade de Deus — e do destino da vossa alma imaculada. A negação da vontade humana, associada com a afirmação da vontade divina no mantra "não a minha vontade, não a minha vontade, não a minha vontade, mas sim a tua seja feita!" é outra maneira de sustentar a alegria da perfeição de uma vida de serviço.

EU SOU na vida da Mãe
e a Mãe da vida em vós,[6]

Maria

A era de Aquário é uma era em que o Deus Pai faz transbordar de sua infinita bem-aventurança as águas do fluxo da Mãe, para que ela possa assumir o papel de homem, mulher ou criança, de irmã, de irmão, de pai, de mãe, de filho ou filha, esposa ou marido. Estes são os disfarces e máscaras da Mãe que observa através dos véus de maya. Às vezes podemos vê-la, às vezes, não. Nos doentes e moribundos, nos famintos e desolados, nos pobres e humildes, podeis descobrir uma parcela do ser abençoado que ela representa, carregando os pecados do mundo, assumindo papéis que permitem a vós alimentar os famintos, curar os doentes, preencher os vazios, vestir os despidos e, por meio de todos esses atos, concretizar a vós mesmos como a mãe da chama da Mãe.

Maria

6

A trilogia da Mãe

III
A visão de uma Nova Era

Crianças do Deus Uno,

Permiti que eu vos mantenha no abraço imaculado da Virgem Cósmica, enquanto fortaleço a alma e a substância da alma no esboço do Espírito Mais Sagrado.

Aquele que concretiza a Mãe dentro de si mesmo, que decide ser essa Mãe em nome de toda a vida, descobre que as energias do ser e o fluxo da maré da identidade se movem de forma irresistível, como se magnetizadas pelo Sol, para o coração flamejante que é o Espírito Santo. Por conseguinte, em todas as eras, aqueles que conheceram a Realidade da Mãe e que se identificaram com a Mãe se tornaram a noiva do Espírito Santo, pois a sua consciência se fundiu com a verdadeira Presença Viva do Paracleto.*

E existe um momento na vida do devoto da Mãe do Mundo em que a iniciação da fusão das energias solares com o Espírito Santo acontece. E, independentemente de estardes ocupando um corpo masculino ou feminino, essa experiência poderá e virá

---

* Palavra que etimologicamente significa mentor, protetor e defensor de alguém, e é usada em Teologia como uma das denominações do Espírito Santo. (*N. do T.*)

para vós quando, com o surgimento e do ressurgimento do amor de Deus dentro de vós, vossas energias se tornarem fluidas, aceleradas, vivas, capazes de se derramar como as marés dos oceanos, para dentro e para fora, por meio conduto da consciência.

A natureza do verdadeiro aquariano

Quando vós, na chama da Mãe, fluís com o fogo do Espírito Santo, começais a compreender a natureza do verdadeiro aquariano — o homem ou a mulher da Nova Era que traz a água da Mãe e despeja essa água nos recipientes das múltiplas identidades. A natureza fluida da Mãe é tal que ela sempre se adapta às necessidades de seus filhos, sendo capaz de assumir qualquer papel que seja necessário no momento da definição — o momento da vitória.

Assim, a era de Aquário é a era em que o Deus Pai faz transbordar da sua infinita bem-aventurança as águas do fluxo da Mãe, para que ela possa assumir o papel de homem, mulher ou criança, de irmã, de irmão, de pai, de mãe, de filho ou filha, esposa ou marido. Estes são os disfarces e máscaras da Mãe que observa através dos véus de *maya*.* Às vezes podemos vê-la, outras vezes, não. Nos doentes e moribundos, nos famintos e desolados, nos pobres e humildes, podeis descobrir uma parcela do ser abençoado que ela representa, carregando os pecados do mundo, assumindo papéis que vos permitem alimentar os famintos, curar os doentes, preencher os vazios, vestir os despidos e, através de todos esses atos, concretizar a vós mesmos como a mãe da chama da Mãe.

---

* Os véus de *maya* são os véus da ilusão, que impedem o homem de ver com clareza quem ele é e também o compromisso assumido com o Pai. (*N. do T.*)

O fluxo Aquariano
É para que possais concretizar aqui embaixo
A Mãe em seus muitos disfarces,
Na unidade do Espírito que eternamente se eleva —
Pulsante coração de fogo branco,
Girando, girando sempre em sagrada sabedoria
Removendo os véus do destino
Enquanto, vida por vida, a veste nupcial da alma
É tecida e entretecida para o Todo.

Agora aqui e depois ali,
Para cá, para mais além e em toda parte,
A chama da Mãe encarnada proclama a
    Realidade,
Uma delicadeza de magnanimidade,
O girar, o fluir, o envolver, o enroscar —
Um incenso que se eleva
Do altar do Pai, Filho e Espírito
Move a Mãe, e vem a Mãe,
Caminhando entre as almas da humanidade:

Sua alegria é como o riso de uma menina,
Sua tristeza é como o desapontamento de uma
    criança,
Sua lágrima brilhando no olho
Faz lembrar a imagem do Pai no alto,
Sua espera é a espera das chamas gêmeas
Pelo Santo dos Santos do seu amor,
Seu desejo é dar à luz o Filho-Varão da era,
Sua voz é a lembrança de um acalanto,

Sua mão, o toque de conforto e de amor,
Sua beleza é o perfil do cosmos ainda não nascido,
Sua compaixão é o brilho da estrela que refulge
     no mar,
Seu coração, o coração de toda a humanidade.

A sabedoria ensinará suas crianças a compreender todas as partes da vida, deixando que o fluxo da Mãe seja despejado em outros cálices de identidade. Elas aprenderão compaixão olhando através dos olhos de outros, caminhando pelas pegadas de outros, entrando por um momento, por um breve instante, no coração e na mente do pai, da mãe, do irmão, da irmã ou da criança. Pois, ao fluirdes com a consciência da Mãe de um lado para outro, para dentro e para fora do corpo de Deus na Terra, podereis compreender por que razão as pessoas são assim, por que motivo agem da maneira que agem, tanto com o conhecimento da Lei ou sem ele. Mantendo vossa identidade como Cristo, podereis estar ao mesmo tempo no lugar daquele Cristo no homem e na mulher, o Cristo que liberta a criatividade da Mente Universal enquanto percebereis a fundo os porquês e as causas da existência humana, que é um enigma para tantos.

Agora podeis ver o porquê de a era de Aquário ser uma era de alquimia e transformação: é a energia do fluxo da Mãe. Agora podeis ver o porquê de a era de Aquário ser a era da criatividade, como o libertar do gênio que estava trancado na alma — por ação do fluxo da Mãe. Agora podeis ver o porquê de a era de Aquário ser a era dos maiores dramas, da arte, da literatura, da cultura. Pois a chama da Mãe casada com o Espírito Santo vem para o aperfeiçoamento das matrizes das identidades Crísticas de todos os filhos e as filhas de Deus.

Deixai a chama da iluminação
penetrar a noite da ignorância

À medida que seguis mantendo o conceito imaculado para os pequeninos que nadam no grande mar da vida, invocai a chama de tonalidade amarelo-dourada, a riqueza da sabedoria do nosso Senhor tornada clara nos olhos iluminados da Mãe que contempla com olhar terno a Realidade dos seus filhos. Na pluma amarela da chama trina nasce a compreensão dos Seres Crísticos. Aqui podeis garimpar o ouro da virtude, da honra e da nobreza. Aqui está o adorno dos reis e sacerdotes para Deus, das rainhas e sacerdotisas que cuidam do fogo no altar do Espírito Santo.

Desse modo, centrados na chama da iluminação — iluminada ação —, vede, conhecei e invocai para toda a vida a mais elevada conquista da Lei, através do autoconhecimento e do conhecimento do Eu como Deus. Deixai que a chama dourada da vela de Natal penetre a noite da ignorância e revele as crianças da Mãe brilhando no Sol da retidão envolta pelo halo, pela coroa do Sol, símbolo brilhante da mente de Deus.

E, mantendo a visão da iluminada ação *por* e *em nome* do mundo e de suas evoluções, deixai que os fogos de amor do raio incandescente rosa dourado se elevem da fonte de Maria, da fonte do raio da Mãe, de onde nascem as águas do amor eterno — amor como vida fluindo eternamente, sempre sabendo que o amor é a luz, a alegria borbulhante da criatividade, a Sagrada Família, a natividade. Do amor, nasce a era do Espírito Santo, quando os corações da humanidade, guardados no coração de Deus, compartilham essa Sagrada Comunhão, esse sacramento abençoado que é o Corpo e o Sangue, o Ômega e o Alfa do nosso Senhor.

"Porque Deus amou o mundo de tal maneira que deu seu Filho unigênito, para que todo aquele que nele crê não pereça, mas tenha a vida eterna."[1] Agora, corações amados, ao entrarmos na dispensação de um novo ano e dos 25 anos de reinado do Espírito Santo, deveis amar o mundo para que, por meio do vosso amor, da vossa compaixão, do vosso cuidado, o mundo possa recebê-lo como o ungido do coração. Assim, amai o mundo como Deus o ama, e vereis a transformação de toda a vida enquanto, de mãos dadas, a Mãe e o Espírito Santo caminharão pela nave principal rumo à sua união cósmica.

EU SOU na vossa alma e no vosso Espírito,[2]

Maria

PARTE QUATRO

Ainda Há Tempo para as Profecias Serem Modificadas

Abençoados,

Eu vivo com a profecia de Fátima. Vivo com a sua mensagem. E vou de porta em porta e de coração em coração batendo, pedindo para que venhais rezar comigo — invocar a chama violeta, fazer o rosário ou os chamados ao Arcanjo Miguel. Mas, acima de tudo, rezar. Pois, por meio da vossa oração, a porta aberta se alargará e os anjos passarão através do véu para impedir desastres e calamidades.

Maria

7

Um conselho da Mãe para seus filhos

Por Elizabeth Clare Prophet

Deus enviou Nossa Senhora na profecia de Fátima,[1] do mesmo modo que a enviou para dar à luz o Cristo em Jesus.

A Profecia de Fátima

A Profecia de Fátima é uma mensagem que diz: "Esta é a hora da encarnação do Verbo. Esta é a hora do aparecimento de Cristo em vós. Elevai esta luz e derrotai o carma que está chegando. Derrotai a profecia dos atos dos homens e dos anjos caídos que estão para ser perpetrados neste fim dos dois mil anos da era de Peixes."

A profecia de Fátima é empolgante porque diz claramente o que acontecerá se não agirmos. E diz também, de forma objetiva, que, se agirmos, poderemos evitar essas mesmas profecias. Porém, dizemos com tristeza que nem a Igreja, nem os bispos, nem as pessoas responderam de forma completa a fim de evitarmos a realização da profecia. Por causa disso, estamos, nessa hora, em pleno dilema das mudanças dos mundos. Estamos vivenciando a nossa existência, hoje, como a grande escuridão que marca a conclusão e o fim da era de Peixes.

Simultaneamente, temos a luz do Grande Sol Central que está vindo para a Terra. Sentimos a tremenda onda dessa luz e de sua presença em nós. A era de Aquário está nascendo. Vem nascendo, na verdade, há dois séculos, desde a fundação dos Estados Unidos da América, quando Saint Germain, o mestre da era de Aquário, veio para conceder à nação que nascia seu patrocínio e apoio.

O patrocínio de Saint Germain

Saint Germain é nosso patrocinador. Ele é seu patrocinador. Encarnou como José, ao lado de Maria. Vem para nos ajudar a elevar a luz da Mãe em nosso interior. Vem para nos patrocinar na elevação do fogo sagrado e da Kundalini.

Peixes e Aquário — as configurações se unem e aqui estamos nós. Creio que podemos fazer um esforço maior, que podemos multiplicar a ação da luz dentro de nós mesmos e que podemos também almejar o cancelamento da profecia. A cada dia, porém, em que negligenciamos a importância de nosso papel nessa questão, essas profecias se tornam físicas.

A lei do carma é nossa professora

Jesus veio para restaurar em nós a senda da Cristicidade pessoal, depois de um longo período de carma provocado pela renúncia aos caminhos da verdade do Mestre Divino. Muitas lições tiveram de ser aprendidas ao longo de muitas civilizações, e também da elevação e do afundamento de continentes. Jesus é nosso Salvador porque resgatou para nós a senda da reunião com Deus e também a oportunidade renovada que temos de receber diretamente do Cristo Universal os ensinamentos, a Senda, a ascensão e a reunião das chamas gêmeas.

Lemos no Apocalipse, Capítulo 13, que foi dada à besta "permissão para fazer guerra aos santos e vencê-los; e lhe foi dada também autoridade sobre toda tribo, povo, língua e nação. E que vão adorá-la todos os que habitam sobre a Terra, esses cujos nomes não estão escritos no livro da vida do Cordeiro que foi morto desde a fundação do mundo".[2]

Aqueles cujos nomes estão escritos no Livro da Vida são os que desceram do Grande Sol Central, trazendo nuvens de glória, aqueles que conhecem a Presença do EU SOU e o seu Deus com eles; que dobram o joelho com facilidade diante da Luz Universal, que reconhecem Cristo — não apenas em Jesus, mas em si mesmos e uns nos outros — e que aceitam isso como a Realidade de nosso amor. Esta é a afirmação da lei do carma, declarada no Apocalipse, Capítulo 13.

Os que buscam uma interpretação literal das escrituras dirão que na Bíblia não existe menção alguma a carma. Bem, na verdade, tanto o Antigo quanto o Novo Testamento são a história do carma, desde o Gênesis até o Apocalipse. As palavras e os atos dos personagens das escrituras nos contam lições, seja de glorificação a Deus e a seu nome, seja de desobediência a esse mesmo Deus, com o enfrentar das consequências que sempre são profetizadas pelos profetas que vivem entre nós. Eles sempre vêm a nós para nos avisar que, se deixarmos de lado nossas desobediências, seremos abençoados, mas, se não o fizermos, certas coisas cairão sobre nós.

Esta declaração da lei do carma diz que, "se alguém leva em cativeiro, em cativeiro irá; se alguém matar à espada, necessário é que à espada seja morto. Aqui estão a perseverança e a fé dos santos".[3] Aqui nesta lei que está escrita, e aqui, neste ato de justiça divina, compreendemos que cada um recebe a recompensa e até mesmo o retorno da energia que enviou.

As escrituras também garantem que "tudo que um homem semear, isso também ceifará".[4] E essa afirmação é precedida pelas palavras "Deus não se deixa escarnecer". É da Lei de Deus que não devemos jamais zombar, embora muitos tentem. E os malfeitores, aqueles que são anjos caídos atirados das oitavas etéricas, das oitavas de luz, estão sempre nos demonstrando como tentam escapar depois de violarem as Leis da nossa Presença do EU SOU. Mas eles jamais conseguem escapar.

Fomos comprados por um preço.[5] E nesses dois mil anos Jesus, a encarnação do Verbo, carregou o carma do mundo. Vocês lembram das afirmações de que ele carregou os nossos pecados e morreu para pagá-los.

Carma é a causa que você colocou em movimento retornada para si mesmo como efeito. Você tem carma, bom, positivo, bem como o mundo inteiro. Temos conquistas maravilhosas, talentos, bênçãos, amor e luz que vêm a nós diariamente. Todos nós fizemos boas obras e enviamos grande alegria, amor, paz e construtivismo no serviço uns aos outros e a toda a vida na Terra. Esse carma bom está selado no céu. É o vento que sopra nossas velas; é o nosso *momentum*. É, na verdade, o que chamamos de nossa mestria.

Não estamos tão preocupados a respeito dessa luz, em termos de profecia. Estamos preocupados com o que fizemos com a energia de Deus para colocar em movimento causas que produziram efeitos negativos e pesados. Tais como a limitação de nossa mortalidade, tais como nossas doenças, tais como as calamidades na economia e todas aquelas coisas que estão vindo para a Terra. Desse modo, invocamos a luz que está selada no Alto para curar ou transmutar as trevas que estão aqui embaixo. Esses fazem parte dos ensinamentos ocultos de Jesus.[6]

Fátima é uma profecia de guerra e de cataclismo, uma profecia da repetição da guerra que ocorreu no céu, conforme está descrito no Apocalipse, Capítulo 12: "E houve guerra no céu. Miguel e seus anjos batalhavam contra o dragão; e o dragão e seus anjos batalhavam, mas não prevaleceram."[7]

Assim, vemos que a guerra começou no céu e acabou na Terra. E seu nome na Terra é Armagedom. O Armagedom está com força total hoje em dia no planeta Terra, e alguns de nós não percebem este fato. Ainda não nos ajustamos à realidade de que o Armagedom não será anunciado. Ele chega furtivamente, como furtivamente se insinuam os anjos caídos.[8]

A visão de Fátima

No século XX, o século da própria guerra e do Armagedom, Nossa Senhora apareceu cedo, em 1917, em Fátima, Portugal. Ela contou um segredo em três partes, apenas três meses antes da Revolução de Outubro.[9] Ela apareceu a três pastorinhos e lhes deu uma visão do inferno, por um motivo muito importante. E lhes disse por quê:

> Vistes o inferno, para onde as almas dos pecadores vão. Para salvá-las, Deus deseja estabelecer neste mundo a devoção ao meu Imaculado Coração. Se as pessoas fizerem como eu lhes peço, muitas almas serão convertidas e haverá paz. Esta guerra [Primeira Guerra Mundial] vai acabar, mas, se as pessoas não pararem de ofender a Deus, não vai se passar muito tempo e

durante o pontificado de Pio XI uma guerra maior e ainda mais terrível vai ter início.[10]

Devemos, então, definir o que é o inferno. Não o vemos como um lugar de chamas perpétuas ou danação eterna. Vemo-lo como o mais baixo plano de vibração de nosso planeta, que é chamado de plano astral. Para este plano, podemos gravitar, não só após a morte, mas também todas as noites, ao sairmos de nossos corpos. Deveríamos ir às oitavas de luz, a fim de estudar nos retiros dos Mestres Ascensos e dos arcanjos.[11] Mas às vezes não temos o *momentum* de luz para chegar lá.

O plano astral, então, é um lugar em que nos defrontamos com as obras que não são da luz — aquelas que são uma violação das Leis de Deus. E temos de lidar com nosso carma, aqui ou no futuro. É um tormento receber nessa situação, sem um corpo físico, todo o ódio, raiva e trevas que as pessoas expressaram. Em consequência disso, nessa hora e para a nossa libertação, Saint Germain nos deu a chama violeta para a transmutação do carma antes que ele caia sobre nós, seja na vida ou na morte (veja pág. 124).

Então, a visão do inferno que foi mostrada às crianças teve a finalidade de fazê-las entender que as almas irão para aquele lugar, levadas por falsos mestres, a não ser que se rezem por eles, a não ser que as pessoas façam o rosário, a não ser que prestem devoção ao Imaculado Coração.

Compreendemos a plenitude do significado do Imaculado Coração como a visão de Nossa Senhora, que é tão poderosa como uma matriz esmeralda[12] que ela coloca sobre nós. E, ao meditarmos sobre o coração de Maria, recebemos o poder de sua visão para nós.

Nossa Senhora continua com as seguintes palavras:

Quando virdes a noite iluminada por uma luz desconhecida, sabereis que este é um grande sinal de Deus de que a punição do mundo por suas muitas transgressões está vindo sob a forma de guerra, fome, perseguição à Igreja e ao Santo Padre.

A fim de evitar isso, venho pedir-vos a consagração da Rússia ao meu Imaculado Coração e a Comunhão de reparação nos Primeiros Sábados [do mês].

Se os meus pedidos forem atendidos, a Rússia se converterá e haverá paz. Caso contrário, ela vai espalhar seus erros por todo o mundo, causando guerras e perseguição à Igreja. Os bons sofrerão martírio; o Santo Padre vai sofrer muito; várias nações serão aniquiladas.

Mas no fim o meu Imaculado Coração vai triunfar. O Santo Padre consagrará a Rússia a mim, ela será convertida e um período de paz será concedido à humanidade.[13]

Em 1929, Nossa Senhora apareceu a Lúcia, que se havia tornado freira,[14] com um pedido: "Chegou o momento em que Deus pede ao Santo Padre, em união com todos os bispos do mundo, para que eles façam a consagração da Rússia ao meu Imaculado Coração, prometendo salvá-la por esses meios."[15] Embora tenha havido várias bênçãos papais desde aquela época, nenhum papa jamais seguiu as instruções *exatamente conforme ela determinara*. Portanto, a profecia de que a Rússia iria espalhar seus erros por todo o mundo acabou acontecendo.

O segundo segredo

A "luz desconhecida" do segundo segredo ocorreu no dia 25 de janeiro de 1938, quando um inexplicável brilho vermelho foi visto durante a noite por aproximadamente cinco horas. Esse fenômeno foi observado na Europa, na América, na Ásia e na África. Pouco depois disso, em fevereiro de 1938, a Áustria foi obrigada a se unir politicamente à Alemanha. Em setembro de 1939, Hitler invadiu a Polônia e deu início à Segunda Guerra Mundial.

Em maio de 1983, Nossa Senhora, em um ditado transmitido por mim, disse que as mortes das duas guerras mundiais e outras "condições subsequentes" aconteceram "porque os líderes da própria Igreja Católica não atenderam ao pedido feito por mim" em Fátima.

O terceiro segredo de Fátima

O terceiro segredo era para ser revelado em 1960. Mais uma vez, os papas desobedeceram às instruções de Maria e nunca o revelaram.* Portanto, eles não deram ao povo a oportunidade de invocar a luz para a transmutação daquela profecia, que está projetada na tela da vida.

Dizem que Khrushchev e Kennedy receberam o terceiro segredo para ler e analisar, enviado pelo papa.[16] Em 1963, um jornal alemão, *Neues Europa*, publicou o que foi chamado de "resumo" do terceiro segredo. Eis o que foi publicado:

> Um grande castigo cairá sobre toda a humanidade; não hoje nem amanhã, mas na segunda metade do

---

* Em 26 de junho de 2000, o Vaticano divulgou um texto que alegava ser o terceiro segredo de Fátima. O documento descrevia uma visão do que foi interpretado como a tentativa de assassinato do papa João Paulo II em 1981. Questionou-se muito sobre o porquê de o Vaticano ter esperado quase vinte anos após a tentativa de assassinato para revelar o terceiro segredo, bem como se o documento apresentado revela-o em sua totalidade.

século XX. Satanás vai conseguir se infiltrar nas mais altas posições da Igreja. Ele vai conseguir plantar confusão na mente dos cientistas, que projetarão armas capazes de destruir grandes parcelas da humanidade em pouco tempo. Satanás comandará chefes de Estado e fará com que estas armas de destruição sejam produzidas em massa.

Se a humanidade não se opuser a esses malefícios, serei obrigada a deixar que o Braço do meu Filho caia sobre todos, como retaliação. Se os homens que governam o mundo e a Igreja não se opuserem de forma ativa contra este mal, vou pedir a Deus, meu Pai, para fazer descer a Sua Justiça sobre os homens. Então, Deus punirá a humanidade de forma ainda mais severa e pesada do que Ele fez na época do grande dilúvio.[17]

Quero lembrar-lhes de que Nossa Senhora estava falando com crianças que conheciam alguns ensinamentos católicos, mas nada além disso. O que ela estava dizendo é que, sem a intercessão das pessoas boas da Terra, nas quais a chama de Deus arde, não haverá nada que se interponha entre a humanidade e seu próprio carma, o carma de sua negligência.

Ela diz que é responsabilidade da liderança da Igreja e do Estado se opor aos atos dos anjos caídos que estão encarnados e que têm levado a humanidade à guerra, enfileirando-os, irmão contra irmão, durante séculos. Ela está dizendo que a conta deste carma está vencendo no último século da era de Peixes.

Os ensinamentos que temos a respeito de Jesus Cristo ter carregado os pecados do mundo é o de que, quando todos nós compreendermos a dispensação de seu exemplo e de sua doutrina, deveremos manifestar a plenitude desse mesmo Cristo.

Portanto, tendo cumprido a Lei que ele demonstrou, recebemos agora o nosso carma sobre nossos próprios ombros. Esse ensinamento está expresso com muita clareza na declaração que vocês encontrarão no Novo Testamento: "Cada qual levará o próprio fardo."[18] Essa é uma contradição marcante da teologia que prevalece hoje em dia, que afirma que Jesus vai carregar todos os nossos fardos.

A teologia tornou muito fácil alcançar o reino dos céus. Mas todas as verdadeiras profecias que vêm de Jesus, dos apóstolos, dos santos e de Nossa Senhora, até o momento, não dizem isso. Desse modo, entendemos que cada homem deve suportar o próprio fardo cármico e que a graça de Jesus Cristo é um período de dois mil anos de liberdade, quando deveremos aprender como amplificar a luz, para que a luz de nossas auras e em nossos centros espirituais possam ser capazes de equilibrar, compensar e transmutar nossos pecados ou nossos erros, as sementes que plantamos de forma equivocada, ou nosso mau uso da luz.

Nossa Senhora, então, está dizendo que a oração como invocação da luz é uma energia e uma substância que vêm até nós por meio da devoção, do louvor e da unificação com Deus, e que essa luz é o Mediador. Essa luz se torna a nossa mestria. Essa luz representa o meio pelo qual literalmente transmutamos ou equilibramos o carma, antes de ele descer sobre nós. E a parcela muito especial da luz que Deus nos dá para essa finalidade é a chama violeta, que nos foi revelada neste século por Saint Germain, mas vinha sendo usada por Jesus desde o princípio.

Este, portanto, é o ensinamento da Nova Era. Se temos livre-arbítrio e liberdade total para experimentarmos esse arbítrio, utilizando à vontade essa energia de Deus e a centelha divina, é absolutamente lógico que devamos também conhecer as consequências de nossos usos e abusos desse poder criativo. Criados à imagem e semelhança de Deus,[19] somos cocriadores com ele. Estamos vendo, então, nessa hora, o retorno de nossas criações — em uma escala pessoal e planetária. Você e eu não criamos todo o carma que está descendo sobre as nações neste momento, mas contribuímos com pequenos filetes, pequenas gotas, com nossos ódios, nossos medos, nossos ciúmes e todas aquelas coisas que não estavam centradas no coração do Cristo. Isso tudo se transforma em carma planetário.

Anjos caídos

Mas o carma mais grave de todos os que vemos no Armagedom é o carma dos anjos caídos que estão entre nós e que certamente foram os assassinos, os mentirosos, os feiticeiros, os magos negros e os molestadores de crianças, e também aqueles que trouxeram para este mundo o mais destrutivo dos *momentums* — não só da guerra, mas do mau uso da vida abundante na economia; do mau uso de nossa juventude, trazendo drogas, promovendo a promiscuidade; e a má utilização da força da vida, implantando a violência do inferno por meio da batida sincopada do rock, que leva a energia a descer pela coluna e se centrar nos chakras inferiores; da praga do álcool e da maconha sobre nossa nação.

Vemos, então, que formas maciças de manipulação e controle da população têm ocorrido ao longo dos séculos. Esta é a hora do Armagedom, o momento de atar e julgar as sementes do maligno. Infelizmente, e sem saber, as crianças de luz aceitaram esses anjos caídos, com seu glamour e seu carisma, e os transformaram em seus ídolos e deuses. Pararam de servir à luz única e, portanto, não estão mais interiorizando essa luz.

O julgamento dos caídos começou. Eis por que Josué fez o chamado para se separar e formar um povo independente —,[20] isolando-se, se preferirem, dos Cananitas, os malfeitores que provocavam o caos na civilização, traziam venenos e toxinas para nossos corpos, arruinavam as finanças do fazendeiro, do trabalhador, dos negócios, do sistema de livre empresa e do comércio internacional.

Em toda parte, então, os controladores do dinheiro e do poder estão recebendo seu carma. Observem o carma no mercado de ações.* Analisem e verão. De quem é esse carma? É o carma dos caídos que usaram de forma errada a luz das pessoas. E, mesmo assim, as pessoas investiram em ações. Assim, eles também sofrem. Tornamo-nos unidos à civilização de Caim, que eles representam. E quando a civilização de Caim é julgada, nós também sofremos.

Este é um período, então, da separação através da luz e da vibração, de modo que, quando Deus desejar levar toda a Terra para uma era dourada, depois de passarmos por este Ciclo das Trevas,[21] estaremos aqui pelo fato de termos sobrevivido física e também espiritualmente. Essa é a mensagem de Fátima — uma mensagem para o século.

O artigo do *Neues Europa* continua:

> Um período de severas tribulações está vindo para a Igreja. Cardeais vão se opor a cardeais e bispos vão se opor a bispos. Satanás se infiltrará no meio deles.[22]

---

* Esta palestra foi dada em 31 de outubro de 1987, logo após a maior queda do mercado de ações que aconteceu na história, em 19 de outubro. O índice Dow Jones perdeu 22,6% de seu valor em um único dia, o que equivale a US$ 500 bilhões.

O uso do termo "Satanás" por Nossa Senhora, mais uma vez, se deve ao ponto de vista das crianças. Satanás é meramente um anjo caído em particular, o líder de uma falange de anjos chamados de "satãs". E a semente de Satanás está encarnada aqui na Terra, bem como a semente de Lúcifer, a semente de Belzebu, todo o resto dos anjos caídos chamados de Vigilantes no Livro de Enoque[23] e também chamados de Nefilins no Gênesis e em Números.[24]

Portanto, entendemos que nesta hora e neste dia são esses mesmos seres em nosso meio que estão nos proporcionando o ponto de retorno do carma. (O termo "Satanás" se refere a estes anjos caídos, muitos deles entre nós, e que se aliaram a ele.)

Neues Europa continua:

> Em Roma também ocorrerão grandes mudanças. O que está podre vai cair e o que cair não deverá ser mantido. A Igreja será obscurecida e o mundo inteiro será lançado em um período de grande confusão.
>
> Uma guerra grande, muito grande, surgirá na segunda metade do século XX. A morte reinará em toda parte e triunfará pelas mãos de homens que praticam o erro, os auxiliares de Satanás que se tornarão os mestres da Terra. Esses males virão em um momento em que ninguém espera.
>
> A era das eras está chegando, o fim de todos os fins, se a humanidade não se arrepender e for convertida, e se essa conversão não partir dos governantes do mundo e da Igreja. Desgraças, infortúnios e desastres ainda maiores cairão sobre a humanidade se a conversão não acontecer.[25]

Acredito que cada palavra do que foi escrito é verdade, seja esse realmente o terceiro segredo ou não, fato que vem sendo questionado.* Acho que essa mensagem é a afirmação da lei do carma. Não se trata de uma punição vinda de Deus. Mas a palavra "conversão" significa meia-volta. Ela é o poder do Magneto do Grande Sol Central — a Presença de Cristo, se preferirem —, que nos coloca em alinhamento com o Deus Todo-Poderoso, que é nosso escudo. Quando as pessoas saem por aí e desperdiçam sua luz em cultos ao prazer, mostram que não têm nada contra o dia da descida do carma dos anjos caídos. Esse é o motivo de tal fardo pesar sobre a Terra.

Ensina-me a rezar

Ultimamente, em minhas orações diante do altar, tenho rezado e pedido muito, tenho pedido sem parar por muitas dispensações, assistência e intercessão para a América,** para a Terra,

---

* Como vemos, não foi mencionado no comunicado do Vaticano, ao divulgar o terceiro segredo a "guerra grande, muito grande que surgirá na segunda metade do século XX", descrita no texto do *Neues Europa*. No entanto, uma profecia é um aviso do que vai acontecer se as coisas não se modificarem. Não é uma questão de predestinação. As profecias podem ser suavizadas ou impedidas se a humanidade mudar sua maneira de ser, rezar pela divina intercessão e transmutar o seu carma com a chama violeta, antes que ele se cristalize e se torne físico. Para uma compreensão ampla de que a profecia não é uma coisa que esteja gravada em pedra, veja o livro *Profecias de Saint Germain para o novo milênio*, de Elizabeth Clare Prophet (publicado no Brasil pela Editora Nova Era).

** "América" é como os habitantes dos Estados Unidos se referem à sua pátria. América, em inglês, é um anagrama para "I AM Race". A América é um experimento da Grande Fraternidade Branca. Por intermédio da mão invisível e da orientação muito específica dos Mestres Ascensos, além do patrocínio de Saint Germain, a América nasceu, sua independência foi declarada e sua constituição foi escrita. A América é a Terra criada para ser o depositório da

para as nações, e nunca antes em minha vida como mensageira, ao oferecer preces, obtive tantas respostas que dizem: "Filha, tuas preces não podem ser atendidas, pois o carma tem de descer sobre a humanidade." E então penso comigo mesma: Bem, deve haver pelo menos algumas preces que podem ser atendidas. Vou invocar o Pai e os mestres. "Ensinem-me a rezar. Digam-me o que posso solicitar que esteja dentro da lei, de acordo com a vontade de Deus e ao mesmo tempo conforme o plano do carma da humanidade."

Então percebi que é preciso ter muita perspicácia para descobrir o que podemos trazer diante do altar que possa satisfazer a Grande Lei sob a forma de oferenda, ou como penitência, talvez, como a imolação de seres em sacrifício, feita por Jó e por Abraão pelo bem de seu povo e de seus filhos.[26] O que poderíamos trazer a Deus que nos pudesse assegurar alguma dispensação que, de outro modo, não nos seria dada?

Muitas pessoas não compreendem o conceito de expiação, não entendem a penitência nem a necessidade de rezar e oferecer a chama violeta por sua própria vida, por seu próprio carma. Não compreendem que é necessário pedir perdão a Deus sempre que tratamos mal um amigo, depois pedir perdão ao amigo e então fazer preces invocando a chama violeta. Se não compreendermos que, a não ser que peçamos o perdão de nossas dívidas assim como perdoamos os nossos devedores,[27] tornar-nos-emos devedores cada vez maiores, essa conta vai

---

liberdade para milhões de almas que podem tornar realidade o seu potencial de se tornar um com Deus. É um lugar no qual a liberdade de religião, de expressão, de imprensa e que as pessoas têm para se reunir fornece a base sólida para a busca individual da consciência cósmica. Em seu livro *The Great White Brotherhood in the Culture, History and Religion of America* (inédito no Brasil), Elizabeth Clare Prophet descreve o destino divino da América.

ultrapassar o limite de nosso "cartão de crédito", até que em pouco tempo estaremos espiritualmente falidos.

O carma do mundo está aumentando

A impressionante conclusão à qual devemos chegar a partir da mensagem de Fátima é que o carma do mundo está aumentando. E não está aumentando apenas nos últimos dois mil anos, desde a vinda de Jesus, e sim nos últimos 12 mil anos, desde o mais recente cataclismo planetário, o afundamento da Atlântida. Trata-se de um ciclo de 12 mil anos este que está sobre nós.

Quando pensamos nisso, a sensação é tremenda. Um carma de 12 mil anos que está para ser cobrado não é algo pequeno ou desprezível. Isso nos faz querer sair correndo na mesma hora para o altar, a fim de aumentar nossas vigílias, o tempo que dedicamos às nossas orações, nossas sessões de chama violeta, bem como nos preocuparmos mais em cuidar de nossos entes queridos, de nossas famílias e daqueles pelos quais somos responsáveis.

Pecado sem reparação deve ser temido mais do que o inferno, mais do que qualquer outra coisa que possa acontecer a você. O carma vai descer devido à sua regularidade cíclica. Nesta era, estamos no Ciclo das Trevas do retorno do carma, e a intercessão do Senhor Jesus Cristo não pode mais ser o que era, porque nós, ou outros, ou o planeta como um todo desperdiçaram a oportunidade de alcançar a Cristicidade no tempo que lhes foi atribuído. Ao saber disso, devemos ficar preocupados. E devemos aceitar os ensinamentos e fazer sessões de chama violeta diariamente.

A penitência se transforma em reparação. Reparação significa "equilibrar, pagar os débitos que temos, acertar as coisas novamente". Assim, ou nós suportamos nosso carma ou expiamos nossos erros para equilibrá-lo, antes do Dia do Ajuste de Contas, antes do dia em que Deus dirá: "A mão direita do meu Filho descerá." E, quando ela descer, no juízo, você não poderá mais evitá-la. Não se pode deter uma avalanche e fazê-la subir de volta para a montanha. Não se pode desfazer o efeito de uma bomba nuclear que explodiu, se entendem o que quero dizer. Todos os dias acontece alguma coisa em sua vida, fisicamente. Espero que todos os seus dias sejam abençoados e cheios de alegrias, e eles podem ser, apesar do fato de você estar colhendo seu carma, desde que você saúde esse carma diário logo ao amanhecer, com a chama violeta e com o rosário.

Teorias a respeito do terceiro segredo

Temos outro estudo a respeito do que esse terceiro segredo possa ser. Foi feito por Frère Michel, da Sainte Trinité. Ele comandou uma avaliação profunda, que levou quatro anos para ser feita, sobre as profecias de Fátima. Ele afirma que a versão do terceiro segredo que foi publicada no artigo do *Neues Europa* é "pelo menos quatro vezes mais comprida" do que poderia caber no pequeno pedaço de papel em que Lúcia o escreveu.[28] (Entretanto, não concordo com ele de que esse seja um motivo definitivo para a mensagem estar errada.)

Ele e muitas outras autoridades acreditam que a principal mensagem do segredo envolve uma crise de fé dentro da Igreja, e não prognósticos sobre guerras ou cataclismos. Ele diz que o presságio da mensagem é "ainda mais assustador do que a fome, as guerras e as perseguições, pois ele diz respeito às almas — à sua salvação ou à sua eterna perdição".[29]

Frère Michel assinala que em 1941, quando Lúcia escreveu a mensagem de 13 de julho[30] pela segunda-vez, em suas memórias, acrescentou a afirmação de que "em Portugal o dogma da fé será sempre preservado etc." Esse "etc." indica a parte que ela não podia revelar — o terceiro segredo.

Essa frase, conclui Frère Michel, é a chave para a mensagem não revelada. Ele cita o falecido Padre Alonso, arquivista oficial de Fátima: "Essa frase claramente se refere ao estado crítico da fé que vai afetar outras nações. É uma questão de crise de fé, enquanto Portugal vai manter a sua fé. Em outras partes da Igreja, esses dogmas vão se tornar obscuros ou até mesmo desaparecerão."[31]

O Padre Alonso também acreditava que o texto do terceiro segredo poderia fazer alusão a desavenças internas "no seio da Igreja" e também a "graves negligências pastorais por parte da alta hierarquia".[32] Acredito que todas essas afirmações sejam verdadeiras. Existe uma diminuição da fé.

O bispo Cosme do Amaral, responsável pelo arcebispado de Leiria-Fátima, depois de se manter em silêncio a respeito do assunto por dez anos, comentou, em 1984:

> O Segredo de Fátima não fala nem de bombas atômicas nem de guerras nucleares nem dos mísseis SS20. O seu conteúdo diz respeito à nossa fé. Tentar criar identidades entre o segredo com anúncios catastróficos ou holocausto nuclear é distorcer o significado da mensagem. A perda de fé em um continente é pior do que o aniquilamento de uma nação.[33]

A própria Lúcia, ao ser questionada a respeito do conteúdo do terceiro segredo, disse: "Está tudo no Evangelho e no Apocalipse — leiam-nos."[34]

Em dezembro de 1984, Nossa Senhora me disse em um de seus ditados: "Eu vivo com a profecia de Fátima. Vivo com a sua mensagem e vou de porta em porta, de coração em coração batendo, pedindo para que venhais rezar comigo — invocar a chama violeta, fazer o rosário ou os chamados ao Arcanjo Miguel. Mas, acima de tudo, *rezar*. Pois por meio da vossa oração a porta aberta se alargará e os anjos passarão através do véu para impedir desastres e calamidades."[35]

Em resposta ao chamado de Nossa Senhora e ao chamado do Arcanjo Miguel, publiquei "O Rosário do Arcanjo Miguel para o Armagedom". Este é um serviço muito poderoso que invoca os sete arcanjos e as legiões da luz, as hostes do SENHOR, para interceder por nós. O rosário inclui orações de Jesus. Nele está também a oração do Papa Leão XIII, a oração para o Arcanjo Miguel que fazia parte da missa até o Concílio Vaticano II.[36] Esse rosário inclui a Ave-Maria e dá a todos a oportunidade de inserir as suas orações e pedidos pessoais, não só para si mesmos, mas também para os entes queridos, para a comunidade, para a família de cada um, a nação e o planeta.

Aparições de Maria em Garabandal

As profecias de Nossa Senhora não se encerraram com as aparições de Fátima. Entre julho de 1961 e janeiro de 1963, Nossa Senhora apareceu a quatro moças centenas de vezes em Garabandal, na Espanha. Nossa Senhora advertiu as meninas sobre um "grande castigo" que viria e afirmou que oração, sacrifício e penitência eram necessários. Os Mestres Ascensos ensinam que penitências são as boas obras com uso da chama violeta, com o chamado à luz de Deus para a transmutação do carma negativo. Nossa Senhora diz: "Eu, vossa Mãe, pela intercessão de São Miguel Arcanjo, venho vos dizer que deveis corrigir as vossas vidas. Já estais recebendo um dos últimos avisos."[37]

Medjugorje

Em 25 de junho de 1981, Nossa Senhora começou a aparecer para quatro moças e dois rapazes em uma pequena cidade da Iugoslávia chamada Medjugorje. Ela continua aparecendo para eles desde então. Peregrinações são feitas e pessoas de todas as fés vão ao santuário e até uma cruz no topo de um monte, onde as crianças viram a Mãe Divina.

Nossa Senhora está dando a cada um deles dez mensagens, ou segredos, relacionados com o futuro do mundo. Depois que todos tiverem recebido as dez mensagens, Nossa Senhora diz que vai deixar de aparecer para eles.[38]

Uma das videntes, Mirjana, diz que o nono e o décimo segredos são muito sérios. Eles falam de castigos para os pecados do mundo — mais uma vez, retorno do carma pessoal e planetário. Ela diz que "a punição é inevitável".[39]

O carma deve ser encarado

Isso significa que o carma é inevitável porque é a lei da causa e efeito. Mas não quer dizer que ele não possa ser transmutado pela chama violeta. O carma é irrevogável a não ser que aconteça uma inserção e concessão de graça divina por intermédio do Salvador vivo. Esse Salvador vivo não é apenas Jesus Cristo, mas também o Salvador acima de você, que é o seu Santo Cristo Pessoal, o Cristo individual (representado na figura do meio da Imagem do seu Eu Divino), que deve descer através de você em resposta a seu chamado, porque você está encarnado, e essa é a nossa hora de tomar posição para a luz e a direcionarmos.

Você muitas vezes ouviu as palavras de Jesus "Eu sou a luz do mundo". Essa frase está gravada em igrejas. Mas você viu nas escrituras a forma como ela está escrita? Ela diz: "Enquanto estou no mundo, EU SOU a luz do mundo."[40] Isso significa que, enquanto Jesus estava fisicamente encarnado, ele ancorava aquela luz através de seu corpo.

Você pode comparar essa informação com outra referência nos ensinamentos de Jesus, onde ele diz: "Vós sois a luz do mundo. Não se pode esconder uma cidade situada sobre um monte."[41] Ele também nos diz que não devemos esconder a luz da nossa Cristicidade debaixo do alqueire da nossa própria negligência.[42] O que ele está dizendo é que nós somos a luz do mundo enquanto estamos encarnados. E essa luz que flui através de nós se transforma na luz de todo o planeta. Ele nos mostra que, em determinado momento, temos a oportunidade de nos elevar e, por meio do chamado, elevar também a luz dentro de nós mesmos.

Já que o carma é inevitável, como os impostos, devemos saldá-lo; é como pagar nossas contas mensais, é como qualquer outra das obrigações da vida. Essa disciplina representa o amor de Deus, não uma punição — mas, se nós não mantivermos a luz dos nossos chakras e dos nossos centros espirituais para contrabalançarmos o momento da descida do carma, poderemos experimentá-lo como uma punição. E pode ser uma punição muito dolorosa; pode ser terrível. Nosso carma pode até mesmo nos retirar dessa encarnação física por meio de uma dessas pragas mais recentes, e estamos vendo os fardos lançados sobre as pessoas que enfrentam a Aids, o câncer, os ataques de novos vírus, enfim tudo que está chegando em nossa época.

A luz pode dissolver qualquer coisa antes que o carma desça e se torne físico. Uma vez que ele se torna físico, passa a ser o maior desafio de todos, porque estamos tentando reverter algo que já foi cristalizado na matéria. Essa é a grande prova para os que são sábios, para aqueles que acreditam nas profecias porque se unem ao espírito da profecia e, a partir desse ponto, dizem: "Sim, eu posso ver. Consigo ver os sinais do que vem por aí. E sei também com certeza que essas coisas vão se realizar se eu não fizer alguma coisa a respeito."

Profecias terríveis podem ser evitadas

Somos pessoas muito práticas. Sabemos que, se não fizermos algo para proteger nossas casas, por exemplo, elas podem sofrer um incêndio e desaparecer por completo. Por isso, instalamos sistemas de *sprinklers*. Inspecionamos a fiação elétrica. Verificamos as saídas de gás. Fazemos tudo isso por sabermos que as leis da física, da química e da eletricidade devem ser obedecidas. Tomamos todas as precauções para evitar a calamidade no sentido físico.

Do mesmo modo, temos de evitar a calamidade do carma em nosso tempo, porque, se ele nos alcançar, virá com uma força tão tremenda que nos derrubará e nos atirará longe. Essa é a mensagem. "Trabalhe enquanto você tem a luz" como potencial Crístico consigo, no dia de hoje. Porque mais tarde "vem a noite, quando ninguém pode trabalhar".[43] Estas são as palavras de Jesus.

Mirjana diz que os segredos serão anunciados três dias antes da data marcada para os eventos neles descritos acontecerem. Se tudo só vai ser anunciado com três dias de antecedência, obviamente esse não será o momento para subitamente invocar a luz a fim de evitá-los. Isso foi dito por Nossa Senhora, que explicou: "Vocês não invocaram a luz. Em três dias, isto irá descer sobre a Terra. Tudo o que vocês têm a fazer é pedir pela conversão da sua alma e pela sua salvação por intermédio do Senhor Cristo e de seus anjos." Será muito tarde para evitar a profecia. É agora que nós temos o tempo para fazer isso.

A lógica do padre e mentor espiritual de Mirjana, bem como a lógica da mensagem, é que a punição é inevitável porque "nós não podemos esperar que o mundo inteiro seja convertido. O castigo pode ser diminuído por meio da oração e da penitência, mas não pode ser eliminado".[44]

Essa é a mais maravilhosa esperança de justiça divina. Quando compreendemos como os efeitos do carma que retorna podem ser diminuídos pela oração e a penitência, na medida em que os Mestres Ascensos nos ensinam e na medida em que trabalhamos com aquela luz e aquela chama, a chama violeta, e a vemos em nossa vida diariamente, as mudanças que surgem se mostram tão milagrosas, tão surpreendentes, tão poderosas e tão magníficas que começamos a ter uma noção de que é, sim, plenamente possível saudar a onda de trevas que está vindo com outra onda ainda maior de luz e dizer à escuridão arrogante: "Vieste até aqui, mas daqui não passarás!"

Mirjana diz que o mal contido no sétimo segredo já foi evitado graças às orações e ao jejum. Nossa Senhora disse em Medjugorje:

> Vocês esqueceram de que por meio de orações e jejum podem se defender de guerras e cancelar leis naturais.
>
> Haverá três avisos seguidos por um sinal visível antes de os segredos serem cumpridos. Depois do primeiro aviso, os outros dois virão logo em seguida. Desse

modo, as pessoas terão tempo para se converter. Esse intervalo será, portanto, um período de graça e conversão. Depois que os sinais visíveis aparecerem, os que ainda estiverem vivos terão pouco tempo para conversão. É por isso que a Virgem Abençoada continua a incentivar a oração e o jejum.* O convite à oração e à penitência tem a finalidade de impedir o mal e a guerra, mas o objetivo principal é salvar almas.

Mirjana diz que os acontecimentos previstos pela Virgem estão próximos. Sendo assim, ela proclama para o mundo: "Depressa, convertei-vos. Abri o vosso coração para Deus!"[45]

Como atrair as pessoas para o coração da Mãe Divina

Por meio de um ditado transmitido por mim, Nossa Senhora disse:

Vim a Medjugorje a fim de preparar este povo para as calamidades que estão vindo.** Os simples de cora-

---

* Ao jejuar, os Mestres Ascensos nos aconselham a usar o bom senso. O jejum por mais de três dias não é aconselhável, a não ser que a pessoa esteja sob os cuidados de um profissional da área de saúde. As mulheres não devem jejuar se estiverem grávidas ou amamentando. Se você tiver algum distúrbio físico ou psicológico, consulte seu médico antes de jejuar. Se você se sentir com a cabeça leve, experimentar uma sensação de desorientação ou ficar doente durante o período de jejum, pare de jejuar imediatamente e retorne aos poucos aos alimentos sólidos.

** Medjugorje é uma aldeia da Croácia, que hoje faz parte da Federação da Bósnia-Herzegovina, antiga Iugoslávia. Juntamente com a Eslovênia, a Croácia declarou a sua independência da Iugoslávia em junho de 1991, o que deu início à guerra pela independência croata. O conflito acabou em 1995, e uma integração pacífica dos territórios remanescentes ainda controlados pelos sérvios foi completada em 1998, sob a supervisão da ONU.

ção precisam ser relembrados de sua fé original. Entregar-lhes uma mensagem que está além do que possam compreender, considerando-se a suposta segurança da Igreja... serviria apenas para neutralizar a mensagem e as opiniões a respeito de sua autenticidade.

Assim, desviar-me das escrituras ou dos padrões canônicos serviria apenas para impedir o verdadeiro propósito de minha vinda, que é promover uma imensa devoção de pessoas de todas as fés, atraindo-as para o coração de Deus e da Mãe Divina, para que, por meio desse laço sagrado com o céu, eles possam atravessar as trevas que vêm vindo...

Abençoados, apareci lá a fim de prepará-los para a transição. Muitas almas podem ser perdidas, a não ser que uma grande intervenção divina aconteça por vossas mãos, vosso coração e vossa unidade nesta Comunidade...

A hora vem chegando, e é neste momento que a preparação deve ser finalizada — isto é, a preparação física. Pois fostes chamados para terdes formas físicas e assim permanecerdes, a fim de manterdes a luz na Terra, sem serdes contados entre os que serão arrancados da cena da vida quando os eventos previstos acontecerem.[46]

Acho que é muito importante compreender o que Nossa Senhora está dizendo. Nesta mensagem, ela está apresentando um ditado para a Nova Era, para aqueles que a conhecem e a veem não apenas como a arqueia, mas como a Mestra Ascensa, e também para aqueles que percebem que está vindo o alvorecer de uma Nova Era e que isso não é o fim do mundo, mas o fim de um ciclo e de uma era, e que por meio da luz podemos atravessá-la, ou transcender o nosso carma. Podemos estar lá quando alcançarmos a luz no fim do túnel, quando então deveremos novamente edificar.

É muito importante ouvir e fazer chamados para Saint Germain, que prometeu enviar anjos que virão a vocês como vieram a ele, avisando-o para levar o bebê e Maria para o Egito, para a segurança deles, até a morte de Herodes.[47] Saint Germain aconselha vocês a separar nem que sejam dez ou 15 minutos antes de se recolherem, à noite, a fim de fazer meditações e invocações à chama violeta, depois de colocar toda a casa em ordem e em silêncio, sem ser interrompidos; devem fazer os chamados também para Deus, a fim de que Ele lhes envie os anjos de Saint Germain, para oferecer orientação divina a respeito de qual é seu lugar certo, sua ação correta e sua devida libertação.

Podemos ficar em pé e invocar a luz para toda a humanidade. E depois que tivermos feito tudo o que está a nosso alcance e os ciclos mudarem, podemos dar um passo para o lado e deixar que a onda do carma da humanidade passe a nosso lado, compreendendo que devemos buscar a montanha sagrada da espiritualidade de Deus em nossa Presença do EU SOU, a fim de nos movermos fisicamente para um local mais elevado.

Nossa Senhora continua a dizer, em seu ditado:

> É uma verdade clara que nem todos no planeta serão convertidos e, portanto, terão de enfrentar o Grande Mestre na Pessoa do retorno de carma.

Nosso carma é nosso melhor professor, do lado de fora do Éden, porque nosso carma é nossa própria experiência, só que com outro nome. E sempre nos beneficiamos dos erros que cometemos.

Nossa Senhora continua:

Deveis estar vos perguntando por que razão os Mestres Ascensos não explicaram as suas profecias de forma mais específica. É pelo mesmo motivo de elas terem sido contadas parcialmente em segredo a estas crianças [de Medjugorje]. Amados, nós nunca divulgamos a totalidade das visões do que o carma poderia vos trazer quase até o último momento, porque até então nós mesmos estaremos ajoelhados diante do trono do Pai, pedindo intercessões e dispensações.

Amados, deveis compreender que até o momento em que a mão direita de Deus desce, até que o último grão da ampulheta de oportunidades caia, existem chances, existem dispensações abundantes... para o mundo se elevar e para todos se modificarem, no intervalo de um piscar do olho de Deus.[48]

Não recebemos os verdadeiros ensinamentos de Jesus porque eles estavam perdidos.[49] Já completamos dois mil anos sem cumprir a nossa razão de ser, vida após vida. Será que Deus vai nos abandonar como cordeiros tosquiados, depois de os lobos disfarçados com pele de ovelha[50] terem se infiltrado e tirado de nós as vestes do Senhor, sua compreensão e sua consciência? Não, ele não fará isso.

A aparição de Maria no aniversário de Chernobyl

Em 26 de abril de 1987, primeiro aniversário do acidente nuclear em Chernobyl, uma menina ucraniana de 11 anos viu Nossa Senhora no campanário de uma capela abandonada nos arredores de sua aldeia, na Ucrânia. A imagem permaneceu ali por vários dias, e muitos vizinhos da menina também a viram. Durante toda a primavera, mais de cem mil pessoas se reuniram diariamente na aldeia de Grushevo, esperando ver a Mãe Abençoada nem que fosse de relance, e há registros de que ela continuou a aparecer ali periodicamente.

Devemos invocar a luz diariamente

O apóstolo Paulo diz que em um abrir e fechar de olhos a última trombeta soará[51] — a trombeta da morte, da mortalidade e de nosso subjugo à sua lei. Portanto, dependemos do milagre de Deus. Façamos o chamado juntos para que Jesus venha a esta sala, coloque a sua aura — incluindo o que chamamos de campo eletromagnético da Presença Eletrônica do seu ser — sobre cada um de nós, que ele coloque seu coração sobre nosso coração, seus chakras sobre nossos chakras, e que faça ampliar em nós, nesse exato momento, a luz que é essencial para nossa iluminação na mente e no coração. Vamos pedir para que ele nos envie a luz que formos capazes de suportar, de acordo com a vontade de Deus.

A Grande Lei nos envia a luz em pequenas parcelas, porque ela é tão poderosa, tão transformadora e tão alquímica que pode produzir até mesmo uma quimicalização* em nosso corpo. Pedro teve uma visão disso no mundo e em si mesmo. Ele afirmou ter visto os elementos ardendo e se dissolvendo em fogo.[52]

---

* Acúmulo não natural e modificação da concentração de alguns elementos químicos em um único ponto. (*N. do T.*)

Essa alquimia acontece conosco. E o motivo pelo qual devemos invocar a luz diariamente e nos dedicar a isso é que só podemos absorver determinada quantidade dela a cada dia. E a luz que vamos precisar no dia do resgate de nosso carma é maior do que a luz que poderíamos invocar em um único dia. Temos de estocar o fogo de luz em nosso templo, aumentar esse fogo e mantê-lo sempre ardendo, para que, quando o carma se aproximar, possamos sobreviver através dessa luz.[53]

A *chama violeta*

Na Imagem do Seu Eu Divino (veja na pág. 348) você pode ver a figura inferior envolvida em chama violeta, a luz do sétimo raio. Essa energia violeta pode ter efeitos profundos em todos os aspectos de nosso ser — mental, emocional e até mesmo físico.

A chama violeta é uma energia espiritual utilizada nos retiros do mundo celestial. Ela também é conhecida como chama do perdão ou chama da misericórdia, e também chama da liberdade. Esse aspecto do sétimo raio do Espírito Santo pode ser trazido a nós por meio de orações e mantras.

Podemos usar a analogia de um filme em um projetor de cinema para descrever a ação da chama violeta. À medida que você a usa, está limpando as imperfeições e os riscos do filme da vida e de suas lentes. Você "purifica as lentes", e o filme também é lavado e alterado por mestres artesãos, para que possa refletir a pureza dos raios de luz que passam através dele.

A chama violeta pode ser usada para transmutar ou modificar qualquer energia negativa em nossas vidas — as energias do ódio, da raiva, da discórdia e da dureza de coração. Os devotos a usam para transmutar carma negativo e produzir mudanças positivas em todas as áreas humanas de atuação, sejam elas de cunho pessoal ou planetário.

O que temos a seguir é um mantra simples, do mestre Saint Germain, que apresentou a chama violeta para a humanidade:

EU SOU um ser de chama violeta,
EU SOU a pureza que Deus deseja.

Ao dizer o mantra, você pode visualizar a energia espiritual de alta frequência da chama violeta removendo por completo seus problemas, retirando fardos e libertando-o de tristezas ou arrependimentos devidos a escolhas erradas no passado.

Todos os dias os anjos liberam para nós uma pequena quantidade de carma, nossa missão para o dia. Se o saturamos com chama violeta logo ao amanhecer, podemos transmutar e suavizar esse carma, para então equilibrar o resto dele em serviço, por meio de nosso trabalho, de nossa família, de nossa comunidade e de quaisquer outras boas obras que façamos naquele dia.

Não deixe que seu carma se acumule, porque o fardo ficará muito pesado. Você pode usar os seguintes decretos[1] para limpar a parcela cármica do dia assim que ela chegar, e se puder fazer um pouco mais para limpar o resto de carma dessa sua vida, e também um pouco mais para as vidas anteriores, estará a caminho de acelerar sua consciência para a ascensão na luz.

EU SOU a Chama Violeta

EU SOU a chama violeta
    Que atua em mim e reluz
EU SOU a chama violeta
    Só me submeto à Luz
EU SOU a chama violeta
    Cósmico Poder, farol

EU SOU a chama violeta
   Radiante como um Sol
EU SOU a Luz de Deus
   A toda hora brilhando
EU SOU o poder de Deus
   Que a todos vai libertando

Fogo Violeta

Fogo Violeta, divino amor
No meu coração reluz teu fulgor!
És misericórdia em manifestação,
Mantém para sempre a nossa união
                (repetir três vezes)

Luz do EU SOU, Cristo em mim
Liberta a minha mente agora;
Fogo violeta, brilho sem-fim,
Minha mente envolve nesta hora.
Deus que me dás o pão diariamente
Teu fogo violeta preenche a minha mente
E com tua celeste radiação
Minha mente se torna luz em ação
                (repetir três vezes)

EU SOU a mão de Deus em ação,
A Vitória sempre conquistando;
Minha alma pura com satisfação
O Caminho do Meio vai trilhando
                (repetir três vezes)

Mães, cumpri vosso papel e então vereis o Pai encarnado, vereis como o homem vai responder ao mais alto aspecto de seu ser. Vereis como o homem vai crescer, como o homem vai amadurecer para ser a coordenada de vossa chama. E juntos, de mãos dadas, como línguas bipartidas, podereis proclamar o Espírito Santo na Terra e no céu. E nesse dia em que as chamas do Espírito Santo estiverem equilibradas na Terra e no céu, vereis o ápice de uma era e a implantação do ciclo dourado de Aquário.

Maria

Homem, mulher, tornai-vos quem realmente sois!

por Elizabeth Clare Prophet

Ao avaliarmos o homem e a mulher em transição, percebemos que, a cada dispensação de dois mil anos sob as hierarquias solares, existem qualidades particulares da Divindade cuja finalidade é a de serem retratadas no homem e na mulher, para a mestria dos elementos relacionados com tais dispensações.

Durante a era de Peixes, vemos como arquétipos da dispensação da consciência Crística as figuras de Jesus e de Maria, que retratam o raio masculino e o feminino. Vemos Jesus, Maria e Saint Germain ancorando a luz da Sagrada Família. Eles receberam seu treinamento dos manus[1] da sexta raça raiz e da sexta dispensação, o Deus e a Deusa Meru, que focalizam a chama da iluminação no Lago Titicaca.[2]

Nossa Senhora passou grande parte do tempo antes de sua encarnação, e até mesmo durante a encarnação nesse retiro, meditando sobre o exemplo do Cristo para os dois mil anos que se seguiriam. Sua meditação sobre o padrão arquetípico possibilitou a ela dar nascimento a Jesus — o Ser Crístico.

O sentido de idolatria

É difícil saber, à luz da história e do encobrimento das imagens de Jesus e Maria — com quase uma pátina de doutrina e dogma —, qual é, exatamente, o padrão arquetípico da consciência do homem e da mulher da era de ouro. Temos de retirar a indumentária pesada que foi colocada em torno da imagem desses dois indivíduos — a mística e a elevação deles à posição de Deus, impedindo a nossa entrada para compartilhar a sua consciência —, a fim de compreender como devemos despir todas as camadas em nível de homem e mulher, para chegarmos ao homem e à mulher da Nova Era, ao homem e a mulher da sétima dispensação, a da era de Aquário.

Ao compreendermos quem é o homem, quem é a mulher e quem somos nós, a fim de resolvermos a crise de identidade nesta era, devemos considerar a posição de Jesus — não como um deus, mas como um ser ungido que cumpriu o potencial interior e deu o exemplo do que todo homem deve fazer. Devemos considerar Maria, a Mãe, não como uma deusa, mas como uma mulher que caminhou pela Terra há pouco, em termos de tempo e espaço; que passou por encarnações anteriores à encarnação final, como aconteceu com Jesus; que realizou um aspecto do potencial feminino que as mulheres hoje em dia podem e devem realizar.

À medida que quebramos as barreiras da separação entre nós mesmos, como pecadores e Maria e Jesus como deuses, começamos a estudá-los como seres humanos, arquétipos humanos. Vemos que eles enfrentaram as mesmas tentações, problemas e adversidades que nós enfrentamos; vemos que eles passaram por vidas anteriores nas quais cometeram erros. Não foram sempre deuses, tão perfeitos que quase exibiam feições de estátua.

Não podemos culpá-los pela imagem que nós mantemos, porque foi nossa suscetibilidade à idolatria que a perpetuou. E, é claro, a mente carnal que eleva um ídolo vai, eventualmente, destruí-lo. Tanto em Deus quanto no homem, o poder de criar é o poder de destruir. Quando criamos um ídolo significa que controlamos o ídolo. O ídolo que idolatramos é aquele que iremos destruir, despedaçar.

O êxodo maciço que está acontecendo hoje em dia nas igrejas é consequência de uma idolatria extremada que, afinal, não podemos conter em nós mesmos, porque é uma competição com nossos próprios egos. Portanto, abaixo os santos, abaixo a Igreja, abaixo as hierarquias — e isso acontece porque nossa compreensão de hierarquia nunca esteve centrada em nossa Realidade interior.

Se tivermos a Realidade interna da luz do masculino e do feminino, então a reconhecemos uns nos outros: não existe competição, não haverá competição por poder, não haverá ciúmes nem necessidade de adorar ídolos, porque nós somos aquela mesma chama. E surgirá uma sensação de regozijo por sabermos que esses dois seres, Jesus e Maria, sob grandes dificuldades e adversidades, foram capazes de sustentar sua meditação em um padrão de Cristicidade para o homem e a mulher, padrão esse que tem sido a base de nossa civilização por dois mil anos.

Os testes de Jesus e de Maria

Ao falarmos com Jesus e com Maria ao longo dos anos, eles nos disseram que toda essa glória que os envolve não deve eliminar da mente das pessoas o fato de que eles também tiveram suas tentações e testes. Maria conta que, enquanto ela estava sobre o burrico, em busca de um lugar onde pudesse dar à luz, José a tranquilizava o tempo todo, garantindo-lhe que eles conseguiriam chegar lá a tempo. Saint Germain, que estava encarnado como José, disse em um de seus ditados que não tinha muita certeza de estar tudo bem, mas afirmou isso para confortar Maria; e ela o ouviu, embora também não estivesse muito certa.

Depois do nascimento, o anjo do Senhor apareceu a José; e José, pelo fato de sua meditação estar voltada para a chama interior, foi capaz de perceber o anjo, ouvir o aviso, aceitar a mensagem e agir de imediato. José seguiu o conselho do anjo, pegou a jovem mãe e a criança e todos fugiram para o Egito. Só que muitas vezes recebemos um aviso e nos sentimos petrificados de medo.

Se vocês tiverem a oportunidade de ler os textos dos primórdios da Igreja, os quais não foram incluídos na Bíblia, encontrarão relatos que talvez não sejam confiáveis de todo, mas são muito sugestivos a respeito de circunstâncias que podemos muito bem compreender. Houve um período da infância de Jesus no Egito do qual não sabemos por meio das escrituras, um período em que houve liberação de luz através da criança, curas e muitos milagres.

Em nossa viagem ao Egito visitamos a casa em que, segundo a tradição local, a Sagrada Família ficou. Se vocês visitarem aquele país, poderão constatar que as circunstâncias e condições para se criar uma criança de luz lá são tão difíceis, ou até mais, do que encontraríamos no Ocidente, hoje em dia.

Nossa Senhora nos disse que naquela época não existiam abrigos para os que tinham problemas de saúde, tanto de corpo quanto de mente e espírito; devido a isso, havia loucos pelas ruas, havia muita gente perigosa e doente. Tudo isso ela foi obrigada a *des-ver*, a fim de enxergar apenas o Cristo perfeito em Jesus.

Encontrando Deus como Pai e Mãe

O propósito do homem e da mulher na era de Aquário é encontrar a liderança interior como o princípio da Divindade, como Pai e como Mãe. Não há competição entre essas duas esferas da consciência; existe, sim, uma fusão das duas, para que cada um possa fazer nascer o Cristo em si.

As mulheres de hoje em dia devem liderar a senda, pavimentar o caminho, demonstrar a mestria do lado feminino da Divindade que existe dentro delas; devem alcançar a liberdade de elevar as energias de seus chakras, a fim de liberar a luz. Devem expressar a liderança no retorno do Olho Onividente de Deus, no retorno ao Éden, não apenas de forma alegórica, mas na realidade.

Na Lemúria, foi a encarnação da mulher que levou a encarnação do homem a decair da visão do conceito imaculado. A tentação para a queda da consciência veio a Eva — veio à mulher — e o homem a seguiu; portanto, é a mulher que deve liderar agora o retorno ao coração de Deus.

Vemos isso como homem e mulher no indivíduo. Mas devemos ver também que existe a divisão dos papéis de homens e mulheres. As mulheres, então, devem levar o homem de volta à pureza original da consciência de Deus. Elas devem primeiramente alcançar isso, para em seguida ensiná-lo a seus filhos, treinando-os em sua pureza.

O que vemos em nossas cidades hoje? Vemos exatamente o oposto; vemos a traição do papel do masculino, vemos que esse papel está sendo assumido pelas mulheres, que não compreendem o significado de liberação, que não percebem o verdadeiro significado do movimento feminista, que é a revolução da alma. Determinada a não ser mais desprezada por qualquer força, a alma se elevará, a fim de realizar a união alquímica com o Espírito.

Isso não significa que as mulheres devam lutar por igualdades superficiais e insignificantes com o homem. Significa que as mulheres devem liderar o caminho da espiritualidade, porque o lado feminino da Divindade dentro de nós é nossa maior manifestação.

É a faculdade de intuição das mulheres que pode proporcionar ao homem a visão para a vitória. A mulher deve conter essa visão dentro de si mesma. Ela deve manter essa visão para seu país, para sua comunidade, para seu planeta. Ser mãe e gerenciar um lar não é simplesmente se fazer de escrava e dona de casa. Gerenciar um lar significa manifestar os fogos do Om, do Sol Central, na matriz, no campo de força, para dar à luz crianças e discipliná-las de acordo com as Leis de Deus.

A mulher cria a mandala por intermédio da qual o homem pode seguir em frente a fim de conquistar a precipitação da abundância em seu trabalho, em sua profissão, em seu chamado. O homem conquista a Matéria através da ação do raio feminino dentro de si mesmo. A mulher deve trazer à tona esse princípio feminino do homem.

Isso não significa que ela deva negar a si mesma a chance de ter uma carreira e seguir uma vocação fora do lar. Ela também pode ter seu labor sagrado e seus filhos podem ajudá-la a realizar isso. Existe um período, porém, se a mulher deseja ser mãe — se deseja ser a Mãe de Deus —, em que ela deve pertencer apenas a seus filhos. Quando eles são muito pequenos, quando precisam de sua chama, ela deve estar perto.

Por fim, esses anos realmente passam e a mulher pode seguir seu caminho, ensinando o homem a conquistar a Matéria, a realizar a alquimia do fogo sagrado e a abrir as energias dos chakras.

Elevando o masculino

Fui visitada por uma prostituta, há pouco tempo, que me contou de seu amor pelos homens e do quanto a compaixão que sentia por eles era grande. E eu lhe disse: "Você não tem compaixão — está simplesmente se deixando envolver pela simpatia humana. Está traindo os homens, porque está arrastando as energias deles para o ponto mais baixo da consciência."

Ela decidiu que tinha uma missão para a Fraternidade, uma missão para os Mestres, que era a de trazer amor para a humanidade. Eu disse: "Você não poderá trazer este amor, nem ensiná-lo, até que consiga disciplinar os fogos do amor dentro de si mesma. A verdadeira compaixão pelos homens é manter o conceito imaculado que os capacita a elevar as suas energias e a libertar seu potencial nas esferas do Espírito: o raio masculino que sai do chakra da coroa como energias da mente de Deus; as energias masculinas que vêm para o terceiro olho e para a garganta, e que dão ao homem o poder de ser homem."

Quando vemos fraquezas e perda de qualidades masculinas nos homens, devemos atentar para a mulher caída dentro de homens e mulheres que traíram esse princípio masculino. Quando vemos mulheres que não conseguem expressar seu papel de mãe e de imagem da Virgem Cósmica, devemos lembrar que muitas vezes é a própria mulher que permite que suas energias masculinas pervertidas dominem seu potencial feminino. Ela permite que sua mente carnal, o questionamento, a condenação, a irritação, as implicâncias — e todas as qualidades desse tipo que pervertem o masculino — destruam o feminino nela mesma, e tanto o masculino quanto o feminino em seu marido e em seus filhos.

Vemos que existe uma responsabilidade igual no homem e na mulher. Precisamos perguntar a nós mesmos: "Será que estou traindo Deus como Pai em minha vida ao impedir o ímpeto, o impulso da Lei, a energia das qualidades do Espírito que associamos com o homem, tais como a iniciativa, a habilidade de conquistar e de moldar um destino para a família?" Isso tudo também deve estar contido na mulher; quando, porém, na presença do homem, devemos deixar que o homem assuma essa polaridade. No caso de ausência dele, aí sim, devemos assumi-la dentro de nós mesmas.

Também o homem, na presença da mulher, deve expressar deferência pelo raio feminino, concedendo graça e consideração, porque o feminino é o princípio mais elevado dentro dele. É a sua manifestação mais elevada; ela pode alcançar a realização mais elevada de Deus; mas na Terra, por traição e rebelião, alcançou a realização mais baixa. E esse nível mais baixo veio a ele por meio da mulher caída.

O magneto divino

Uma civilização pode se elevar somente até o nível em que a mulher nessa civilização tenha a permissão de se elevar. Isso é verdadeiro para nossa própria consciência individual na era de ouro. Só se você permitir à mulher se elevar dentro de você mesmo a energia da Kundalini,* como os fogos da pureza, po-

---

* A palavra *Kundalini* significa, literalmente, "serpente enroscada". A Kundalini é a energia enroscada em estado de latência no chakra da base da coluna. Ele é a polaridade negativa, na Matéria, do Fogo-Espírito positivo que desce da Presença do EU SOU para o chakra do coração.

derá o masculino dentro de você florescer e se expressar. Não existe um meio-Deus. Não se pode excluir o masculino nem o feminino, ou dizer que um é mais importante do que o outro. Precisamos olhar além das perversões do Deus Pai-Mãe que vemos acontecer no homem e na mulher. Precisamos compreender que, além da ilusão, além do que está acontecendo do lado de fora, existe aquele núcleo de fogo cristalino do ser; e, por meio de nossas orações, recitando a Ave-Maria e o Pai-Nosso, podemos fazer surgir esse potencial um no outro.

Minha experiência tem sido muito rica ao lidar com pessoas que me procuram sem ter noção alguma da luz, sem ter nenhuma consciência do respeito pelo pai ou pela mãe, dentro ou fora, e nenhuma percepção do fluxo de energia. Aprendi que com um pouco de dedicação e um pouco de amor — mostrando às pessoas que nós acreditamos nelas e sabemos que elas podem alcançar essa luz — elas florescem da noite para o dia, transformam-se e se mostram pessoas diferentes. Aquele molde de barro, aquela concha que antes nos parecia um cadáver ambulante, subitamente se torna o Ser Crístico transfigurado diante de nós. O represamento do verdadeiro masculino e sua perversão por conta da perversão do feminino são revertidos — os homens se tornam homens e as mulheres se tornam mulheres, e não existe mais confusão, porque cada um de nós percebe que tem uma imensa tarefa a cumprir em nossos próprios raios, de modo que não há necessidade de competir ou roubar um do outro esse cargo sagrado que nos foi concedido pela hierarquia.

Já treinei muitos rapazes, filhos de Deus, e os ensinei a ancorar o magneto do raio masculino dentro de seus chakras, dentro de seus corações. Mostrei-lhes como aspirar à senda do celibato e como usar essa energia para ancorar o verdadeiro princípio da Divindade. Expliquei a eles: "Se vocês sonham com uma mulher em seu coração, uma mulher que vocês nunca encontraram, sua chama gêmea, o epítome da beleza, da virtude, da delicadeza e da maternidade, essa mulher pode caminhar a seu lado, se você alcançar a sua virilidade divina."

E digo a eles, especialmente àqueles que desperdiçaram suas energias e perverteram o fogo sagrado: "Você não possui nada do raio masculino dentro de si que possa atrair a mulher divina. O que espera, além de problemas e dores nos relacionamentos com as mulheres? Você nunca exaltou o Cristo; nunca posicionou o magneto dentro de você para fazê-lo atrair algo de valor. Não recebe nada que não mereça nesta vida, e só consegue atrair o que você é. Sendo assim, quanto mais você focar os atributos dos Mestres Ascensos que personificam o princípio masculino, quanto mais se tornar a encarnação da força e das virtudes de honra, nobreza e proteção; quanto mais compreender o que a Paternidade de Deus representa, então maior será a possibilidade de você magnetizar, atraindo de algum canto da Terra ou do céu aquele ser divino que é a polaridade exata de quem você é."

Então eu os submeto por algum tempo a um período de meditação, invocação e serviço, trabalhando para ancorar aquele fogo nos chakras. E pouco a pouco, vejam só... ela surge pela porta — o complemento exato daquele que se dispôs a sacrificar o mau uso de sua energia e a consagrar essa energia a Deus.

Ensino o mesmo às mulheres: "Se você está insatisfeita, não deve culpar ninguém, exceto a si mesma. Quando você se tornar a mulher verdadeira, a mãe verdadeira, a manifestação verdadeira do princípio feminino do cosmos, vai encontrar seu complemento divino. E isso poderá se manifestar de muitas formas. Pode ser o indivíduo que caminha lado a lado com você, oferecendo-lhe conforto, compaixão e companhia na vida; ou pode ser um Mestre Ascenso, sua chama gêmea que foi adiante de você, que está ao seu lado e tão presente, tão próximo que você nunca se vê sozinha, e sente constantemente a plenitude da sua presença."

Casamento e família

O casamento não é necessariamente a coisa mais importante da vida. O casamento da alma com o Espírito, esse sim, é nosso objetivo. O casamento humano talvez seja a consequência lógica de sua mestria, mas pode não ser o caminho adequado para você. Pode ser que você sinta as energias se elevando dentro de si e a união do masculino e do feminino como uma manifestação tão intensa que não pode tirar sua atenção da ação desse fogo que está preenchendo todo o seu templo, e você sente que seria uma profanação sair do próprio templo para procurar essa união lá fora. Tenho certeza de que muitos santos, padres, freiras e devotos em templos budistas, e em outros templos pelo mundo, no Oriente e no Ocidente, encontraram essa união. Não é mistério para mim que eles tenham alcançado a própria unidade por meio de uma vida de devoção.

Assim, os dois caminhos estão abertos. Os Mestres disseram que a família é a unidade básica da era de Aquário, mas a era de Aquário representa também a vinda dos sacerdotes e sacerdotisas da ordem de Melquizedeque.[3] Eles são muito necessários, pois são os mestres nos templos que precipitam, por alquimia celestial, a invenção criativa, a ciência e os gênios de todos os tipos; e fazem tudo isso a partir da fusão do masculino e do feminino dentro deles.

É claro que são necessários os avatares, bem como a encarnação do Verbo. Assim, Nossa Senhora, junto com Jesus, nos deu o entendimento do que é a família; e ela tem se mostrado também preocupada com a importância da espiritualização do ritual do casamento. A troca do fogo sagrado entre o homem e a mulher deve ser o ritual da mais alta devoção a Deus. Deve ser uma fusão do corpo causal e da Presença do EU SOU, e não a amalgamação da mente carnal por meio da sensualidade.

Durante o nosso seminário de dois dias denominado "Desígnios da família para a era de Ouro",[4] gravamos palestras e ditados de Maria, Jesus e Saint Germain sobre a criação de filhos, sobre a preparação para trazer à manifestação os novos avatares. Há uma maldição, um peso, um senso de pecado e de vergonha sobre toda a raça humana em relação ao sexo; e esse sentimento de vergonha não nos foi imposto pela Mãe ou pelo Pai, mas pela grande prostituta.

A Antimãe

Vocês já ouviram falar do Anticristo. Pois devem também ter lido no Apocalipse a respeito daquela que é chamada de grande prostituta.[5] A grande prostituta é a perversão da Mulher Divina dentro de você. Vemos que na Atlântida houve uma que foi a encarnação, a personificação da perversão total da Mãe Divina; foi essa mulher que criou o conceito de vergonha e de pecado, a doutrina do pecado original. Foi ela que inventou o conceito de que "em pecado a minha mãe me concebeu" e isso começou a ser propagado pelos templos. Essa ideia cobriu toda a Terra e inundou as consciências; e homens e mulheres começaram a se encontrar não mais sob a pureza de um amor que transcende a Matéria, mas sob a sensação de vergonha.

A profanação da chama nessa hora foi a mais insidiosa porque surgiu sob a forma de um conceito, surgiu como uma espécie de filosofia sutil, surgiu como degradação do homem e da mulher. Um homem em estado de vergonha e uma mulher em estado de vergonha só poderiam produzir uma criação animal — não uma criação imbuída com a concepção imaculada do Cristo. Foi nessa hora que os sacerdotes nos templos declararam: "Deus está morto." E foi daí que surgiu essa frase. Eles declararam que Deus estava morto porque Deus, como Espírito, é uma chama viva, uma alegria nos corações das pessoas e essa chama se apagara.

Nossa Senhora está preocupada, ao entrarmos na era de Aquário, e quer que a pureza, a honra e a fidelidade expressas nos votos do casamento sejam restauradas. E quando os homens e as mulheres aprenderem esta consagração por meio da meditação, terão sua dignidade e o valor de sua alma devolvidos a eles, e acontecerá, no coração da Mãe e no coração de Saint Germain, a transmutação de tudo o que foi colocado sobre nós e que nos fez acreditar que somos uma criação pecaminosa, um resultado errado do sexo.

Entretanto, a perversão desses ensinamentos de Nossa Senhora às vezes leva ao caminho inverso, o caminho da licenciosidade, da falta de moral, do amor livre, do sexo livre, do sexo pervertido, da homossexualidade e de todas as coisas que não são parte da consagração do fogo sagrado. Quando os estudantes dos ensinamentos dos Mestres Ascensos aprendem o caminho verdadeiro, encontram a alegria, a felicidade e a plenitude completa, e não mais a agonia, o sofrimento e o fardo que surgem quando há uma má interpretação e um mau uso dessas energias.

A crucificação da Mãe

Jesus nos demonstrou a caminhada para a crucificação do Pai, do raio masculino. Agora, toda a cena da via dolorosa que se torna a via gloriosa está voltada para a elevação de Deus como Mãe dentro de você — no homem e na mulher. E a luta apenas começou. Acabou de ter início.

O *momentum* do mundo inteiro contra a liberdade é engendrado pelos caídos, pela consciência de massa, para derrubar essa energia da Mãe em você. É uma força mortífera. Ela ameaça nossa abundância da Mãe, com nosso dinheiro sendo manipulado e perdendo seu valor, e nós não temos mais o padrão-ouro da consciência Crística (e já não o temos há muitos anos). A desvalorização do nosso dinheiro, a manipulação da nossa moeda, o aumento de nossa dívida pública, tudo isso ocorre porque a Mãe é a energia da abundância. Isso tudo são oposições à elevação do raio feminino.

Quero que saibam, porém, que, se vocês estão determinados a ser discípulos, e discípulos dedicados da Mãe, sempre buscando disciplinar os fogos do feminino dentro de vocês, enfrentarão adversidades — e sua determinação deverá ser tão grande quanto elas. Vocês devem ser capazes de enxergar a irrealidade dos caídos e ver que eles não têm poder algum.

Vocês encontrarão uma reação violenta do mundo, dentro de casa e em sua família sempre que a energia do feminino começar a queimar dentro de vocês e a se elevar, especialmente quando ela fizer aumentar a luz da sua aura. Essa é a cruz que deve ser carregada durante esse período, o ciclo de dois mil anos em que chegamos às iniciações da Mãe.

Na hora da crucificação, Jesus disse: "Esta é a vossa hora e o poder das trevas."[6] Deus permitiu que a escuridão penetrasse por todo o Império Romano e o Sinédrio porque isso era necessário para o julgamento. Era necessário que eles atacassem pessoalmente o Cristo a fim de fazer seu carma descer e suas almas serem julgadas pelo ódio à luz que guardaram no coração durante séculos.

A presença do Cristo entre eles precipitou essas trevas. As trevas se alastraram, e assim eles foram julgados. E Jesus disse: "Eu vim a este mundo para juízo."[7] E assim é. Para o julgamento eu vim; para a separação entre a luz e as trevas pela espada da Verdade; para que os segredos do coração dos homens possam ser conhecidos.

Esse é o trespassar da alma da mãe. Quando foi profetizado que Jesus seria crucificado, Simeão disse a Maria: "Uma espada trespassará a tua própria alma",[8] porque o raio feminino também deve passar pela crucificação para que os filhos e filhas de Deus possam realizar seu potencial por inteiro.

Quando vocês compreenderem que seu próprio corpo é o corpo da Mãe, pois é a Mater-realização da chama, saberão que todo ataque ao corpo é também um ataque à Mãe Divina. Encher o corpo com o veneno de produtos químicos, com comidas que não são integrais, com a poluição da atmosfera, o respirar essa substância — tudo isso representa a negação da Mãe, a crucificação da Mãe, de modo que ela não possa dar à luz o Cristo. Como pode a mulher trazer a pureza da Criança Crística e criar a forma e um templo físico que seja puro para que essa luz possa se expressar se todos os elementos da Matéria estão poluídos?

Precisamos lutar contra a poluição; precisamos lutar contra a lavagem cerebral; precisamos lutar contra a propaganda subliminar. Precisamos lutar contra o que está sendo colocado em nossas mentes e contra o que está se embrenhando em nosso subconsciente, fazendo com que as espirais de escuridão se manifestem na carne.

Visitei alguns países em que vi o rosto das pessoas, quase sem exceção, exibir a marca de algum tipo de distorção da vida, como as que são praticadas ou alcançadas por meio de magia negra ou feitiçaria. Percebi o quanto a crucificação da Mãe Divina foi muito mais longe em algumas nações, pelo fato de a chama da liberdade não ser reverenciada nelas.

Vi nos corpos das pessoas a profanação da Mãe. Não o percebemos porque isso é algo muito traiçoeiro e está um pouco abaixo da superfície da nossa consciência — além de estarmos sujeitos a uma espécie de tratamento de choque. Lemos os jornais e ficamos tão chocados com tudo o que acontece de terrível que ensaiamos um condicionamento imediato, de modo a não termos algum tipo de colapso nervoso pelo que está se passando na sociedade.

Isso tudo é planejado. O tratamento de choque é manter o bombardeio sobre você com as coisas mais absolutamente terríveis que estão acontecendo pelo mundo — e você sabe que é constantemente bombardeado por essas coisas pela mídia —, para que no momento em que o controle externo da sua consciência se estabelecer você já esteja condicionado. É o passo seguinte mais lógico e você pensa: "Pois é, as coisas são assim mesmo."

E é exatamente isso que as pessoas dizem hoje em dia, mesmo quando as coisas mais terríveis estão sendo descobertas. "Pois é, as coisas são assim mesmo." E as pessoas seguem em frente, complacentes, desiludidas, céticas; e não há mais garra para lutar, porque a consciência não é mais suficientemente masculina, não é mais suficientemente yang — ela não está mais concentrada o bastante no núcleo de fogo branco do ser, a fim de expressar a energia de resistência quando a Mãe está sob ataque. Assim também o masculino dentro de nós não está empregando o poder necessário para defender o feminino dentro de nós, e nos tornamos passivos, verdadeiros capachos dessa onda de carma mundial que se aproxima.

Elevando a Kundalini

Agora, porém, eu sei que, ao recitar o rosário diariamente, essa sintonia me coloca em contato com os mestres do Himalaia que adquiriram a mestria do fogo da Kundalini e com Gautama Buda, que é o Senhor do Mundo, porque ele é o maior devoto da Mãe Divina. Ele tem a maior percepção da Virgem Cósmica e, portanto, adquiriu o direito de ser o Senhor do Mundo.

O rosário me coloca em contato com o fluxo da Mãe através de todo o cosmos e com vocês, como crianças da Mãe. Eu sinto que estou em seus corações e suas almas todas as manhãs, bem como no coração e alma de todas as crianças do planeta. Sinto o fluxo da Mãe, sinto sua intercessão.

Não faz muito tempo, rezei para Nossa Senhora pedindo sua intercessão por uma alma que estava se virando contra a luz, em um momento de rebeldia, de escuridão, de rejeição aos Mestres — uma alma muito valiosa que fora subjugada pela mente carnal do planeta. Rezei, pedindo a imediata intercessão por ela. Rezei fervorosamente pela salvação daquela alma. Alguns momentos se passaram e a pessoa voltou a mim, expressando um arrependimento total e garantindo: "Eu vou fazer a vontade de Deus."

A grande beleza e a glória da vinda da Mãe estão sempre lá, e quando você mantém o *momentum* de sua chama em sua aura, sempre faz contato com ela. É essa rede, esse véu delicado que conecta você com a Mãe Divina, porque você mesmo fez esse pedido. E por essa rede e esse véu flui toda a intercessão, a assistência divina, ou qualquer outra coisa da qual você precise para sua família e para sua vida.

O recitar do rosário é uma meditação certa e segura para a elevação do fogo da Kundalini. Os Mestres não aprovam a elevação prematura dessas energias. Eles não aprovam a união de casais (especialmente casais que não são casados) com a finalidade de fazer meditação olhando fixamente nos olhos um do outro, a fim de criar uma conexão através dos chakras, como muitas pessoas ensinam. Isso não é correto, e aqueles que transmitem ensinamentos dessa forma não são representantes da Grande Fraternidade Branca. Isso é uma perversão do fogo sagrado.

Os Mestres recomendam uma elevação muito gradual e controlada dessas energias, que não deve ser forçada. Eles não ensinam que você deve centrar sua senda espiritual na elevação dessa energia. A elevação dessa energia é uma consequência natural da purificação dos chakras.

Quando você usa com intensidade a chama violeta, é como se estivesse criando a pressão do Espírito Santo sobre seu ser. À medida que sua aura vai se inundando com a chama violeta, o barômetro da força de vida da Mãe é, então, forçado a subir. O fogo que sobe é a luz sagrada, que vem no momento determinado por Deus, segundo os ciclos próprios de Deus, conforme seu carma, seu dharma e sua mestria determinam. Você não precisa ficar preocupado com isso; ele simplesmente flui e se eleva quando chega o tempo certo.

Assim, a saudação ao *Mater-ray*, o *Ma-ray*, o raio da Mãe em você, é a saudação a toda aquela energia presa no núcleo de fogo branco de seu chakra da base. Ao saudar essa energia, você faz o contato. Ao fazer o arco do contato, a energia vai responder de acordo com os ciclos de sua própria alma.

Assim, quando alguém lhes perguntar "Os Mestres ensinam técnicas de meditação? Eles ensinam ioga tântrico? Eles ensinam a promover a elevação da Kundalini?", essa é a resposta que deve ser dada, uma resposta saudável e magnífica. E quando as crianças começam a fazer essa meditação pelo rosário, ainda muito jovens, acontece o preenchimento natural de seus chakras, a liberação natural da energia da Mãe, e eles ficam contentes, ficam felizes. Já percebi a diferença quando eles não fazem o rosário — como eles ficam agitados, irritados, implicando uns com os outros, porque não estão com a energia da Mãe.

Todos nós ficamos muito perturbados e todo tipo de coisas acontece na sociedade quando não temos a energia da Mãe. Todo crime é resultado do desespero pela Mãe, do desespero por um pouco de atenção, em uma tentativa de fazer qualquer coisa e fazer tudo — até que finalmente acontece a total profanação dessa energia com assassinatos de todo tipo, porque a Mãe está ausente. Se não temos a Mãe em nossas auras nem fazemos contato diário com ela, estamos incompletos, temos esgotamentos nervosos e nossos corpos se tornam doentes. Essa energia deve estar presente, e existe uma tremenda pressão por isso porque esta é a energia da era de Aquário.[9]

PARTE CINCO

Devoções à Mãe

Acabai com vossos caprichos e desejos, meus filhos.
Cessai vossos murmúrios e lutas contra a chama da
vida. E quando o dia chegar ao fim e tiverdes vencido
a boa batalha para manter a chama da harmonia,
renunciai! Ó, renunciai, meus filhos! Deixai que tudo
aquilo a que vos apegastes vá para dentro da chama.
Não tenhais medo, pois estou perto de vós e o nosso
Deus está aqui também — um fogo consumidor
do desejo imortal de ser livre. Deixai as energias de
Deus e todas as matrizes que impusestes sobre elas
fluir rumo ao Sol central de vossa Realidade divina.
Desapegai-vos de vossas conquistas mundanas e de
vossos feitos espirituais. Desapegai-vos de vosso nome,
de vossa fama e das coordenadas de vossa percepção
na Matéria.

Maria

9

O Décimo Quarto Rosário
por Elizabeth Clare Prophet

Quando a amada Nossa Senhora ditou os primeiros sete mistérios do rosário, o oitavo mistério e os mistérios dos cinco raios secretos,[1] o fez com a terna esperança de que os filhos e filhas de Deus em todo o mundo respondessem ao chamado do raio da Mãe e saudassem a Chama da Vida como a encarnação do Verbo da Mãe. A Virgem Abençoada me disse que, quando um número suficiente de Guardiães da Chama[2] proferisse com diligência e devoção esses sagrados mistérios centrados na vida de Jesus e Maria e nas profecias do Antigo e do Novo Testamentos, ela divulgaria o Décimo Quarto Rosário.

O Mistério da Renúncia

Assim, Nossa Senhora veio à mesma torre* na qual ela já estivera antes e me deu o Décimo Quarto Rosário, que é o Mistério da Renúncia. Ele é diferente dos outros rosários; é incri-

---

* A mensageira usava a torre em La Tourelle, em Colorado Springs, como sala de orações.

velmente belo. Ele nos ensina o desapego, a renúncia; ele nos ensina como nos preparar para a hora da crucificação. Dentro dele, temos a oração que Jesus fez ao Pai, antes de ser crucificado. A oração se chama "É Chegada a Hora".[3]

Quando Jesus levantou os olhos para Deus, depois de ter terminado sua missão, disse: "Pai, é chegada a hora. Glorifica a teu Filho, para que também o teu Filho glorifique a ti."[4] Desse modo, essa oração é feita neste rosário não como um responsório, mas como a ação pessoal de quem está centrado no Cristo.

Já notei que entre os discípulos dos Mestres existe uma hora para o desapego, para a renúncia. Esse rosário veio no momento certo em que, a fim de ir mais adiante, até mesmo o mais avançado dos discípulos deve abrir mão de sua família, de seus entes queridos, de seus filhos, de seu nome, de sua fama, de suas conquistas mundanas, de seu ego — de todos os pensamentos que temos a respeito de nós mesmos.

A compreensão dessa renúncia é que você não perde aquilo a que renuncia. Você o entrega a Deus para mantê-lo a salvo, e ele lhe devolve o que deseja que você guarde. É como dizer a Deus: "Não vou manter essas coisas comigo, pois compreendo que sou apenas um guardião delas, que estou guardando-as para vós, e a qualquer tempo em que quiserdes tê-las de volta, estou disposto a abrir mão delas."

Quantas vezes tomamos a luz de Deus, sua energia, os filhos que ele nos dá e dizemos: "Isto é meu, e vou defendê-lo a qualquer custo!" Pois bem, devemos defender as coisas, sim, mas não como nossas; devemos defendê-las como posses de Deus, e dessa forma estaremos prontos para liberá-las.

Meu coração pulou de alegria com a expectativa da vinda na Mãe e da revelação desse rosário. E ela veio. Veio a La

Tourelle, onde originalmente me aparecera para explicar a nova Ave-Maria e as devoções dos discípulos do Ungido para a era de Aquário. Ela apareceu no mesmo lugar onde havia surgido como um raio de luz — o epítome da feminilidade quando atinge a sua mais perfeita dimensão —, onde havia explicado que a Ave-Maria é uma saudação ao raio da Mãe e à luz de Alfa e Ômega encerrada no núcleo do fogo branco do Ser.

Nossa Senhora, Mãe Maria, deu-me a Ave-Maria para a absorção da alma na concepção imaculada da Virgem Cósmica, para tecer o vínculo a seu abençoado coração como a Mãe de Jesus Cristo e como o arquétipo da mulher da era de ouro. Ela disse: "A Ave-Maria se destina à ressurreição das energias da vida no corpo, na alma e na mente dos filhos de Deus na Terra e transmitirá matrizes de perfeição para a transição da consciência na Nova Era." É o mantra da Mãe, que ela revelou para afirmar a identidade do suplicante como um filho ou uma filha de Deus orando pela intercessão da Mãe Divina no momento da iniciação da alma na vitória sobre o pecado, a doença e a morte. Sim, é na hora da vitória que queremos invocar a tua ajuda, ó Mãe Abençoada!

Agora, para a vitória da 14ª estação da cruz (veja pág. 267) e para o culminar das espirais dos 13 rosários na consciência do Cristo, a Mãe Abençoada veio para nos ensinar a renunciar, a libertar-nos de uma falsa identidade fabricada na Matéria. Ela veio mostrar-nos como jogar no fogo do Espírito Santo o conflito, o sentimento de luta e todos os componentes do conflito — como dissolver qualquer manifestação que se oponha ao ponto de luz que é nosso Eu Verdadeiro em Deus. Com toda a nossa determinação, com todo o nosso esforço para sermos livres e a intensificação da devoção que, com frequência, se transforma no fortalecimento da mente e na expansão da imaginação da alma, a Mãe vem até nós, põe-se a nosso lado, e ouvimos a sua voz explicar tão amorosamente:

"Acabai com vossos caprichos e desejos, meus filhos. Cessai vossos murmúrios e lutas contra a chama da vida. E quando o dia chegar ao fim e tiverdes vencido a boa batalha para manter a chama da harmonia, renunciai! Ó, renunciai, meus filhos! Deixai que tudo aquilo a que vos apegastes vá para dentro da chama. Não tenhais medo, pois estou perto de vós e o nosso Deus está aqui também — um fogo consumidor do desejo imortal de ser livre. Deixai as energias de Deus e todas as matrizes que impusestes sobre elas fluir rumo ao Sol central de vossa Realidade divina. Desapegai-vos de vossas conquistas mundanas e de vossos feitos espirituais. Desapegai-vos de vosso nome, de vossa fama e das coordenadas de vossa percepção na Matéria.

Dai tudo a Deus e deixai que Ele vos devolva aquilo que Ele deseja ver-vos reter. Meus filhos, que o Mistério da Renúncia seja o ritual pelo qual submeteis à chama todas as vestes da vossa consciência, tal como pondes a vossa roupa suja na máquina de lavar. Sim, entregai-Lhe tudo. E enquanto dormis, à noite, deixai o Espírito Santo limpar e purificar todas as células e átomos, vossos pensamentos e sentimentos mais profundos e todos os raios sombrios que se escondem nas pregas de vossas vestes.

Tomai o Mistério da Renúncia e deixai-o comemorar o momento em que sucumbis à Realidade — o momento da renúncia a todas as justificativas do ego humano, a um falso sentido de responsabilidade que vos leva a pensar que amigos, familiares e entes queridos dependem de vós, e não de Deus. Renunciai às coisas que pensais ter de possuir. Renunciai às coisas que, em vosso orgulho, pensais que nunca fareis ou às que julgais que sempre fareis. Renunciai a todos os apegos humanos. Renunciai a todas as ambições, exceto ao desejo Divino de ser Deus em vosso interior."

O Décimo Quarto Rosário dá a cada devoto da vida a oportunidade de formular a sua própria prece de renúncia na conclusão do rosário. Que ela seja a renúncia à morte e à desintegração, às leis da mortalidade e a todo sentimento que procure limitar a alma como algo mortal.

"É Chegada a Hora", a prece de Jesus, o Senhor Cristo ao Pai na hora de Sua renúncia, quando ele se preparava para a iniciação da crucificação, é a declaração do Cristo no interior do devoto, na hora da libertação da alma para a vida eterna. Não se trata de um responsório, como nos primeiros 13 rosários, mas deve ser expressada em voz alta, alternando as Ave-Marias, como está indicado.

Esse rosário pode ser feito diariamente, uma vez por semana ou quando vocês sentirem o ímpeto dos fogos da ressurreição impelindo a consciência para o ponto de renúncia ao Eterno Agora, ao EU SOU O QUE EU SOU. Ele assinala a iniciação da Cristicidade que a sua alma atravessará no 33º degrau da iniciação do fogo sagrado. Cada vez que vocês fizerem este ritual no pleno poder da Palavra falada, estarão reforçando a sua vitória para quando chegar a hora da iniciação da vitória. E estarão comemorando a hora da vitória de Jesus Cristo e de todos os Mestres Ascensos que caminharam pela Terra e derrotaram o último inimigo, tendo então retornado ao coração de Deus por meio da senda da renúncia.[5]

Dai tudo a Deus e deixai que Ele vos devolva aquilo que Ele deseja ver-vos reter. Meus filhos, que o Mistério da Renúncia seja o ritual pelo qual submeteis à chama todas as vestes de vossa consciência, tal como pondes vossa roupa suja na máquina de lavar. Sim, entregai-Lhe tudo. E enquanto dormis, à noite, deixai o Espírito Santo limpar e purificar todas as células e átomos, os vossos pensamentos e sentimentos mais profundos e todos os raios sombrios que se escondem nas pregas de vossas vestes.

Maria

O diagrama do Décimo Quarto Rosário

Por Elizabeth Clare Prophet

O conteúdo do Rosário Escritural para a Nova Era, que a Mãe Abençoada ditou, reflete o fluxo do Deus Pai-Mãe — de Deus como Pai e Deus como Mãe, revelado a João nas palavras "Eu sou Alfa e Ômega, o princípio e o fim".[1] A primeira adoração do rosário marca os quatro aspectos do ser de Deus como Pai, Mãe, Filho e Espírito Santo. Ao fazermos o sinal da cruz, estamos reforçando a consciência desses aspectos do corpo e da alma, mente e coração. A cruz latina (normalmente pendurada na ponta do rosário) é o emblema das linhas convergentes do Espírito (Alfa) e da Matéria (Ômega), significando o lugar em que Cristo nasceu e onde as energias do Logos são liberadas para o planeta.

Tocando a testa, fazendo dela a ponta norte da cruz, dizemos "Em nome do Pai". Tocando o coração na ponta sul da cruz, dizemos "e da Mãe". Tocando o ombro esquerdo como a ponta leste da cruz, dizemos "e do Filho". Tocando o ombro direito com a ponta oeste da cruz, dizemos "e do Espírito Santo, Amém". Ao incluir o nome da Mãe em nossa saudação à Trindade, invocamos a consciência da Virgem Cósmica, que faz com que cada aspecto da Santíssima Trindade adquira um significado maior em nossa consciência evolutiva. De fato, Maria é a Filha de Deus, a Mãe do Cristo e a Noiva do Espírito Santo. Desempenhando o papel velado da contrapartida feminina de cada um dos aspectos do princípio masculino de Deus, ela é a mais habilitada para retratar junto a nós a natureza do Pai, do Filho e do Espírito Santo.

O Pai-Nosso do EU SOU

A próxima adoração do rosário é o "Pai-Nosso do EU SOU, de Jesus". O mestre Jesus nos ensinou o Pai-Nosso registrado na Bíblia[2] na forma imperativa, a forma de comando. A oração supõe que a alma está no estado de se transformar, comandando aquilo que ela deseja ser para descer e realizar a obra perfeita. Jesus nos deu essa oração porque o comando em si tem a intenção de elevar a alma a essa posição de autoridade. Mesmo que nossa alma não compreenda o porquê de ter a autoridade de comandar a luz de Deus, a prece em si nos levará até lá.

Agora, à medida que avançamos na senda da Cristicidade, vemos o Pai-Nosso e compreendemos que esses comandos se manifestaram dentro de nós. Conhecemos o Deus que mora em nosso templo; conhecemos a Presença do EU SOU.[3] Estamos agora com Jesus no Cenáculo e ele nos ensina o Pai-Nosso do EU SOU, afirmando que tudo o que comandamos manifestou-se agora onde estamos:

> Pai Nosso que estais no Céu,
> Santificado seja o Vosso nome, EU SOU.
> EU SOU o Vosso Reino manifestado

EU SOU a Vossa Vontade que está sendo
    cumprida
EU SOU na Terra assim como EU SOU no Céu
A todos eu dou hoje o pão de cada dia
Eu perdoo neste dia a toda a Vida
E EU SOU também o perdão que ela me estende
Eu afasto todo homem das tentações
Eu liberto todo homem de qualquer situação
    nefasta
EU SOU o Reino
EU SOU o Poder e
EU SOU a Glória de Deus em manifestação
    eterna e imortal —
Tudo isso EU SOU.

Nessa oração estamos afirmando, assim como Deus afirma em nós, que o Grande Doador está realizando todas as coisas que estamos formalmente pedindo a Ele. Reconhecemos a nós mesmos como cocriadores, com ele. Ao dizermos "EU SOU", estamos dizendo "Deus em mim é". Quando somos um com Deus, não existe separação. O EU SOU de Deus falando é o único EU SOU de nós, porque renunciamos a toda identidade que seja inferior a Ele.

A fim de usarmos corretamente o nome de Deus, EU SOU,[4] como afirmação do Ser e como afirmação da ação do Ser, precisamos antes estar convencidos de nossa unidade com Deus por meio da correta interpretação de Suas Leis. Pela graça de Deus, a afirmação dessas Leis não foi inteiramente removida das Sagradas Escrituras. Os que se propõem examinar a Bíblia à luz da verdade histórica, bem como sob a luz dos ensinamentos dos Mestres Ascensos, começarão a compreender que a doutrina do pecado original e a crença de que o homem é pecador por natureza não tiveram origem nem nas Leis de Deus nem nos ensinamentos de Jesus.

Depois de aliviada do pesado fardo do pecado e do próprio senso de pecado, a humanidade poderá verdadeiramente afirmar sua unidade com Deus, a qual poderá ser alcançada apenas por meio do Cristo, o Mediador — o único Filho unigênito de Deus. Assim como existe apenas um Deus, um Senhor, também existe apenas um Cristo. Da mesma forma que Deus individualizou-se na Presença do EU SOU para cada um, ele também individualizou o Cristo para cada um de nós, no Cristo Pessoal e na Chama Crística que arde no altar de nossos corações, sustentando a vida como uma oportunidade para a unidade.

Continuando com nossa análise das adorações do rosário, vemos que as três Ave-Marias que compõem a terceira adoração determinam o padrão para todo o rosário, na chama trina da fé, esperança e caridade, na vontade de Deus, em sua sabedoria e em seu amor. Por meio desta intrincada unidade, e também nela — na união do Pai, do Filho e do Espírito Santo —, a ação das adorações que se seguem é multiplicada pelo poder do três vezes três para a salvação da humanidade.

O "Introito à Sagrada Chama de Cristo", que é feito como a quarta adoração do rosário, foi dado por inspiração a Mark Prophet[5] pelo Espírito Santo. Ao dizermos essa oração, sentimos como se estivéssemos nos comunicando com nosso Santo Cristo Pessoal, por meio da Chama Sagrada de Cristo em nossos corações. Estamos nos entregando ao Cristo e dizendo: "Obrigado, amado Santo Cristo Pessoal, por estares comigo. Sê as minhas mãos, sê a minha mente, o meu coração e os meus pés, e despeja tua graça para toda a vida através de mim.

Eu entrego o meu ser a ti e quero fazer da minha vontade a tua vontade, e a vontade do Pai."

A quinta adoração do rosário, a "Adoração a Deus", foi também recebida por Mark Prophet diretamente do Espírito Santo. Quando essa oração é dita com amor e devoção, a pessoa envia de volta a Deus toda a energia de seu ser que é focalizada, por meio da palavra falada, na adoração. Ao fazer essa oração, você está enviando o amor de Deus de volta para ele com o maior fervor de seu ser. Ele pega esse amor, multiplica-o, devolve-o a você e então, a partir do seu próprio coração de devoto, envia raios de luz para abençoar todas as pessoas.

A sexta adoração é a magnífica oração de Jesus, "É Chegada a Hora". Essa é a oração que Jesus fez pouco antes da crucificação. É uma conversa que ele tem com Deus. É um dos maiores registros da mais completa comunhão íntima de Nosso Senhor com Deus, o Pai.

Jesus está fazendo um retrospecto de sua missão. Ele diz: "É chegada a hora, glorifica teu filho para que também o teu filho te glorifique a ti." Ele fala a respeito daqueles que Deus lhe enviou, e que nenhum deles se perdeu, a não ser o filho da perdição, o que ocorreu de acordo com as escrituras. Jesus diz que não roga pelo mundo, mas por aqueles que estão no mundo e que Deus levou a ele. Jesus pede que não sejamos tirados do mundo, mas que sejamos guardados do mal.

Essa oração foi incluída no rosário pela amada Nossa Senhora porque ela quer que compreendamos que vamos caminhar por cada um dos passos da senda que Jesus trilhou. Vamos ter de enfrentar todas as experiências que fazem parte dos outros 13 rosários: as curas, a transfiguração, o nascimento em Belém, a crucificação, a ressurreição e a ascensão. Todos esses eventos estão aqui e são recitados a cada manhã como parte dos rosários dos sete raios. Quando vocês tiverem vivenciado toda a vida de Jesus ao fazer o rosário com Jesus e Maria, terão passado por todas essas experiências. Então virá a hora da renúncia a todo o resto, atirando-o na chama do Espírito Santo.

Assim, essa prece muito íntima, "Pai, é chegada a hora", é uma oração que você um dia vai fazer, e ao oferecer esse Mistério da Renúncia durante toda a sua vida, você conhecerá bem a oração e compreenderá seus pontos-chave.

A crucificação

Crucificação tem a ver com a ação da cruz, o *crux** da vida. É uma oportunidade de escolha. No momento em que aceitamos a cruz como nossa senda, a cruz de Alfa e Ômega, o princípio e o fim de nossas próprias chamas gêmeas, estamos fazendo esta mesma oração. E cada verso da oração é alternado com a saudação à chama da Mãe, a qual libera a luz da Mãe dentro de nós; por meio desta luz, conquistamos a iniciação da crucificação.

Jesus, de forma consciente e determinada, decidiu passar pela crucificação na noite em que rezou no jardim de Getsêmani. Nem Herodes, nem Pilatos, nem os soldados, nem ninguém tinha o poder de crucificar Jesus, mas ele aceitou isso como vontade de Deus, por um propósito cósmico — e esse propósito cósmico era o de ensinar ao homem e à mulher da era de Aquário a carregar o fardo do carma do mundo; a car-

---

* A palavra *crux*, em inglês, é semelhante a *cruz* nas línguas latinas e significa "o ponto essencial e mais importante". Em português, palavras como "crucial" têm essa mesma origem, e o termo, aqui, é usado pela autora para ressaltar o quanto esse momento é decisivo para a evolução da alma. (*N. do T.*)

regar em nosso campo energético o peso da condenação mundial da consciência Crística sem sermos vencidos, a passar por nossos testes, a usar os fogos do Espírito Santo e da chama violeta para silenciar o acusador dos irmãos.[6]

Jesus disse que há muita dor em torno do conceito da crucificação, como um grande peso, e também muita contemplação da morte. Por várias vezes ele afirmou: "Afinal, eu fiquei na cruz apenas por algumas horas. Por que a humanidade me visualiza na cruz? Que eles me visualizem na ressurreição e na ascensão."

Ver Jesus na cruz tem um propósito específico, porque, quando nos encontrarmos sobre aquela cruz, saberemos que Jesus estará lá conosco, e não estaremos sós. Todos nós passaremos por esse momento, o momento de estarmos na cruz, o momento em que teremos de provar que podemos conter todas as energias de Alfa, a cruz de Ômega; que podemos ser o ponto focal para a liberação dessa luz sem sucumbir; que podemos experimentar a vitória sobre a morte ao renunciarmos à parte morta de nós, que é o ego, deixando-o morrer na cruz, deixando a vontade humana, a mente carnal e o orgulho perecerem na cruz, para que o Cristo possa ressuscitar e possamos caminhar sobre a Terra como Seres Crísticos.

É importante que não omitamos o mistério da crucificação, mas devemos compreender que, como filhos e filhas de Deus, enfrentamos esse mistério como Jesus, com total mestria, dando exemplo, na hora da crucificação na Terra, de que a vida pode ser realizada em sua plenitude aqui mesmo na Matéria, pois já aprendemos qual a finalidade do homem e da mulher: ser a polaridade do Deus Pai-Mãe.

A oração seguinte é o "Renuncio". Nessa renúncia, estamos entregando nas mãos de Deus todos os aspectos de nossa vida. Não estamos escondendo nada dele. Estamos dando a ele não apenas nós mesmos, mas nossos filhos, nosso marido, nossa esposa, nosso pai, nossa mãe, nossa família, nosso negócio, nosso sustento. Dizemos: "Aqui está, Deus, estou entregando tudo a ti. Estou renunciando. Não vou mais me apegar a isso. Não vou mais me mostrar possessivo porque sei que estas foram as tuas dádivas para mim, desde o princípio, e sei que eu se renunciar totalmente a elas e as devolvê-las a ti, tu me darás de volta a porção que desejas que eu tenha."

Vocês devem notar também que nessa oração estamos renunciando a tudo o que está descrito no Apocalipse como elementos de nossa mente subconsciente e inconsciente. O dragão, a besta, o falso profeta, a grande prostituta, os caídos — todos eles são componentes de nossa mente subconsciente e inconsciente, os quais foram mostrados a João.[7] A tudo isso, renunciamos, por compreendermos que, enquanto não nos desapegarmos de tudo isso por completo, estaremos oferecendo refúgio a esses elementos, dando-lhes a oportunidade de atuar, de tempos em tempos, por intermédio da nossa consciência.

Maria é a Mãe que está muito próxima de nós e fala conosco em termos que compreendemos. Ela disse que esse ritual de renúncia é como entregar a Deus nossa roupa suja: você a entrega a Deus e ele lava roupa, tira as manchas, ele a coloca na máquina de lavar e devolve tudo de volta completamente limpo.

É como se entregar por completo, com todos os seus pecados e todas as manchas de seus atos errados, pensamentos e sentimentos, dizendo: "Aqui está, Senhor, eu me coloco por completo sobre o vosso altar", sabendo que você não vai perder a sua vida e que Deus vai pegar você, lavá-lo por completo, tirar toda a sua sujeira, fazê-lo ficar limpo e inteiro para então mandá-lo de volta ao serviço na Terra.

Em cada dia de minha vida e a cada passo do caminho, descubro que há mais alguma coisa à qual posso renunciar. Há mais uma coisa à qual não preciso me apegar, para poder então servir de forma melhor.

Não devemos renunciar com a preocupação de ter aquilo de volta depois, pois sabemos que a Lei é precisa, sabemos que ela é matemática. Não devemos temer, porque Deus jamais vai tirar de nós o que é Real, o que é necessário, o que ele criou de bom em nós. Pelo contrário, ele vai remover da forma mais amorosa possível todos os fardos, todos os cuidados, todas as opressões de nossa vida.

Este é o mistério destinado a limpar todo o nosso templo — não sabemos, então, que nossos corpos são o templo do Deus vivo?[8] Assim, Deus preenche nosso templo com luz, mas precisamos antes demonstrar o desejo de renunciar a tudo o que seja menos do que luz.

Ao final dessa oração, fazemos um período de silêncio, para que cada um possa fazer a própria oração de renúncia.

Seguindo-se a essa prece, afirmamos nossa integridade em Alfa e Ômega, o Deus Pai-Mãe.

O rosário é selado com o oferecimento da Ave-Maria e do Pai-Nosso do EU SOU.

Tomai o Mistério da Renúncia e deixai-o comemorar o momento em que sucumbis à realidade — o momento da renúncia a todas as justificativas do ego humano, a um falso sentido das responsabilidades que vos leva a pensar que amigos, familiares e entes queridos dependem de vós, e não de Deus. Renunciai às coisas que pensais ter de possuir. Renunciai às coisas que, no vosso orgulho, pensais que nunca fareis ou às que julgais que sempre fareis. Renunciai a todos os apegos humanos. Renunciai a todas as ambições, exceto ao desejo Divino de ser Deus em vosso interior.

Maria

11

O Mistério da Renúncia

Uma revelação de Maria, a Mãe de Jesus, à mensageira Elizabeth Clare Prophet.

O sinal da cruz

Em nome do Pai, da Mãe, do Filho e do Espírito Santo, Amém.

Pai-Nosso do EU SOU por Jesus, o Cristo

Pai nosso que estais no Céu,
Santificado seja o Vosso nome, EU SOU.
EU SOU o Vosso Reino manifestado
EU SOU a Vossa Vontade que está sendo
    cumprida
EU SOU na Terra assim como EU SOU no Céu
A todos eu dou hoje o pão de cada dia
Eu perdoo neste dia a toda a Vida
E EU SOU também o perdão que ela me estende
Eu afasto todo homem das tentações

Eu liberto todo homem de qualquer situação
 nefasta
EU SOU o Reino
EU SOU o Poder e
EU SOU a Glória de Deus em manifestação eterna
 e imortal —
Tudo isto EU SOU.

MENSAGEIRA:

Amada Mãe Maria, em nome do teu Filho Jesus Cristo, apelamos para o teu Imaculado Coração. Ó amada Mãe Maria, que o teu conceito imaculado para cada um de nós se aglutine sobre os nossos quatro corpos inferiores, a nossa alma, o nosso espírito, a nossa mente e o nosso coração.

Amada Mãe Maria, vem curar-nos! Amada Mãe Maria e Arcanjo Rafael, descei sobre nós agora. Que sejamos curados do orgulho humano e da densidade do ego humano que não sabe que possui orgulho. Que nós sejamos curados da teimosia humana que nos leva a sair do caminho, levados por anjos caídos, que nos difamam, seduzem e tentam por eles, como tem acontecido.

Ó Deus, liberta-nos através da Poderosa Intercessora, a Divina Mediadora, a nossa Mãe Abençoada.

Amada Mãe Maria, purifica-nos! Viemos aqui para sermos limpos e, por isso, deixa-nos receber essa purificação de forma completa, verdadeira e total neste dia. Amada Mãe Maria, invocamos a tua forma-pensamento de cura, a matriz esmeralda. Invocamos a cura. Que o que está torto seja retificado e o áspero se torne liso. Que todos os vales da consciência humana sejam exaltados e preenchidos pelo Divino.

Ó Deus, desce sobre nós agora. Limpa-nos de todo pecado, enquanto revelamos à nossa confessora, nossa amada Mãe Maria, todos os nossos pecados, e nos comprometemos a não mais pecar, aceitando a nossa penitência cármica. Prometemos nos mover no Espírito do Senhor, pois acreditamos na Palavra que nos foi ensinada pelo teu Filho Jesus: "Sede, pois, perfeitos, como é perfeito o vosso Pai celestial."[1] Aceitamos a matriz da perfeição. Aceitamos a imagem e semelhança de Deus que está no nosso Cristo Pessoal e que é o conceito imaculado.

Ó Mãe Maria, desce sobre nós forte, linda e poderosa, tu, ó grande Mediadora. Vem sobre nós, ó Mulher Vestida com o Sol! Liberta-nos agora. Nós te adoramos como a luz da Mãe deste cosmos.

Ave-Maria

Ave Maria, cheia de graça,
O Senhor é convosco.
Bendita sois vós entre as mulheres
E bendito é o fruto do vosso ventre, Jesus.
Santa Maria, Mãe de Deus,
Rogai por nós, filhos e filhas de Deus,
Agora e na hora da nossa vitória
Sobre o pecado, a doença e a morte
(4x)

Mensageira:
Vamos agora dizer juntos nove vezes, pelo poder do três-vezes-três do Espírito Santo: "Pai, nas tuas mãos

entrego o meu espírito." Por favor, façam seus pedidos pessoais antes de repetir o mantra para nosso Pai.

A CONGREGAÇÃO REPETE EM CORO:
Pai, nas tuas mãos entrego meu espírito! (9x)

Introito à Sagrada Chama de Cristo

1. Meu Santo Cristo, que acima de mim estás,
   E o equilíbrio à minha alma dás!
   Que o Teu santo resplendor agora desça
   E a minha integridade restabeleça!

Refrão: Em mim arde sempre a Tua chama,
         Ao meu redor a Tua Paz se eleva,
         O Teu Amor me protege e derrama,
         A radiante Luz que a Ti me leva.
         EU SOU Tua trina radiação,
         EU SOU Tua Presença em ação
         Que aumenta, aumenta, aumenta agora!

2. Santa chama de Cristo em mim,
   Tua Luz trina expande enfim;
   Inunda meu ser com a essência amada
   Rosa, azul, branca e dourada.

3. Sagrado laço que me une à Presença,
   Sempre querido amigo e irmão,
   Quero continuar Tua santa vigília,
   Ser como Tu és aqui em ação.

Adoração a Deus

Amada e poderosa Presença do EU SOU,
Que meu coração fazes bater,
Exerce agora mesmo o Teu domínio,
Parte da Tua vida quero ser.
Reina e vive para sempre
Nesta chama que arde em mim;
Que de Ti nunca me ausente,
Que nossa reunião comece assim.

Todos os dias procedem
Do poder que de Ti corre,
Avançando como um rio,
Tão alto como uma torre.
EU SOU fiel ao Teu Amor
Que como um Sol resplandece;
Agradeço o Teu rumo salvador
E o Teu "Sim" que me enobrece.

Eu Te adoro! Eu Te adoro! Eu Te adoro! (3x)
Ó Deus, como és maravilhoso! (9x)
Eu Te adoro! Eu Te adoro! Eu Te adoro! (3x)

Rumo à perfeição seguindo,
Que a graça do Amor de enlace
Ao Teu centro conduzindo —
Enfim, vejo a Tua face!
Visão de imortal Poder,
Amor, Saber, Honra também,
Cobre de Glória o meu ser,
Que eu não veja mais ninguém!

Ó Deus, como és maravilhoso! (3x)
Eu Te adoro! Eu Te adoro! Eu Te adoro! (9x)
Ó Deus, como és maravilhoso! (3x)

> Meu Amado EU SOU! Amado EU SOU! Amado
> EU SOU!

Mensageira:

Declamemos agora o mantra do salmista: "Engrandecido seja Deus!"[2] e visualizemos o fogo branco que se expandirá em nossos corações. É um fogo purificador! É um fogo de paz! É o fogo da guerra do Espírito Santo. Pois o Espírito Santo verdadeiramente vai gemer e trabalhar duro dentro de vocês, hoje, para atar sua mente carnal e morador do umbral.

O Espírito Santo realmente descerá sobre vocês. Portanto, deem as boas-vindas a essa alquimia do Espírito e saibam que vocês não terão paz até que a solução final venha. Mas não temam a perturbação! Não temam, eu lhes digo. Porque a paz que transmite a compreensão vale todo o preço e toda a dor. Então, dizemos, ó Deus:

A congregação repete em coro:

Engrandecido seja Deus! (9x)

Mensageira:

> Está feito em nome do Pai
> Está feito em nome do Filho.
> Está feito em nome do Espírito Santo.

Está feito em nome da Mãe Divina.
Amém.

Congregação acompanha a mensageira:

Amém.

É Chegada a Hora

Em nome do Pai, da Mãe,
do Filho e do Espírito Santo,
Amém.

1.   Pai, é chegada a hora; glorifica a teu Filho, para que também o teu Filho te glorifique a ti.

Ave-Maria

2.   Pois lhe deste autoridade sobre toda a carne, para que dê a vida eterna a todos os que lhe deste.

Ave-Maria

3.   Ora, a vida eterna é esta: que conheçam a ti, o único Deus verdadeiro, e a Jesus Cristo, a quem enviaste.

Ave-Maria

4.   Eu te glorifiquei na Terra, concluindo a obra que me deste para fazer.

Ave-Maria

5.   E agora, Pai, glorifica-me em tua presença com a glória que tinha contigo antes que o mundo existisse.

Ave-Maria

6.   Manifestei o teu nome aos homens que me deste do mundo. Eram teus e os deste a mim e eles guardaram a tua palavra.

Ave-Maria

7.   Agora sabem que tudo o que me deste provém de ti.

Ave-Maria

8.   Pois lhes dei as palavras que tu me deste, e eles as receberam. Verdadeiramente conheceram que saí de ti, e creram que me enviaste.

Ave-Maria

9.   Eu rogo por eles. Não rogo pelo mundo, mas por aqueles que me deste, pois são teus.

Ave-Maria

10.   Tudo o que tenho é teu, e tudo o que tens é meu. E neles sou glorificado.

Ave-Maria

11. Já não permanecerei no mundo por muito tempo, mas eles estão no mundo, e eu vou para junto de ti. Pai santo, guarda-os em teu nome, o nome que me deste, para que sejam um, assim como nós.

Ave-Maria

12. Estando eu com eles no mundo, guardei-os no nome que me deste. Nenhum deles se perdeu, senão o filho da perdição, para que se cumprisse a Escritura.

Ave-Maria

13. Agora vou para junto de ti, e digo isto enquanto estou no mundo, para que tenham em si a medida completa da minha alegria.

Ave-Maria

14. Dei-lhes a tua palavra, e o mundo os odiou, pois não são do mundo, assim como eu não sou do mundo.

Ave-Maria

15. Não peço que os tires do mundo, mas que os guardes do mal.

Ave-Maria

16.　Eles não são do mundo, como eu do mundo não sou.

Ave-Maria

17.　Santifica-os na verdade; a tua palavra é a verdade.

Ave-Maria

18.　Assim como tu me enviaste ao mundo, também eu os enviei ao mundo.

Ave-Maria

19.　Por eles me santifico a mim mesmo, para que eles também sejam santificados na verdade.

Ave-Maria

20.　Eu não rogo somente por estes, mas também por aqueles que por sua palavra hão de crer em mim.

Ave-Maria

21.　Para que todos sejam um, como tu, ó Pai, o és em mim, e eu em ti. Que eles também sejam um em nós, para que o mundo creia que tu me enviaste.

Ave-Maria

22.　Eu lhes dei a glória que tu me deste, para que sejam um, como nós somos um.

Ave-Maria

23.   Eu neles, e tu em mim, para que sejam perfeitos em unidade, e para que o mundo conheça que tu me enviaste, e que os amaste como também amaste a mim.

Ave-Maria

24.   Pai, quero que onde eu estiver, estejam também comigo aqueles que me deste, para que vejam a minha glória, a glória que me deste, porque me amaste antes da criação do mundo.

Ave-Maria

25.   Pai justo, o mundo não te conheceu, mas eu te conheci, e estes conheceram que tu me enviaste.

Ave-Maria

26.   Eu lhes dei a conhecer o teu nome — EU SOU O QUE EU SOU —, e continuarei a dar-lhes a conhecer o teu nome, para que o amor com que me amaste esteja neles, e eu neles esteja.

Ave-Maria

Em nome do Pai, da Mãe,
do Filho e do Espírito Santo,
Amém.

Não a minha vontade, não a minha vontade, não
a minha vontade, mas sim a Tua seja feita!
(9x)

Renuncio

Em nome do Pai, da Mãe,
do Filho e do Espírito Santo,
Amém.

Em nome do EU SOU O QUE EU SOU,
    o único Deus verdadeiro,
    renuncio a tudo o que seja inferior
    à consciência Crística em mim!
Em nome de Jesus, o Cristo,
    renuncio a tudo o que seja
    inferior à manifesta perfeição do meu ser!
Em nome do Espírito Santo,
    renuncio a todos os abusos do fogo sagrado
    nos meus quatro corpos inferiores!
Em nome do Santo dos Santos,
    invoco a chama do Espírito Santo
    no altar do meu coração
    e declaro que este templo
    é o templo do Deus vivente!
Em nome do Cristo,
    o Filho Unigênito do Pai,
    cheio de graça e verdade,
    renuncio a toda consciência mortal e
    mortalidade,

a todos os conflitos e ao sentimento de
conflito, a todo pecado, doença e morte!
Em nome da Mãe Divina
e em nome do Imaculado Coração de Maria,
renuncio a tudo o que seja inferior
à pureza da Virgem Cósmica!
Em nome da Presença do EU SOU de toda a vida,
EU SOU O QUE EU SOU!
Em nome do Deus Pai-Mãe,
renuncio a todas as espirais de egoísmo e
amor próprio,
a toda autopiedade, autojustificação e
autocondenação —
a toda consciência de mim mesmo que esteja
separada da chama da vida!
Em nome do único Deus verdadeiro, meu próprio
Eu Real,
Declaro:
EU SOU hoje mesmo um filho de Deus!
EU SOU a resplandecente realidade do
meio-dia!
EU SOU a presença vivente do amor!
EU SOU o Verbo encarnado!
EU SOU a chama trina do amor,
sabedoria e poder!
EU SOU um filho de Deus!
Pela autoridade da chama
da verdade imortal que EU SOU,
renuncio a toda consciência humana —
o ego humano, a vontade humana, o orgulho

humano, o intelecto humano e a todo
momentum humano
inferior à plenitude da Presença Crística
que EU SOU!
Em nome do EU SOU O QUE EU SOU,
O Todo-Poderoso,
renuncio a toda identidade que não seja
a do abençoado Filho de Deus!
EU SOU O QUE EU SOU!
EU SOU a manifestação completa e perfeita
do conceito imaculado da divindade
mantido no sagrado Coração de Maria, a Mãe!
EU SOU a plenitude da presença da Verdade
vivente!
EU SOU o Sagrado Consolador!
EU SOU O QUE EU SOU!
Em nome de Jesus, o Cristo,
renuncio a todas as manifestações do mal,
a toda complacência com o erro!
Renuncio, pela chama da realidade divina,
a toda ilusão e ao morador do umbral!
Em nome de Jesus, o Cristo,
invoco o Arcanjo Miguel
para que desça sobre o campo de força desta
chama de Deus!
E pela autoridade da Presença do EU SOU,
exijo a detenção da mente carnal,
do anticristo, de todos os poderes luciféricos,
satânicos e temporais que alguma vez se
manifestaram
nos meus quatro corpos inferiores,

ou por intermédio deles,
e na minha consciência anímica!
Em nome de Jesus, o Cristo,
apelo para as 12 legiões de anjos
vindas do coração de Deus Pai-Mãe
para que desçam sobre este campo de força
no tempo e no espaço para consagrar a chama
da consciência do Cristo Cósmico em mim!
Em nome de Jesus, o Cristo,
em nome do meu Cristo Pessoal
e da Presença do EU SOU, a Amada,
renuncio ao falso eu, ao eu caído,
e à consciência de pecado, doença e morte!
Renuncio às espirais de desintegração
e invoco as espirais de integração onde
EU SOU e estou!
EU SOU O QUE EU SOU!
Em nome de Jesus, o Cristo,
e pela autoridade das duas testemunhas,
em nome e pela autoridade de todo
o Espírito da Grande Fraternidade Branca
e da Mãe do Mundo,
entrego neste dia a Deus Todo-Poderoso
todas as manifestações e encarnações do mal
que se encontram no Macrocosmo e no
microcosmo
da minha própria consciência:
Renuncio à mente carnal, ao anticristo,
ao Diabo e Satanás!
Entrego ao Senhor os anjos caídos,
os espíritos rebeldes,

todos os demônios e desencarnados,
os arqui-impostores da humanidade!
EU SOU O QUE EU SOU!
Em nome do Deus vivente,
    entrego ao Senhor
    o dragão que se colocou diante da Mulher
    que estava para dar à luz,
    a fim de lhe devorar o Filho logo que nascesse —
    e que foi guerrear contra o resto
    dos seus descendentes!
Em nome de Jesus, o Cristo,
    EU SOU O QUE EU SOU!
EU SOU Alfa e Ômega,
    o princípio e o fim, diz o Senhor,
    que é, que era e que virá,
O Todo-Poderoso!
EU SOU O QUE EU SOU!
Em nome do Deus vivente,
    renuncio à besta que subiu do mar
    e ao dragão que lhe deu seu poder
    e seu trono de grande autoridade!
Renuncio a tudo que pretenda usurpar a
    consciência do Cristo
    no Macrocosmo e no microcosmo
    da minha própria consciência!
Olhai, EU SOU O QUE EU SOU!
EU SOU Alfa e Ômega
    o princípio e o fim!
Em nome de Jesus, o Cristo,
    renuncio à besta que saiu da terra!

Renuncio à besta, à imagem da besta,
à marca da besta,
e ao número do seu nome!
Em nome de Jesus, o Cristo,
o Rei dos Reis e Senhor dos Senhores,
em nome do Fiel e Verdadeiro
e dos exércitos do Senhor,
em nome do Cordeiro
e dos cento e quarenta e quatro mil,
em nome da Mulher Vestida com o Sol,
em nome do Divino Filho Varão
que vive para sempre
e dos santos que venceram o dragão
pelo sangue do Cordeiro
e pela palavra de Seu testemunho,
EU SOU O QUE EU SOU!
Renuncio ao dragão e ao anticristo,
à besta, ao falso profeta e à grande meretriz
no microcosmo e no Macrocosmo
da minha própria consciência!

Em nome do Pai, da Mãe,
do Filho e do Espírito Santo,
Amém.

(Pode fazer aqui a prece de sua renúncia pessoal)

EU SOU Alfa e Ômega,
o princípio e o fim!
Olhai, estou vivo para sempre!
Olhai, EU SOU Alfa e Ômega,

o princípio e o fim,
que é, que era e que virá,
o Todo-Poderoso!
EU SOU O QUE EU SOU
EU SOU O QUE EU SOU
EU SOU O QUE EU SOU

Ave-Maria

Ave Maria, cheia de graça,
O Senhor é convosco.
Bendita sois vós entre as mulheres
E bendito é o fruto do vosso ventre, Jesus.
Santa Maria, Mãe de Deus,
Rogai por nós, filhos e filhas de Deus,
Agora e na hora da nossa vitória
Sobre o pecado, a doença e a morte.
(3x)

O Pai-Nosso do EU SOU
por Jesus, o Cristo

Pai Nosso que estais no Céu,
Santificado seja o Vosso nome, EU SOU.
EU SOU o Vosso Reino manifestado
EU SOU a Vossa Vontade que está sendo
    cumprida
EU SOU na Terra assim como EU SOU no Céu
A todos eu dou hoje o pão de cada dia

Eu perdoo neste dia a toda a Vida
E EU SOU também o perdão que ela me estende
Eu afasto todo homem das tentações
Eu liberto todo homem de qualquer situação
    nefasta
EU SOU o Reino
EU SOU o Poder e
EU SOU a Glória de Deus em manifestação eterna
    e imortal —
Tudo isto EU SOU.

A guirlanda que teceis com o rosário
é o verdadeiro cordão por meio do qual Deus
Todo-Poderoso vai resgatar a Terra.

Maria

12

O Rosário da Criança para Nossa Senhora

Nossa Senhora ofereceu o precioso presente de um novo rosário para crianças, com as seguintes recomendações:

> Amados, EU SOU e estou sempre em vosso coração, na proximidade da chama. Meu desejo é selar-vos em pureza, na vontade de Deus e na perpétua percepção da vida que em vós pode ser alcançada através do vosso livre-arbítrio dia após dia, quando comemorais o rosário comigo. Coloquei no coração da Mãe um rosário para as crianças, que muitos adultos também acharão apropriado. Este rosário será abreviado, um pouco mais curto do que o normal, para que nenhum de vós possa dar a desculpa de não fazer por ser muito longo, e para que todos possam rezar pelo menos um rosário diariamente, para atender ao pedido de Fátima.[1]
>
> Esse pedido, portanto, não exime crianças de qualquer idade. Pois as crianças, abençoadas, têm imensos corações de luz e são maravilhosos seres divinamente livres em níveis interiores...

Amados, que não seja necessário, então, que tornemos a lembrar-vos que todos devem fazer o rosário diariamente. Estas não são meras palavras. São as energias sobre as quais repousam a própria salvação dos Estados Unidos da América, deste hemisfério e deste planeta.[2]

O Rosário da Criança representa o meio e o momento de sua comunhão, 15 minutos por dia com Deus, que é Mãe em Maria e também em sua própria alma. Por meio de seus rosários, Nossa Senhora nos fortalece e nos dá assistência. E por intermédio de seu Imaculado Coração, ela nos habilita a entrar em contato com o amor de Deus que está encerrado em nosso coração. Quando oferecemos a ela nosso amor, ela nos devolve esse amor, a fim de ativar e destrancar o flamejante presente de Deus.

No Rosário da Criança, como também nos primeiros 13 rosários escriturais, os versos das escrituras são lidos pelo condutor, enquanto a Ave-Maria e as outras orações são feitas em uníssono por todos os participantes do ritual. As leituras foram tiradas das epístolas de Paulo, João, Tiago e Judas. Neste livro, incluímos o texto completo de dois dos Rosários da Criança. Em seguida, listamos versículos da Bíblia que podem ser usados em outros Rosários da Criança. Vocês podem seguir o padrão apresentado aqui, inserindo as leituras apropriadas a cada rosário.

Rosário da Criança para Nossa Senhora

ROSÁRIO 1
(1 João 1:1-2:11)

Em nome do Pai, da Mãe,
do Filho e do Espírito Santo,
Amém.

A Oração Diária do Guardião
pela Mestra Nada

Uma chama é ativa —
Uma chama é vital —
Uma chama é eterna.

EU SOU uma chama divina de amor radiante
Que emana do coração de Deus
No Grande Sol Central
E desce do Mestre da Vida!
O meu ser transborda agora
Com a suma consciência divina

E a Percepção Solar
Dos bem-amados Hélios e Vesta.

Peregrino na Terra,
Avanço cada dia pelo caminho
Da Vitória dos Mestres Ascensos
Que me conduz à Liberdade eterna
Pelo poder do fogo sagrado
Hoje e sempre,
Manifestando-se continuamente
Nos meus pensamentos, sentimentos e
     percepções,
Transcendendo e transmutando
Todos os elementos terrenos
Nos meus quatro corpos inferiores
E libertando-me, pelo poder do fogo sagrado,
Desses focos de energia corrompida presentes no
     meu ser.

EU SOU libertado neste instante de tudo o que
     escraviza
Pelas correntes da chama divina
Do próprio fogo sagrado,
Cujo efeito ascendente faz de mim
Deus em manifestação,
Deus em ação,
Por Ele guiado
E um só com a Sua consciência!

EU SOU uma chama ativa!
EU SOU uma chama vital!
EU SOU uma chama eterna!

EU SOU uma centelha de fogo em expansão
Originada no Grande Sol Central
Atraindo a mim agora todos os raios
De divina energia de que necessito
E que nunca pode ser qualificada pela criação
   humana
E que me inunda de luz
E da divina iluminação de mil sóis
Para que exerça o domínio
E seja eternamente a suprema autoridade
Onde quer que eu esteja!

Onde eu estou, está Deus também.
Para sempre EU SOU um com Ele,
Intensificando a minha luz
Com o sorriso do Seu esplendor,
A plenitude de Seu amor,
A onisciência da Sua sabedoria,
E o poder da Sua vida eterna,
Que automaticamente me eleva
Nas asas vitoriosas da ascensão,
Que me farão regressar ao coração de Deus
Do qual eu desci, na verdade,
Para cumprir a Sua vontade
E a todos manifestar a vida abundante!

Chamado ao Sopro de Fogo

EU SOU, EU SOU, EU SOU o sopro de fogo de
   Deus

Que vem do coração dos bem-amados Alfa e
    Ômega.
Neste dia EU SOU o conceito imaculado
Expressando-se onde quer que eu vá.
Estou cheio de Alegria,
Pois agora EU SOU a plena expressão do amor
    divino.

Minha amada Presença do EU SOU,
Sela-me agora no âmago
Do expansivo Sopro de Fogo de Deus.
Que a sua pureza, integridade e amor
Sejam manifestados onde quer que eu esteja hoje
    e sempre!

Aceito que isto se manifeste agora mesmo com
    pleno poder!
EU SOU esta manifestação imediata e com pleno
    poder!
EU SOU, EU SOU, EU SOU a vida de Deus
    expressando perfeição
De todas as maneiras e a cada instante.
Isto que invoco para mim mesmo,
Invoco-o também para todo homem, mulher e
    criança neste planeta!

O Pai-Nosso do EU SOU
por Jesus, o Cristo

Pai nosso que estais no céu,
Santificado seja o Vosso nome, EU SOU.

EU SOU o Vosso Reino manifestado
EU SOU a Vossa Vontade que está sendo cumprida
EU SOU na Terra assim como EU SOU no céu
A todos eu dou hoje o pão de cada dia
Eu perdoo neste dia a toda a vida
E EU SOU também o perdão que ela me estende
Eu afasto todo homem das tentações
Eu liberto todo homem de qualquer situação
    nefasta
EU SOU o Reino
EU SOU o Poder e
EU SOU a Glória de Deus em manifestação eterna
    e imortal —
Tudo isto EU SOU.

1.   O que era desde o princípio, o que ouvimos, o que vimos com nossos olhos, o que contemplamos, e as nossas mãos tocaram, isto proclamamos com respeito ao Verbo da Vida;

Ave-Maria

2.   Pois a vida foi manifestada, e nós a temos visto, e dela testificamos, e vos anunciamos a vida eterna, que estava com o Pai, e a nós foi manifestada;

Ave-Maria

3.   O que vimos e ouvimos, isso vos anunciamos, para que também tenhais comunhão conosco; e a nossa comunhão é com o Pai e com seu Filho Jesus Cristo.

Ave-Maria

4. Estas coisas vos escrevemos para que a nossa alegria seja completa.

Ave-Maria

5. Esta é a mensagem que dele ouvimos, e vos anunciamos: que Deus é luz, e nele não há treva nenhuma.

Ave-Maria

6. Se dissermos que temos comunhão com ele, e andarmos nas trevas, mentimos, e não praticamos a verdade.

Ave-Maria

7. Mas, se andarmos na luz, como ele na luz está, temos comunhão uns com os outros, e o sangue de Jesus Cristo, seu Filho, nos purifica de todo pecado.

Ave-Maria

Pai-Nosso do EU SOU

1. Se dissermos que não temos pecado algum, enganamo-nos a nós mesmos, e a verdade não está em nós.

Ave-Maria

2. Se confessarmos nossos pecados, ele é fiel e justo para nos perdoar os pecados e nos purificar de toda injustiça.

Ave-Maria

3. Se dissermos que não temos cometido pecado, fazemo-lo mentiroso, e a sua palavra não está em nós.

Ave-Maria

4. Meus filhinhos, estas coisas vos escrevo para que não pequeis; mas, se alguém pecar, temos um Advogado para com o Pai, Jesus Cristo, o justo.

Ave-Maria

5. E ele é a propiciação pelos nossos pecados, e não somente pelos nossos, mas também pelos de todo o mundo.

Ave-Maria

6. E nisto sabemos que o conhecemos; se guardamos seus mandamentos.

Ave-Maria

7. Aquele que diz: "Eu o conheço", e não guarda os seus mandamentos, é mentiroso, e nele não está a verdade.

Ave-Maria

Pai-Nosso do EU SOU

1.   Mas qualquer que guarda a sua palavra, o amor de Deus nele realmente se tem aperfeiçoado. E nisto sabemos que estamos nele.

Ave-Maria

2.   Aquele que diz que está nele, também deve andar como ele andou.

Ave-Maria

3.   Amados, não vos escrevo mandamento novo, mas um mandamento antigo, que desde o princípio tivestes. Este mandamento antigo é a palavra que ouvistes.

Ave-Maria

4.   Contudo é um novo mandamento que vos escrevo, o qual é verdadeiro nele e em vós; porque as trevas vão passando, e já brilha a verdadeira luz.

Ave-Maria

5.   Aquele que diz estar na luz, e odeia a seu irmão, até agora está nas trevas.

Ave-Maria

6. Aquele que ama a seu irmão permanece na luz, e nele não há nenhum tropeço.

Ave-Maria

7. Mas aquele que odeia a seu irmão está nas trevas, anda nas trevas e não sabe para onde vai; porque as trevas lhe cegaram os olhos.

Ave-Maria

Afirmações Transfiguradoras
de Jesus, o Cristo

EU SOU O QUE EU SOU

EU SOU a Porta Aberta que nenhum homem
pode fechar

EU SOU a Luz que ilumina todo homem que vem
ao mundo

EU SOU o Caminho

EU SOU a Verdade

EU SOU a Vida

EU SOU a Ressurreição

EU SOU a Ascensão na Luz

EU SOU a satisfação de todas as minhas
necessidades e carências

EU SOU a abundância derramada sobre toda
Vida

EU SOU a visão e a audição perfeitas

EU SOU a manifesta perfeição do ser

EU SOU a ilimitável Luz de Deus manifestada por
toda parte

EU SOU a Luz do Santo dos Santos

EU SOU um Filho de Deus
EU SOU a Luz na sagrada montanha de Deus.

Glória ao Pai
E ao Filho
E ao Espírito Santo!
Assim como era no princípio
É agora e será sempre
Vida sem fim
EU SOU, EU SOU, EU SOU.

Em nome do Pai, da Mãe,
do Filho e do Espírito Santo,
Amém.

ROSÁRIO 8
(Tiago 1:22-2:14)

Sinal da cruz
Oração Diária do Guardião
Chamado ao Sopro de Fogo
Pai-Nosso do EU SOU

1.   E sede cumpridores da palavra e não somente ouvintes, enganando-vos a vós mesmos.

Ave-Maria

2.   Pois se alguém é ouvinte da palavra e não cumpridor, é semelhante a um homem que contempla no espelho seu rosto natural;

Ave-Maria

3.   Porque se contempla a si mesmo e vai-se, e logo se esquece de como era.

Ave-Maria

4.   Entretanto, aquele que atenta bem para a lei perfeita, a da liberdade, e nela persevera, não sendo ouvinte esquecido, mas executor da obra, este será bem-aventurado no que fizer.

Ave-Maria

5.   Se alguém cuida ser religioso e não refreia sua língua, mas engana seu coração, sua religião é vã.

Ave-Maria

6.   A religião pura e imaculada diante de nosso Deus e Pai é esta: visitar os órfãos e as viúvas em suas aflições e guardar-se isento da corrupção do mundo.

Ave-Maria

Pai-Nosso do EU SOU

1.   Meus irmãos, como crentes em nosso Senhor Jesus Cristo, Senhor da glória, não façais acepção de pessoas.

Ave-Maria

2.   Porque, se entrar em vossa reunião algum homem com anel de ouro no dedo e com traje esplêndido, e entrar também algum pobre com traje sórdido;

Ave-Maria

3.   E atentardes para o que vem com traje esplêndido e lhe disserdes: Senta-te aqui em um lugar de honra; e disserdes ao pobre: Fica em pé, ou senta-te abaixo do escabelo dos meus pés;

Ave-Maria

4.   Não fazeis, porventura, distinção entre vós mesmos e não vos tornais juízes movidos de maus pensamentos?

Ave-Maria

5.   Ouvi, meus amados irmãos. Não escolheu Deus aos que são pobres aos olhos do mundo para serem ricos na fé e herdeiros do reino que prometeu aos que o amam?

Ave-Maria

6.   Mas vós desonrastes o pobre. Não são os ricos os que vos oprimem e vos arrastam aos tribunais?

Ave-Maria

7.   Não blasfemam eles o bom nome daquela a quem pertenceis?

Ave-Maria

Pai-Nosso do EU SOU

1.   Todavia, se estais cumprindo a lei real segundo a Escritura: Amarás o teu próximo como a ti mesmo, fazeis bem;

Ave-Maria

2.   Mas, se fazeis acepção de pessoas, cometeis pecado, sendo por isso condenados pela lei como transgressores.

Ave-Maria

3.   Pois qualquer que guardar toda a lei, mas tropeçar em um só ponto, tem-se tornado culpado de todos

Ave-Maria

4.   Porque o mesmo que disse: Não adulterarás, também disse: Não matarás. Ora, se não cometes

adultério, mas és homicida, te hás tornado transgressor da lei.

Ave-Maria

5. Falai de tal maneira e de tal maneira procedei, como aqueles que hão de ser julgados pela lei da liberdade.

Ave-Maria

6. Porque o juízo será sem misericórdia para aquele que não usou de misericórdia; a misericórdia triunfa sobre o juízo!

Ave-Maria

7. Que proveito há, meus irmãos, se alguém disser que tem fé e não tiver obras? Porventura essa fé pode salvá-lo?

Ave-Maria

Afirmações Transfiguradoras de Jesus Cristo

Glória ao Pai

Sinal da cruz

Leituras para os Rosários da Criança

Rosário 1 — 1 João 1:1-2:11
Rosário 2 — 1 João 2:12-3:3
Rosário 3 — 1 João 3:4-24
Rosário 4 — 1 João 4:1-21
Rosário 5 — 1 João 5:1-21
Rosário 6 — 2 João 1:1-3 João 1:14
Rosário 7 — Tiago 1:1-21
Rosário 8 — Tiago 1:22-2:14
Rosário 9 — Tiago 2:15-3:9
Rosário 10 — Tiago 3:10-4:17
Rosário 11 — Tiago 5:1-20
Rosário 12 — Judas 1-25
Rosário 13 — Hebreus 1:1-2:8
Rosário 14 — Hebreus 2:9-3:19
Rosário 15 — Hebreus 4:1-5:8
Rosário 16 — Hebreus 5:8-6:14
Rosário 17 — Hebreus 6:13-7:22
Rosário 18 — Hebreus 7:23-8:13
Rosário 19 — Hebreus 9:1-22
Rosário 20 — Hebreus 9:23-10:14
Rosário 21 — Hebreus 10:15-39
Rosário 22 — Hebreus 11:1-22
Rosário 23 — Hebreus 11:23-12:7
Rosário 24 — Hebreus 12:7-29
Rosário 25 — Hebreus 13:1-29

PARTE SEIS

Mensagens da Mãe Divina

EU SOU e permaneço como vossa Mãe Cósmica. Podeis chamar-me a qualquer hora do dia ou da noite e estarei a vosso lado. Pois sou capaz, como acontece com todo ser Ascenso, de projetar a minha Presença Eletrônica em qualquer lugar do tempo e do espaço, sem parar, milhões de vezes. Pois Deus é um na infinitude de Sua expressão.

Maria

13

A ciência de cura da Mãe

Meus filhos, que estais sendo gerados no ventre do tempo e do espaço, tornando-se a plenitude do Cristo dia após dia, não sabeis que EU SOU o raio da Mãe, *Ma-ray*, Maria? Corações clamam por mim, braços se elevam, crianças em prece, almas atormentadas em leitos de dor imploram pela Mãe Divina, e a Mãe Divina ouve e responde a cada chamado.

Vim hoje com meu divino complemento, Rafael, o arcanjo da cura. E trazemos conosco anjos da chama da cura a fim de atender às necessidades da humanidade e das almas exaustas — exaustas com a dor da sua crucificação diária e constante.

Sim, eu sei porque EU SOU o coração da Mãe Divina. Conheço o que se passa em vossos corações, em cada um de vós. Conheço os corações de milhões, pois criei o padrão etérico e o projeto desse coração para ele ser a força de vida pulsante da energia de Deus para a encarnação, que é a oportunidade de cada alma se tornar mais Deus, mais vida e mais amor.

O coração deve ser selado em fogo, como um fogo de proteção e perfeição contra a dissonância do mundo, contra a batida estridente, contra os ciúmes e os ódios dos homens. Tudo isso ataca os corações dos inocentes e desavisados. Doenças e insuficiências cardíacas se tornaram um fato comum na sociedade moderna, que se gaba de possuir os maiores métodos de curas e remédios que o mundo jamais conheceu.

A arte perdida da cura

Digo-vos que o mundo ainda se encontra na primeira infância com relação às artes da cura e afirmo-vos que no templo de cura da Atlântida, o qual eu presidi por algum tempo,[1] havia uma manifestação muito maior da cura por intermédio da precipitação direta do raio esmeralda, método que ainda está longe de ser alcançado pela ciência moderna, apesar de todos os esforços e verbas direcionados para a área da saúde. Porque a cura exige a devoção do coração à Verdade.

A Verdade deve revestir a consciência daqueles que querem curar. A ideia de tocar os doentes, ressuscitar os mortos e limpar os pecadores sempre foi um dos grandes interesses daqueles que possuem compaixão pela humanidade, e também dos que praticam as artes negras, que sabem usar seu talento e a manipulação de forças para imitar os milagres do Cristo, para imitar os milagres do Filho de Deus. Pois a humanidade sabe, e os charlatães sabem, que a manifestação do fenômeno, a atuação dos chamados milagres são muitas vezes um meio de encher o bolso e a bolsa, e de receber adulação pessoal. E isso leva à consciência do culto à personalidade. Assim, os anjos da cura e os membros da Fraternidade concederam os dons da cura aos humildes de coração e aos que se dedicam de forma diligente à ciência da cura.

Em muitos casos, abençoados, os Senhores do Carma revelaram o caminho a cientistas dedicados à busca da cura de vários tipos de doenças. A misericórdia da Grande Lei forneceu também à humanidade, até ela ser capaz de usar a chama da cura diretamente do coração, os chakras da garganta e do terceiro olho, com o intuito de salvar a vida e preservar a oportunidade de vida, por meio da alquimia da química e da ciência material.

A ciência material, em toda a sua perfeição, é a ciência da Mãe. Não deve ser encarada com desprezo nem rejeitada, e sim santificada em princípios e purezas maiores, para ter maior efeito. Desse modo, nós, que patrocinamos os curadores do mundo, damos nosso apoio ao bom médico, à enfermeira amorosa e a todos, em todas as circunstâncias da vida, que cuidam das necessidades da humanidade. E, onde quer que uma prece seja feita, onde quer que haja fé em um poder maior, nós trabalhamos através das mãos habilidosas dos cirurgiões, bem como dos quiropráticos e também de todos aqueles que se dedicaram ao restabelecimento do fluxo divino nos quatro corpos inferiores.

Minha preocupação neste momento é a de fazer surgir entre vós aqueles que tenham mais facilidade de usar o fluxo do raio esmeralda através das mãos. Pois a ação do raio de cura, trabalhando em harmonia com os raios secretos, precipita na forma a manifestação da cura que vem através da visão do conceito imaculado do terceiro olho.

Ó vós, de pouca fé, vós que não vedes e não acreditais, não podeis deixar de lado as vossas dúvidas e medos durante este sagrado momento da nossa comunhão? Não permitireis que eu, a vossa Mãe Cósmica, mantenha a visão e acredite na visão que coloco diante de vós? Ela é uma visão do grande fluxo de poder de cura e da Verdade que cura, por meio da vossa própria forma, centrando nessa forma a percepção divina da luz e os padrões de luz que se tornarão o poder que cura, o amor que cura, a sabedoria que cura para milhões de almas que poderão ser tocadas por vossa devoção, por meio de vossa invocação e de vossa dedicação, para o estabelecimento de uma forma mais elevada de vida.

Afirmo-vos, então, que trabalhareis com os anjos da cura, com Rafael e comigo sempre que recitardes o sagrado rosário, que é também um ritual de cura, e também ao fazerdes a Vigília de Jesus,[2] outro ritual de cura que estabelece um padrão geométrico a cada vez que é feito, e que segue pelo cinto etérico, pelo cinto mental, pelo cinto astral e se precipita no físico através do raio da cristalização, da Cristalização* da consciência da humanidade.

Não negligencieis vossos rituais de oração e invocação

Não compreendeis que há muito mais na ciência da invocação do que apenas uma vã repetição de palavras? Nossas palavras são as Palavras de Deus. Elas são um cálice de luz. Neste cálice de nossas palavras, vós despejais a energia de vossos corações. Desse modo, acontece um encontro das energias do céu com as da Terra, assim no Alto como embaixo, no nível do Cristo. E, por meio de vossa participação neste ritual, também vós sois elevados a este nível. E no nível da consciência Crística vos tornais o ponto focal do grande fluxo da abundância cósmica para toda a vida e para todas as evoluções do corpo planetário.

---

* A autora aqui faz uma associação da palavra *cristalização* com o nome de Cristo, passando a ideia de realização da Cristicidade e alcance da consciência Crística. (*N. do T.*)

Não compreendeis, corações preciosos, que, quando negligenciais vosso ritual de meditação e preces, de invocações e de súplicas, abre-se um buraco no imenso filigrana rendado da antahkarana? É como um ponto faltando em um trabalho de crochê. Quando omitis o ritual, a repetição do ciclo não se completa. Assim, o foco que seria ancorado tende a se enfraquecer. Toda a estrutura se enfraquece. Desse modo, podeis compreender como, no alvorecer da era de Aquário, a humanidade solidificará e tornará permanente todos os seus esforços, por meio do ritual da arte divina e da ciência divina, e do poder da Palavra falada que aprendeis nos ensinamentos dos Mestres Ascensos.

Quando a humanidade compreender a importância de se manter no fluxo da luz através do chakra da garganta, do coração, da cabeça e da mão, experimentará então a manifestação milagrosa da permanência que desce pelo fogo do Espírito Santo. Alguns de vós já rezastes para mim, pedindo a cura de certas condições físicas. Assim como outros visitam os santuários dedicados à Mãe Divina em Guadalupe, Fátima e Lourdes, viestes aqui para ter a assistência de minha chama.

Coloco minha chama agora sobre vosso coração, fundindo os fogos de minha devoção à Verdade com os fogos da vossa chama trina, a fim de vos dar o ímpeto da cura divina. Pela vossa perseverança, ganhareis vossas almas.[3] Preciosos corações, não compreendeis que existem certas formas de doença que acontecem para a glória de Deus, para o aprimoramento de ciclos passados de pecado e imperfeição? Se esses ciclos fossem interrompidos de forma muito abrupta, por meio da ação do raio da cura, isso não seria um ato de misericórdia, e sim de privação, pois vos privaria da oportunidade de expiação, e da oportunidade ainda maior de carregar os pecados do mundo.

A oportunidade de carregar os pecados do mundo

Compreendeis o mistério do Cristo Jesus quando se diz que "Ele morreu pelos nossos pecados"? Essa expressão significa que ele permitiu que a consciência humana, com todas as suas ramificações, morresse sobre a cruz do Espírito e da Matéria. A percepção do eu, como ego humano, foi sacrificada por Jesus de forma voluntária e alegre, a fim de que ele pudesse carregar todo o peso planetário do carma mundial, e, ao carregar esse peso por cada um de nós, ele forneceu a oportunidade para almas evoluindo no ventre do tempo e do espaço terem maior leveza, menos fardos, dores, dificuldades, para que pudessem buscar o Santo Graal e a vitória do Cristo, para que pudessem também começar a equilibrar o seu carma, livres do peso enorme daquele carma.

Assim, deveis compreender que a cada século, à medida que outros se elevam à posição de Cristicidade, aqueles que desejam oferecer um serviço acima do comum em prol da humanidade também podem ter a oportunidade de carregar os pecados do mundo. Isso acontece quando cada um passa no teste dos dez, no teste da abnegação e da renúncia em Cristo. Pois, livres da pele da consciência mortal, removendo essa casca e permanecendo na posição do Cristo, sois capazes de suportar um peso acima do comum do carma mundial.

Alguns de vós que vêm fazendo invocações e decretos há muitos anos estão suportando, neste exato momento, uma quantidade muito maior de densidade e substância do mundo; mais do que jamais poderíeis imaginar. Por meio da vossa fidelidade ao ritual dos decretos, conseguimos avaliar, nas oitavas celestiais, o quanto sereis capazes de suportar e o quanto do fardo do mundo sereis capazes de transmutar, para que esse fardo possa se tornar luz, e possais afirmar com Jesus: "O meu fardo é leve."[4]*

Não designamos um fardo acima do comum para correntes de vida que não têm a constância do raio esmeralda, ou do Olho Onividente. Para aqueles que decretam um dia e também no dia seguinte, mas depois esperam uma semana para voltar a decretar, seria uma extrapolação quase ao nível da insanidade, para suas consciências externas, se eles fossem obrigados a manter o equilíbrio dos *momentums* planetários do pecado. Não colocaremos esse peso sobre aqueles que forem instáveis ou tiverem pouca determinação em suas invocações.

Quando, porém, reparamos que semana após semana, dia após dia, o ritual sagrado é realizado, e que o devoto virá diante de nós, por mais humilde que seu altar seja, a fim de pedir intercessão através do rosário santificado, através de decretos, através da oração, então sabemos que podemos colocar sobre seus ombros, sobre seus ombros fortalecidos e aumentados — aumentados no sentido de responsabilidade cósmica —, o peso das criancinhas que sofrem nos guetos e nas favelas do mundo, dos prisioneiros de guerra torturados, dos cristãos clandestinos que dão a vida para poder ser contados entre os cristãos, daqueles que resistem em nome da Verdade e em nome de Deus, daquelas correntes de vida que são proeminentes pelo mundo afora, no governo, na religião, na política e na economia, e que

---

* Em vários idiomas (inclusive o inglês), os conceitos de "luz" e "leve" são representados pela mesma palavra. Assim, essa famosa expressão bíblica também poderia ser traduzida como "O meu fardo é luz". (*N. do T.*)

não têm o conhecimento da Lei, mas demonstram coragem ao defender suas convicções. Todos esses precisam das orações dos santos. Todos esses precisam de vosso amor.

Eu poderia vos descrever, caso a caso, onde foi que cada um de vós que estais hoje reunidos nesta sala recebeu o fardo de ser um líder mundial ou de uma figura grandiosa que está mantendo a luz para a Fraternidade no cenário mundial. Na quietude e na humildade de vossos lares e de vossos serviços, ao invocardes a chama violeta, ao invocardes o anel e a espada de chama azul, vós carregastes dia após dia o peso dos indivíduos que estão lutando nas batalhas da linha de frente e que não têm tempo ou inclinação para rezar, mas que, apesar disso, estão guardados no meu coração e no coração de Deus, como almas nobres que realizam as obras de Cristo na Terra.

Como podeis ver, a lealdade a Cristo só pode começar através de uma afirmação, mas deve ser continuada através de obras. Muitos dos que realizam as obras de Cristo nem conhecem Cristo. Não os condenamos pelo fato de não dizerem exatamente a forma de oração ou compromisso que é ensinada nas igrejas; porque as igrejas foram erguidas para servir de assistência ao homem, nunca em detrimento de sua caminhada pelo caminho de volta para Casa. Portanto, sabei que o reino dos céus está, na verdade, povoado por homens e mulheres virtuosos que vieram por diferentes caminhos de vida.

É uma tragédia que certas seitas aqui e acolá afirmem: "A não ser que vocês acreditem no que nós acreditamos e falem o que nós falamos, não poderão ser salvos." Não é de estranhar que a humanidade esteja desanimada e desiludida com os professores que atuam em empórios religiosos, nos quais um a um e repetidas vezes, os charlatães se apresentam em nome de Cristo para pilhar os bolsos, pilhar os corações, pilhar as energias dos inocentes que se juntam na esperança de simplesmente conseguir um bocado, alguma migalha, uma palavrinha que seja da Verdade. Não é de espantar que aqueles que possuem o Espírito dentro de si e conhecem Deus — já que uma vez o viram face a face — se afastem das religiões e comecem até mesmo a negar a própria divindade ou a divindade onipresente.

À medida que observamos o mundo, à medida que fazemos nossa visita diária, indo de santuário em santuário e energizando os locais sagrados da Terra com o amor da Mãe, notamos essas condições, percebemos as intrigas, as traições e as fraudes praticadas por alguns — embora não todos — líderes mundiais. Como então a Mãe e o coração da Mãe podem alcançar seus filhos? Precisamos usar de certos subterfúgios para nos desviar das figuras religiosas que traíram nosso propósito e nosso nome. E como fazemos isso? Vou dar-vos um exemplo.

A Medalha Milagrosa

Muitos de vós tendes consciência do poder dos focos de luz que se manifestam na matéria de várias maneiras, como joias de luz. Deveis recordar que em 1830 eu apareci a uma de vós, a fim de descrever a Medalha Milagrosa.[5] Durante a aparição, mostrei as joias que uso em cada um dos dedos, focalizando as virtudes de Deus que devem ser manifestadas no homem. E ofereci àquela doce alma que se comunicou comigo instruções para que a Medalha Milagrosa fosse feita. Assim, ela foi de fato feita e tem sido usada há mais de um século por aqueles que acreditam no poder da chama da Mãe.

Agora vedes que sempre existem aqueles que pretendem transformar os homens em mercadorias e nós, das hostes celestiais, sabemos que se oferecermos alguma revelação que vá trazer algum benefício aos que nela estão envolvidos, considerando o que é a consciência mortal, sempre haverá alguém que tentará lucrar com a credulidade dos santos inocentes. Assim, ao fazer a revelação da Medalha Milagrosa temos meios de focalizar nossa imagem, nossa matriz, sobre o próprio coração dos que creem verdadeiramente. Pois, como sabeis, apenas os que creem se dignarão a usar uma medalha da Virgem Mãe, do Cristo Jesus, da estrela de Davi ou da imagem de Buda. Por conseguinte, selamos cada medalha na chama e no fogo do conceito perfeito da religião divina, da ciência divina e da proteção da alma para a sua encarnação. Desse modo, esta é uma ação protetora, e somos capazes então, por intermédio de nossas bênçãos, de nos desviar daqueles que se mostram pios diante dos homens e talvez até acompanhem o ritual da Missa, mas têm trevas no coração, e alcançamos diretamente as crianças de Deus na Terra. Este é o meio que somos forçados a utilizar a fim de alcançar diretamente essas crianças.

Oração para libertação da humanidade

Digo-vos, preciosos corações, orai para a assimilação pela humanidade da consciência dos santos e seres ascensos. Orai por sua percepção interna, livre dos dogmas, das doutrinas e da conexão com o medo e com a ignorância que têm sido perpetuados pelas igrejas há tempo demais. As ameaças, condenações e acusações dos padres devem cessar. E, se não cessarem, nós levantaremos nossa mão, haverá uma reversão da energia e ela cairá sobre os que a emitiram, em suas tentativas de controlar a humanidade.

Os controladores dos homens, os magos negros, não estão todos nas igrejas. Estão também nos governos e em locais secretos em que desempenham suas nefastas funções. Quando conseguimos focar nossa luz por meio destes objetos sagrados e também pela comunhão com os santos durante a oração sagrada, somos capazes de selar muitas das nefastas influências dos seres das trevas, sejam elas grandes ou pequenas, impedindo aqueles que, na traição, buscam levar a humanidade para baixo, em espiral, até o elemento mais básico de sua natureza, até o poço do abismo, até a danação eterna que é a morte da alma.

Vim com alegria no coração, embora venha também com certa tristeza diante das agruras do mundo, diante do frenesi do mundo. E devo apelar a vós mais uma vez, a todos e a cada um, a fim de fazerem chamados fervorosos na chama da constância para carregar os pecados do mundo. Precisamos de portadores de luz. Precisamos daqueles com os quais possamos contar; precisamos que eles acordem numa certa hora e se coloquem em oração nesse determinado momento, para podermos saber que, naquela hora determinada haverá um alívio do sofrimento em áreas destruídas pela guerra, ou onde haja fome e epidemias sobre a Terra.

A hierarquia precisa saber que a humanidade se mantém constante e é confiável em seus serviços religiosos. Portanto, apelamos a vós, que tendes recebido uma compreensão das leis cósmicas acima do comum, para serdes servas e servos do Senhor nesta hora, a fim de que, ao fazerdes isso, possais cumprir o papel de Cristo como ministro e como servo de todos. Aquele que deseja ser o maior dentre vós, que ele seja o servo de todos — o servo do Cristo em todos. Esta é a senda da iluminação, do autoaperfeiçoamento e da manifestação milagrosa do fluxo de cura que vos tornará verdadeiros curadores dos homens, no sentido mais elevado da palavra.

Chamai por mim a qualquer hora

EU SOU e permaneço a vossa Mãe Cósmica. Chamai-me a qualquer hora do dia ou da noite e eu estarei a vosso lado. Pois eu posso, como pode todo ser ascenso, projetar a minha Presença Eletrônica em qualquer ponto do tempo e do espaço, sem parar, milhões de vezes. Pois Deus é um só na infinitude da sua expressão.

Assim, nós somos um, e a minha Presença vai estar junto de vós. E no momento em que desenvolverdes a visão perfeita do Olho Onividente de Deus, e também os sentidos da alma, sereis capazes de declarar a todos os que vos perguntarem: "Qual é a sua crença na Virgem Maria?" E declarareis: "Eu vi e ouvi a Palavra da Virgem Cósmica."

Portanto, sede abençoados por vossa visão e audição, pois fizestes delas instrumentos sensoriais para a implantação, em toda a humanidade, das virtudes da Palavra Sagrada.

Sou em vosso coração o amor da Mãe, a compaixão da Mãe, a misericórdia da Mãe para toda a humanidade.[7]

Maria

Estou liberando o selo de minha chama e colocando-a no primeiro volume da trilogia Mensagens Douradas de Maria. *Minha alma se regozija com esta divulgação da Palavra Sagrada. Onde quer que aquele livro seja colocado, nas bibliotecas de vossas comunidades, nas escolas e faculdades, ali também eu colocarei minha Presença Eletrônica, para que, quando as almas vierem pegar o livro para folheá-lo e examiná-lo, possam me encontrar pessoalmente, e eu irei saudá-las e estender sobre elas o calor de meu amor de Mãe. Sabei, portanto, minhas almas queridas, que, por meio de cada livro que colocardes em determinado lugar, eu darei início à espiral da minha Presença naquele local, e isso poderá modificar a consciência na área de educação, nas bibliotecas e nas universidades do mundo.*

Maria

O círculo sagrado

Crianças do Sol de meu coração,

Venho até vós dentro da esfera gloriosa da consciência da Mãe Divina. Venho para que possais conhecer o significado de estar na presença do amor, o amor que é como o próprio ar que respirais, o amor que é como o perfume das flores que flutua na brisa, o amor que é como a ternura de Deus que permeia o espaço.

Venho para que possais conhecer o Espírito Santo, que esposei como a serva do Senhor. Venho para que possais saber o que significa ser Mãe e para vos transmitir um véu de luz, como o véu que as noivas usam, e que simboliza a consciência virginal. Coloco sobre todos vós este véu, que defende a consciência das impurezas do mundo e vos sela na luz imaculada da Virgem Cósmica.

Estou grata pela liberação de amor e luz do coração do amado Saint Germain e do meu Filho Jesus. Venho como o consumador Daquela fé, da qual eles são os autores.[1] Venho para concluir a espiral de Ômega. E para que possais lembrar sempre que o amor é o círculo sagrado da vida.

Desenho este círculo em torno de vós agora, em torno de cada um, em companhia de vossa chama gêmea. E será concedido a cada um de vós, pelos anjos da legião de Rafael, a Verdade da Presença do vosso complemento divino, para que possais sentir por um momento a integridade de Pai-Mãe na vida, assim no Alto como embaixo. É a consciência Crística do vosso complemento que vou fazer-vos experimentar, para que possais ver como a fusão de energias em uma espiral de união total existe para a vossa vitória final e o vosso retorno definitivo.

Esse círculo sagrado que nunca pode ser quebrado inclui também toda a vida como percepção do Eu e do Eu Crístico. E à medida que fordes progredindo ao longo da Senda, aprendereis mais e mais a respeito de terdes consciência do Eu como Deus em toda parte da vida, até incluirdes nas fronteiras do vosso amor a Totalidade da criação e então vos fundireis com a consciência Divina do Ovo Cósmico,[2] e, ao personificá-lo na alma, sereis esse campo energético.

Ao olharmos para o mundo hoje, ao olharmos para o sofrimento, para a dor, para a angústia, elementos com os quais um coração de mãe sempre se sintoniza, vemos que aqui e ali, através dos céus do cinturão mental, existem estrelas cadentes, lampejos de luz e de percepção. Existem pontos específicos que denotam uma iluminação da mente na compreensão do Filho e no relacionamento do Cristo com a Mãe.

Eu ancoro minha chama através de meu livro

Estou liberando o selo da minha chama e colocando-o no primeiro volume da trilogia *Mensagens Douradas de Maria.** Minha alma se regozija com esta divulgação da Palavra sagrada.

---

* O primeiro volume da trilogia, cujo título é *Mensagens de Maria para um novo dia*, foi lançado no Brasil pela Editora Nova Era. (*N. do T.*)

Onde quer que aquele livro seja colocado, nas bibliotecas de vossas comunidades, nas escolas e faculdades, ali também eu colocarei a minha Presença Eletrônica, para que, quando as almas vierem pegar o livro para folheá-lo e examiná-lo, possam me encontrar pessoalmente, e eu irei saudá-las e estender sobre elas o calor do meu amor de Mãe. Sabei, portanto, minhas almas queridas, que, por meio de cada livro que colocardes em determinado lugar, darei início à espiral da minha Presença naquele local, e isto podera modificar a consciência na área de educação, nas bibliotecas e nas universidades do mundo.

Meu coração se lança na direção das crianças de Deus em todas as fés. Não sou partidária de nenhuma delas e, ao mesmo tempo, sou partidária de todas. Sou partidária da chama e vim até aqui por ter sido convidada a entrar. Vou aonde me recebem, e se não sou bem recebida, devo obedecer a instrução do Cristo para sacudir o pó de meus pés, me afastar do lugar e não entrar lá.[3] Assim, tristemente acontece de eu ser rejeitada em muitas casas por causa de uma doutrina escura, uma teologia sombria e também uma confusão em torno da minha missão de personificar o Cristo para as correntes de vida do planeta.

Tenho confiança de que aproveitareis a oportunidade que vos foi dada de carregar a chama deste livro para aqueles que ainda não perceberam o valor de se alegrar na chama do raio da Mãe, a qual eu tenho o privilégio de guardar e carregar, embora não seja a origem dela. Porque a chama é Deus, e não reivindico nenhuma exclusividade sobre ela, nem sobre este título. Como já vos disse antes, todos podem ser verdadeiramente a Mãe de Deus.

Há muitos no céu que respondem à Ave-Maria

Quando ascenderdes à Presença de Deus, descobrireis que, quanto mais gente chamar por vós, pessoas que vos conheciam e sabiam de vossa vida de serviço e devoção, mais sereis capazes de interceder em benefício da humanidade. Consequentemente, seria bom se em vossa encarnação final vós oferecêsseis serviços reconhecidos pelo homem e também por Deus, pois isso servirá para aumentar vosso serviço em níveis internos. É por ser conhecida como Mãe de Jesus que posso prestar serviços extraordinários, pois a humanidade criou um *momentum* de devoção à minha chama, ao longo de milhares de anos.

Existem muitas mestras ascensas no céu que também se elevaram como Mãe Divina, mas poucos dentre vós sabem desse fato, e por isso muitos não fazem chamados a elas como fazem chamados a mim. Essas nobres damas do céu, portanto, prestam assistência junto comigo, formando um núcleo de portadoras de luz, todas carregando a tocha do conceito imaculado. Existem milhares delas e quando elas escutam a Ave-Maria elas também respondem em meu nome, e ministram às almas que buscam intercessão.

Descobrireis também que, quando estais em sintonia com meu coração e com os serviços das correntes de vida à vossa volta, vosso coração também responderá à Ave-Maria oferecida em oração. E embora ainda estejais caminhando sob este véu, podereis ser o mediador ou a mediadora da misericórdia e da graça, em meu nome e em minha chama. Isso atrairá cada vez mais a hierarquia, que sempre se aproxima da consciência dos puros de coração, dos devotos e de todos os que renunciaram a um pouco da vontade pessoal em prol da Divindade.

Sede instrumentos de graça e misericórdia

EU SOU o instrumento da misericórdia. EU SOU o instrumento da graça. Vós também podeis vos tornar instrumentos para a dispensação de virtudes de luz por intermédio da essência adornada com joias do fogo sagrado que desce de vosso corpo causal.

Vinde agora mais perto, junto de meu coração, para eu vos conceder a fragrância da maternidade, a aura da maternidade, e para que eu possa cingir aqueles entre vós que devem ser os protetores da Mãe Divina com a coroa de José, de Saint Germain, do raio masculino, para que possais entrar na plenitude da majestade de ser um cavaleiro da Távola Redonda no momento em que vós, filhos da chama, aceitardes a tarefa de proteger a Mulher e sua semente.

Assim, venho coroar-vos como rei e como rainha não apenas por um dia, mas para toda a vida e por toda a eternidade. E, quando ascenderdes em companhia de vossa chama gêmea sereis recebidos nas cortes celestes como príncipe e princesa do domínio, prontos, então, para trilhar o próprio caminho na senda do serviço e da iniciação, rumo aos níveis mais elevados da consciência cósmica.

Como é bom alcançar a marca da vitória sabendo que deixastes vossa marca definitivamente impressa no lar planetário, gravada sobre almas, milhões de almas que vos seguirão! Ver a espiral de almas seguindo o despertar de vosso triunfo faz com que a jornada e a vitória sejam ainda mais valiosas.

Carregai a chama da Sagrada Família

Então, a chama segue em frente para a família divina. Carregais esta chama e estais devidamente qualificados agora... pois fostes iluminados e recebestes muito da Fonte da unidade. Tendes muito o que dizer ao mundo. Tendes muito o que viver e muito com o que vos alegrar enquanto experimentais as meditações do fogo sagrado que aprendestes e refletis a respeito dos conceitos sagrados.

Está criado, então, aqui neste campo energético, um círculo de fogo que vem de nós, e é um círculo de fogo de imensa luz, para restabelecer a Sagrada Família. Na verdade, tal intensidade de dedicação a esta Família eu não vejo há muitos anos; nem tal iluminação, nem tal pureza de alma e coração, nem tal liberdade para ser a plenitude do que conheceis...

Sim, e somente ontem começastes a desabrochar. E, assim, aqui neste desdobrar das faixas de luz do meu coração, fostes envoltos nos panos de uma consciência que ficará convosco por muitas eras.

E sabeis que cada um de vós... pode se tornar o centro de outro círculo sagrado de iluminação? Podeis passar adiante os ensinamentos. Podeis magnetizar luz. E podeis ver que a Terra se encherá com os ensinamentos da Mãe a seus filhos.[4]

Somos um na chama. Estou na Terra e ela está no céu, e as espirais de nosso ser fluem sobre a figura do oito. E por um instante experimento tempo e espaço. Por um momento, ela experimenta a eternidade.

Esta, então, é a consumação do fluxo do amor: que vós estabeleçais este contato com o Espírito Santo, através do qual também podereis fluir com Deus até novas alturas e dimensões da consciência, para retornar à Terra e infundi-las no solo, na *Mater*, no planeta Terra, a fim de cultuar aqui a era do novo nascimento.

Alegrai-vos na descida das almas de luz

Estampo agora sobre vós as cenas da infância de Jesus, suas pequenas experiências, os episódios por meio dos quais ele me trouxe tanta alegria e tanto amor. E meu coração verdadeiramente cantou ao sentir a presença de José protegendo, guiando e cuidando de nós no caminho de volta para casa.

Gostaria que conhecêsseis as alegrias de uma criança como Jesus, uma criança de luz, de inocência e grande sabedoria, com pureza e senso de missão. Crianças desse tipo são uma alegria para a família. O que seria de nós sem o riso de uma criança para quebrar a sobriedade e seriedade do mundo adulto e das preocupações deste mundo? O que seria de nós sem a mente simples da criança que faz perguntas sobre a natureza, sobre a vida, e anseia em conhecer mais de Deus a cada passo do caminho?

Deixai vir a mim as crianças. Que as almas dos que anseiam por criar uma forma mais elevada de vida venham. Que elas sejam enviadas pelos Senhores do Carma. Que elas sejam recebidas por todos os que esperam no Senhor, como noivas do Espírito Santo e como maridos da Virgem Cósmica. Que todos recebam a comunicação do Espírito do Senhor nestes pequeninos.

Os elementais se alegram na chama exuberante do Espírito Santo. E também se regozijam ao ver a descida dos avatares, pois sabem que essas são as almas de luz que vão deixar como legado para eles a completa liberdade na chama da ressurreição.

Deixo-vos com o manto de minha Presença

Agora vou me retirar, mas deixo-vos com o manto de minha Presença. Coloco-o em torno de cada uma de vós, futuras mães, pois todas as que usam a vestimenta do raio feminino são futuras mães. E Saint Germain, a meu lado, coloca em torno dos futuros pais o manto do Cavaleiro Comendador. E selada em vossos corações está a imagem do Divino Filho-Varão.

Assim soa o cristal de nosso templo e o retinir deste cristal é o chamado do clarim para as almas descerem ao mundo da forma. Sede, pois, aqueles que mantém a luz para eles nesta era. Sabei que vossas orações vão sustentar a vida por todo o corpo planetário em momentos de dificuldade, através das dispensações de luz que levarão o restante da humanidade rumo à era de ouro.

Estou convosco sempre como a presença flamejante da Mãe. Partindo o pão da vida, faço desabrochar maravilhas e glórias inauditas do Pai, do Filho, do Espírito Santo, do Ser Crístico, dos filhos e filhas do meu coração.

Sou a vossa Mãe sempre,[5]

Maria

É a Mãe que carrega o corpo de Cristo quando ele é retirado da cruz. É a Mãe que segura com alegria a criança que acabou de sair do ventre. É a Mãe que possui a voz que pode ser escutada durante o dia e durante a noite, a Mãe que está sempre ouvindo a prece dos filhos. É a Mãe que está sempre lá, ensinando as crianças acerca da Lei, a respeito da Presença e do EU SOU O QUE EU SOU.

Maria

O raio da Mãe como instrumento da transição da alma para o novo dia

Filhos e filhas de Deus,

Venho vos reivindicar para o raio da Mãe. Apareço diante de vós na estrada da vida como Jesus, meu Filho, apareceu a Saulo de Tarso na estrada para Damasco.[1]

Aparecendo-lhe na luz do raio masculino, e na personificação do Cristo, ele se dirigiu àquele em quem a Chama da Vida ardia, embora fosse também o que se rebelara contra essa mesma chama, perguntando: "Saulo, Saulo, por que me persegues?" e Saulo ficou cego pela luz. E o Senhor lhe disse: "Dura coisa te é recalcitrar contra os aguilhões."[2]

Venho a fim de aparecer para a mulher. Venho no caminho da era de Aquário... venho para a Terra. E nesta hora tenho nas mãos a dispensação do Todo-Poderoso para contatar todas as mulheres do planeta. Assim, venho liberar a Presença Eletrônica do meu *momentum* de mestria na chama trina.

Apareço para a mulher e pergunto: "Mulher, por que me persegues? Eu sou tua Mãe, tua luz e tua alegria. Dura coisa te é recalcitrar contra os aguilhões. Não resistas à Mãe Divina quando ela está no caminho, junto contigo. Não resistas ao florescimento da tua própria divindade feminina. Mulher, eleva-te ao ponto da realização Divina. Amadurece. Atende ao chamado. Assume a posição de liderança e leva as energias da humanidade até o cálice da consciência Crística.

Desimpede o caminho para o fluxo da Mãe. Desimpede o caminho para o Buda e o Cristo. Desimpede o caminho para os pequeninos que estão sendo gerados em teu ventre. Desimpede o caminho e permite que nasçam.

Mulher, eleva-te até o surgimento da consciência do Sol.* Eleva-te e procura alcançar a coroa da vida. Cessa as tuas perversões do raio da Mãe. Eleva-te à realização Divina neste dia do princípio da vida e da fonte da vida, que é tua para ser distribuída. E oferece de graça essa Água da Palavra às crianças do Pai.

Preserva imaculada a semente do Pai. Acalenta essa semente como a luz de Alfa. Nutre essa semente como a consciência Crística. Deixa-a fazer nascer uma Nova Era dentro de ti, pois chegará um Novo Dia em que a mulher dará à luz este Novo Dia, abrindo espaço para o Novo Dia no ventre da consciência.

A era de ouro é uma Realidade no coração da mulher, e a Cidade Quadrangular representa o alinhamento do ser dela com o Ser do Pai. Quando estiveres disposta a te colocar diante do Pai para receber o cubo da *Mater*,** o Pai vai transferir esse cubo para as tuas mãos, e nas tuas mãos estará o presente da vitória, o presente da Mater-realização.

Ó mulher, ouve a palavra da Mãe. Ouve a palavra da Virgem Cósmica. Em tuas mãos está a chave para a vitória da civi-

---

* Em inglês, as palavras sol (*sun*) e filho (*son*) são pronunciadas da mesma forma e seus significados se justapõem nesta frase. (*N. do T.*)

** O cubo é a representação clássica das três dimensões e, nesse contexto, significa o mundo da matéria, o mundo da forma física. (*N. do T.*)

lização. Podes conduzir as energias da vida, podes disciplinar as energias. Deves ficar de pé para enfrentar e vencer o dragão da mente carnal, a besta que surge da Terra, que se eleva do mar — o conglomerado da mente carnal que ocupa o teu próprio mundo sensorial, o teu próprio mundo mental. Tens a autoridade da vara de Aarão para exorcizar estas bestas da consciência. E, quando tiveres triunfado sobre as bestas internas, segue em frente como Joana d'Arc, como as heroínas da causa da Fraternidade. Segue em frente para desbravar o deserto da consciência humana, preparando-a para a vinda dos avatares, dos profetas e dos Seres Crísticos."

O presente dos panos

Portanto, meu presente para todas as mulheres do mundo hoje é o presente dos panos. Eles foram tecidos pela Virgem Cósmica. Eles representam a energia que utilizais para enrolar o bebê recém-nascido, para que ele possa sentir a disciplina do templo do corpo, para que ele possa sentir a proteção do amor de Mãe, a fim de que ele possa ter a sensação de habitar no ventre do tempo e do espaço, a fim de que ele possa sentir o manto do amor. Assim os panos são colocados em torno do bebê recém-nascido assim que ele chega à vida.

E certamente vos lembrareis também do enrolar dos panos, do envolver das vestes mortuárias em torno do corpo de Cristo e do corpo de Lázaro para a preservação daquele corpo no túmulo da *Mater*. A Criança Crística nasce do ventre da *Mater* e, depois de passar pelas iniciações do fogo sagrado, é colocado no túmulo da *Mater*. E, em cada um desses momentos, é a Mãe que prepara a alma, que faz a iniciação da luz e dos ciclos, mantém o padrão determinado, sabe em seu coração que seu filho e sua filha vão vencer, vão cumprir a Lei, vão retornar ao coração do Um.

É a Mãe que carrega o corpo de Cristo quando ele é retirado da cruz. É a Mãe que segura com alegria a criança que acabou de sair do ventre. É a Mãe que possui a voz que pode ser escutada durante o dia e durante a noite, a Mãe que está sempre ouvindo a prece dos filhos. É a Mãe que está sempre lá, ensinando as crianças acerca da Lei, a respeito da Presença e do EU SOU O QUE EU SOU.

Mães, cumpri vosso papel, e então vereis o Pai encarnado, vereis como o homem responderá ao mais elevado aspecto do seu próprio ser. Vereis como o homem crescerá e como amadurecerá para ser a coordenada da vossa chama. E juntos, de mãos dadas, como línguas bipartidas de fogo sagrado, exibireis o Espírito Santo, assim na Terra como no céu. E nesse dia em que as chamas do Espírito Santo estiverem equilibradas na Terra e no céu, vereis o culminar de uma era e a introdução do ciclo dourado de Aquário.

Então vereis o equilíbrio das águas, do ar, do fogo e da terra. Vereis o equilíbrio da mente, do coração, da alma e do corpo. Vereis a Cidade Quadrangular nos templos das crianças do Um.

Agora gira, ó Terra. Eu elevo a minha mão para a rotação do mundo e da Terra. A aceleração da consciência da Terra existe para que sejam vomitadas na chama do Espírito todas as trevas, toda a degradação e todas as taças de ira. Gira, mundo. Gira e joga na chama todo pecado. Gira, ó mundo. Gira, ó consciência dos escolhidos. Gira agora e faz aumentar as pulsações da chama interna. Faz aumentar as iniciações do fogo sagrado. Faz aumentar a vossa harmonia pela expiação e sintonia com a Mãe e o Espírito.

Eu sou Maria, que surge no caminho para a mulher do mundo. Ó mulher, manifesta o destino do fogo, do ar, da água e da Terra. Manifesta o destino dos quadrantes da *Mater*, ó mulher. Lidera o caminho. Carrega a tocha. Segura o livro. Ensina as crianças. Lava seus rostos. Nutre suas almas. Mostra-lhes por meio dos ensinamentos simples sobre a natureza a forma que Deus usa para se revelar repetidas vezes, o tempo inteiro.

Corre para saudar o homem que é o Filho de Deus

Mulher do mundo, corre para saudar o homem que é o filho de Deus. Corre para recebê-lo ainda no caminho. Restitui a ele os poderes que dele tiraste por tortuosos meios. Restitui ao homem sua identidade divina. Restitui a ele sua alma, seu coração, sua unidade com o Pai. Corre para recebê-lo no caminho. Ele está esperando pelo amor da Virgem Cósmica hoje. Corre para dar a ele a notícia de que o Fiel e Verdadeiro[3] está chegando, junto com os exércitos do céu, os anjos do Senhor e as hierarquias do Sol, e que eles vêm para reforçar suas forças na hora do Armagedom,[4] com os quais o homem de Deus poderá defender a mulher que está no caminho. Correi para dar a ele a notícia da vida que está crescendo dentro de vós, da vinda do Filho-Varão, do Cristo que vai nascer novamente em Belém, da estrela do EU SOU O QUE EU SOU que vai aparecer, da Terra que vai encontrar seu lugar, da Terra que está voltando para Casa.

Ó mulheres do mundo, correi para saudar vosso Criador como vosso marido.[5] Correi para saudar o EU SOU O QUE EU SOU. Correi para saudar vossas famílias e vossas crianças, vossos pais e vossos filhos, vossos maridos e vossos irmãos. Correi para saudá-los como a fusão da luz e contar-lhes do amor e da maravilha da Virgem Cósmica que vive, vive para libertar tudo o que é Real no homem e na mulher. E para contar a eles da verdadeira natureza do Ser, da gloriosa realização e da vitória das espirais se fundindo no EU SOU O QUE EU SOU. E contai a eles do cajado de Moisés, que ele levou pelo deserto.[6]

Portanto, mulheres do mundo, levai o cajado e deixai que as crianças contemplem a imagem do fogo serpentino que se eleva, para que elas possam sentir o fluxo de vida se elevando dentro delas, e para que sejam curadas então de todas as doenças, de todos os pecados e comprometimento, de toda morte e de todos os rituais de morte.

Ó mulheres do mundo, correi para saudar o alvorecer, para receber o Sol, para arrancar os fogos do Sol e devolver a toda a humanidade as energias do Um, da vida, da Verdade e do amor, do fogo sagrado ardendo e resplandecendo dentro do coração. Destrancai os segredos do coração e os mistérios do templo. Dai tudo, ofertai tudo a todos.

Aqui estão os panos que usareis para levar a consciência de todos ao ventre da Mãe Divina. Aqui está também a chave da sabedoria divina e da compreensão do Logos.

Agora eu vos dei meu amor, meu entendimento, minha Presença neste dia. Transferi para vós minha consciência e meu raio. Tomai-o, mães do mundo. Tomai-o e correi com ele, e sabei que estarei convosco ao longo desta caminhada.

EU SOU o caminho, a verdade e a vida.[7] Sou a vitória desta era. E estou convosco sempre[8] até o cumprimento de todos os ciclos da consciência de Deus como Mãe, aparecendo dentro de vós.

Em nome do Pai, da Mãe, do Filho e do Espírito Santo, Amém.[9]

Maria

Eu sou Maria, que surge no caminho para a mulher do mundo. Ó mulher, manifesta o destino do fogo, do ar, da água e da Terra. Manifesta o destino dos quadrantes da Mater, ó mulher. Lidera o caminho. Carrega a tocha. Segura o livro. Ensina as crianças. Lava seus rostos. Nutre suas almas. Mostra-lhes por meio dos ensinamentos simples sobre a natureza a forma que Deus usa para se revelar repetidas vezes, o tempo inteiro.

Maria

Vou libertar-vos

Meus amados filhos e filhas,

Vou trazer-vos a lembrança de nossa missão, da hora em que vos apresentastes como santos anjos ou filhos e filhas de Deus na companhia dos santos anjos, pois essas duas evoluções foram abençoadas por Alfa e Ômega para serem patrocinadoras da vida na Terra.

Alguns de vós lembrais da primeira vez em que ouviram falar da minha missão de vir à Terra para dar à luz o avatar Jesus, o Cristo.[1] Ele foi meu filho em muitas vidas antes da encarnação final e muitos de vós também serviram no círculo de seus acompanhantes, nessas vidas anteriores. Alguns de vós nasceram por meio da semente de seu coração quando ele era José, o filho de Jacó.

Sois, então, parte do grande grupo de preservadores da Mãe do Mundo. Onde quer que tenha havido a manifestação da Mãe e do Cristo, lá estivestes, estendendo as faixas, estendendo o próprio tecido que se tornou um lugar seguro no eco de mundos distantes. Não é incomum que vos tenhais encontrado todos reunidos neste seminário sobre a Mãe. Convocados pela minha chama e pelas mães da vida, cuja imagem é a imagem de Ômega ecoando por toda a natureza e por toda a vida, vos reunireis e eu vou patrocinar-vos para que vos torneis mães da vida.

Abençoados filhos queridos, que sois tão sensíveis ao coração da Mãe e possuis tais níveis de entendimento e percepção dos níveis interiores que isto está além da vossa percepção externa, abençoo-vos por manter a chama da Mãe ao longo das eras. Digo e vos confirmo: dedico minha vida a vós. Dedico meu coração a vós.

Filhos de Deus, filhas maravilhosas, venho em companhia do Maha Chohan* para que o manto do fogo sagrado e as vestes suaves e macias possam vos manter com uma sensação de aconchego, felicidade e calor, e para que a passagem do chakra da alma, assim como a longa passagem da porta da catedral até o altar, possa ser para vós um caminho escolhido, através do qual conduzireis muitos.

Para alguns de vós que têm amado a mim e a Mãe durante éons, ainda não aconteceu a realização do potencial da alma, e não estais nem mesmo consciente de tais inibições citadas pela Mãe e que vos impedem de alcançar a plenitude de vós mesmos. Vossa autoexpressão foi muitas vezes impedida pelas agruras da vida.

Vim com o aconchego da chama da Mãe para que possais estar livres e confortáveis, sossegados, aproveitando a santidade e tendo o estímulo da vida para explorar os domínios da

---

* O Maha Chohan é o "Grande Senhor" dos sete raios, o representante do Espírito Santo para este planeta e suas evoluções. É ele que encarna a Trindade e a chama da Mãe dos sete raios e chakras, e está qualificado para ser "chohan", "senhor", de cada um ou de todos os sete raios. Portanto, é chamado de Maha Chohan, o Grande Senhor, pois preside os sete chohans que representam a Lei, a Palavra e a consciência Crística de seus respectivos raios.

estrela da iluminação — o prazer da ciência, a magnífica contemplação da religião.

Vou soltar-vos, vou libertar-vos dos grilhões dos condicionamentos da consciência — de vossas reservas para falar, para ser, para amar, para servir. Vou revelar a vós, pela senda da iniciação da Mãe, o amor de vosso próprio ser, a beleza de vosso próprio Eu Crístico e vossa capacidade de ser tanto de Deus na Terra!

Eu vos libertarei das limitações
E das condenações.
Eu vos libertarei das ásperas arestas da vida,
Das pontas de esperança destruídas
Pelos orgulhosos e pelos poderosos.
O dia deles se acabou assim que teve início,
Mas mesmo assim eles ainda aparecem.
Que isto não mais vos cause o derramar de uma
    lágrima sequer
Ou vos faça retroceder na vida.
Que possais olhar para o Sol
E consigais ter a visão da águia acima de vós,
Ter a visão da chegada das hostes do Senhor,
Ter a visão dos irmãos e irmãs da estrela Sirius!

EU SOU Nossa Senhora, em companhia de Rafael. Embora apareça sob muitas formas, muitos que me amam não me compreendem, ou nem me conhecem, nem como a pessoa familiar no lar de cada um, nem como o ser cósmico, a arqueia. Na cadeia vital de minha corrente de vida existe uma multiplicidade de níveis de consciência, e em toda parte o girar do rosto da Mãe saúda o rosto dela mesma na imagem que eles reconhecem. E às vezes a própria imagem que têm de mim limita a minha aparição, ou o que eu possa dizer ou fazer no meio dos devotos.

Que possais vir comigo para ampliarmos e alargarmos o espaço da habitação da Mãe e da sua semente. A minha oração através do vosso coração, ao receberdes os fogos de amor do Maha Chohan e meus, neste dia, é que possais também expandir o estreito espaço do Ser da Mãe, para que consigais perpetuar os ensinamentos dela, sua vida e sua Palavra.

> Louvado seja Deus por eu poder aparecer na
> carne diante de vós!
> Louvado seja Deus por eu estar aqui
> Porque assim o permitistes e o voto interior foi
> feito!
> EU SOU vossa Mãe Maria
> E estou convosco até a vitória desta era
> De vossa encarnação do Verbo.[2]

Maria

EU SOU a mãe de vosso coração. Sou uma organizadora, uma administradora, uma sacerdotisa, e também lidero exércitos dos céus. Talvez me conheçais em um ou em muitos dos meus cargos mas, acima de tudo, lembrai-vos de que presto assistência na senda do gerenciamento e de organização pessoal de vossa vida — na determinação de prioridades, no uso das horas e da vossa força enquanto o dia segue. Pois, quando a noite chega, nenhum homem pode trabalhar, e esta noite pode ser tanto a noite escura da alma quanto a noite escura do Espírito.

Maria

17

A traição e a vitória

Estou aqui agora para vos trazer, vindo do meu coração, réstias luminosas para fazer o bordado de um ventre de luz, como um casulo do tamanho de um vasto cosmos, para que em meio aos cabelinhos de anjo do próprio amor de Deus possais vos sentir protegidos, mesmo quando estiverdes suspensos em um mundo muitas vezes hostil. Este mundo, como é um mundo de Deus, é feito de amor.

É interessante notar que, coexistindo no tempo e no espaço com as belezas do espaço vivo do próprio Deus, encontramos a irrealidade de *maya*, não sob a forma de fios sedosos dos cabelos de anjo, mas como cordões feitos de nada, de imagens ilusórias onde o Cristo deveria estar.

Imagens do eu irreal desfilam pelas avenidas. No entanto, neste mesmo lugar está a santidade de Deus, embora não na mesma dimensão. Pois nos lugares em que os homens se dedicaram, mesmo antes dos últimos dias da Atlântida, a realizar os feitos malignos dos caídos, eles próprios escolheram, por livre-arbítrio, abrir espaço para o que é a antítese do céu.

Portanto, eu venho até vós, que viveis no paraíso de Deus em meio ao inferno que os caídos criaram. Agora, o que é Real e o que vai permanecer? Não é o tempo que vos irá responder isso, e sim o coração de meus abençoados. Meus amados e abençoados, eu vos mantenho nos fortes braços da determinação de Deus, para que sejais vitoriosos.

Na Sexta-feira Santa, muitos pensam em mim como a mãe enlutada. Eu vos asseguro que meu coração foi há muito tempo curado da tristeza da crucificação de meu Senhor. A hora da ressurreição representou a plenitude da minha alegria. Portanto, se há tristeza em meu coração, ela existe por aqueles que são de Deus, mas se tornam portadores involuntários das sementes do mal.

Assim aconteceu com Judas. Foi isso que aconteceu com aquele filho. Compreendei, pois, que havia a determinação de Satanás de colocar no coração dele a semente da traição.[1]

Abençoados, este ato dos caídos, perpetrado contra os portadores de luz, deve ser compreendido. Pois, como vedes, trata-se de um implante no coração dos corações, na própria morada da consciência, quando a mente consciente acredita que ela mesma tem o controle total.

Judas percebeu esta ideia do Demônio como sua própria — justificando para si mesmo que, tendo em vista que o Senhor seria traído por alguém, não importava se ele mesmo seria o agente efetivo daquele evento. Por outro lado, Judas acalentava a ambição de que, de algum modo, o próprio Senhor fosse se levantar e se proclamar Rei dos Judeus, a fim de restaurar Israel, derrubar o Império Romano e mostrar o seu poder.

Será que ele pretendeu, no íntimo, precipitar um confronto no qual Jesus não teria alternativa senão a de finalmente provar quem era? Não revelo todos os pensamentos de seu coração, nem confirmo as teorias dos homens por intermédio de minhas palavras, nem suas especulações sobre qual a química daquele momento. Mas digo-vos isto: Jesus veio para demonstrar o confronto com o Anticristo.

Em vez de esperar por um momento inoportuno ou descabido, ele começou a sua missão, logo de imediato, com um jejum no deserto[2] — no fim do qual o morador do umbral planetário entrou em confronto com ele.[3]

Deveis lembrar de suas palavras em outra ocasião: "Vem o príncipe deste mundo e ele nada tem em mim."[4] Jesus estava realmente esvaziado, depois de ter jejuado. Mas estava também esvaziado de orgulho, de ambição terrena, de ego, de egoísmo e de desejo de qualquer tipo, com exceção do desejo de ser Deus em ação. Portanto, passou nos testes da divindade — os três testes de Satanás direcionados à linhagem do Pai, à linhagem do Filho e à linhagem do Espírito Santo.

Ele passou nestes três testes em nome do seu amor pela Mãe, a Mãe simbolizada em Eva — Mãe no sentido universal,[5] Mãe como chama em seu coração. Mãe como a Palavra Encarnada. Foi na verdade em nome de uma Eva e de muitas que o Senhor chegou a enfrentar a própria serpente do Jardim do Éden. E ele tornou a enfrentar esta serpente no Jardim do Getsêmani.

Derrotar a lógica do Caído

Portanto, a fim de salvar o que estava perdido, desde o princípio até o fim o Seu propósito cósmico, ao vir do Grande Sol Central, foi derrotar a lógica do Caído e estabelecer o exemplo para que pudésseis compreender isto, amados: que, se o Caído conseguir vos pegar em qualquer uma dessas mentiras ou ramificações que vêm delas, ou se vos sentirdes tentados, pelos argumentos do demônio e pela lógica humana, a vos desviar do objetivo determinado em vossa senda, descobrireis que aceitar as afirmações dos caídos, concordar com elas em seu materialismo, vai resultar, para vós, em mais uma rodada de entrelaçamento com tal estado de consciência.

Ultimamente algum de vós derrotou algum inimigo interno ou externo? Ultimamente algum de vós viu o rosto do mal e seus frutos, em vossa vida ou na de outros? Quem sabe algum de vós, recentemente, conseguiu uma vitória sobre alguma fera da mente carnal? Estou aqui para louvar a Deus, para vos amar, acalentar-vos e dizer-vos que me alegro com todas as vitórias dos meus filhos e filhas.

Destaco isso para poderdes compreender que cada vitória é uma liberação em vossa alma de um certo plano da consciência nos baixios da vida. Não podeis escalar o monte do amor de Deus, não podeis escalar passo a passo a mais alta montanha da santidade de Deus a não ser que a cada momento tenhais superado a força de atração da Terra, a gravidade, o ar rarefeito e todos os desafios que existem. Mas, acima de tudo, deveis superar os planos da consciência humana, planos de autolimitação, leis restritivas de mortalidade.

Se considerardes vossa vitória mais imediata, descobrireis que ela ocorreu na morada da mente consciente, no ponto em que vossa alma tocou a mente de Cristo e percebeu a grande concretização da própria Realidade Divina. Sob o Sol desta Realidade, dissestes: "Não preciso mais desta irrealidade! Não preciso mais deste eu obscuro. Não preciso mais deste ou daquele entrelaçamento com um estado de consciência inferior! Que tudo seja lançado na chama — e que meus verdadeiros amigos possam ser aqueles que são os amigos de Deus."

Dessa forma, um por um, passais pela vida. E deveis compreender que, se Jesus tivesse ouvido Satanás, ele, também, teria de enfrentar outra rodada, pois talvez tivesse sido derrotado naquela encarnação e talvez precisasse de outra longa vida ou outra encarnação.

Desse modo, foi necessário — embora ele já tivesse vencido antes mesmo de encarnar — receber o próprio inimigo na Terra, conhecê-lo pelo que ele era e é, provar a todos os seus irmãos e irmãs (que sois vós) que é possível receberdes, também, a marca de "cem por cento perfeito" neste desafio à vossa Divindade. E o desafio na quarta marca é também o desafio da chama da Mãe.

Agora, amados, no caso de Judas, ele não tinha essa mestria. Assim, naquele momento, na presença da aura magnética do Caído (o mesmo Satanás que tentou o Senhor), ele cedeu e não sustentou a verdade Crística que conhecia e já vira face a face.

Deveis notar a forma súbita e rápida como isso aconteceu. Em questão de poucas semanas, toda a sua consciência foi alinhada e polarizada para a traição. Uma vez que ele foi envenenado na própria mente, na morada da mente consciente, meu Filho não pôde fazer mais nada, a não ser dizer-lhe "O que fazes, faze-o depressa"[6] — deixa o teu ato cair pela ampulheta, para que possas ver as consequências a partir de então, e para que a tua mente possa ser limpa desta detestável substância do Caído.

Pois, à luz da precipitação física do pecado, acontece realmente uma limpeza do ar quando a vibração do veneno de algum modo perpassa o ato do pecado e se torna concreta, de forma que alguém possa olhar para ela com objetividade, sem mais contê-la na mente subjetiva e no coração.

Assim, também Pedro sucumbiu. Depois de tê-lo feito, viu claramente o erro de seu ato, percebeu o quanto havia sido enganado pela própria mente carnal e chorou amargamente.[7] Judas se enforcou devido ao remorso extremo[8] por um crime que, ao cometê-lo, o próprio Judas não teve objetividade para ver que estava verdadeiramente nas garras de Satanás.

Amados, portanto eu, Maria, afirmo-vos que a preocupação do meu coração é com as crianças de Deus que não estão à altura da tentação do morador do umbral — e nas quais, por haver um campo não cultivado na consciência, uma semente de dúvida pode ser plantada, uma semente de medo. O medo produz excessiva preocupação consigo mesmo e mudanças até mesmo nas funções físicas e corporais, em uma aceleração da consciência de sobrevivência e de autopreservação.

Desse modo, a consciência se torna enevoada, cada vez mais enevoada, e a escuridão se instala no céu. A contemplação de atos irrefletidos, considerados necessários até mesmo para a autodefesa, passa pela mente. No entanto, a origem disso é a própria morte. Do ponto do medo, passando por toda a gama da criação humana — que vos ensinei no meu relógio cósmico, onde estão esquematizados os carmas pessoal e mundial (veja p. 38 e 44) —, vereis que o medo pode ser a semente original que leva à própria morte, de alguma forma, mesmo que seja a morte da imagem do Cristo dentro da vossa alma.

Diante de tudo isso, se existe pesar na Sexta-feira Santa, é porque vejo que aqueles que deviam estar na próxima espiral da própria vitória sofreram derrotas em cima de derrotas, por se mostrarem ora quentes e ora frios. Eles não veem a si mesmos como um ioiô que vem e volta entre a influência do Caído e a influência do Cristo.

E, é claro, amados, estes dois, por serem tão diametralmente opostos, provocam uma enorme tensão — e a tensão reina sobre o indivíduo, e ele se balança para frente e para trás, para frente e para trás. E diz: "Preciso me livrar disso."

Não sejais enganados

Neste momento, muitos tomam a decisão de permanecer em seu ponto de dúvida e se mostram certos nessa dúvida — como se isso fosse conceitualmente possível — de que eles não serão enganados, nem ludibriados, nem rejeitados, para que sejam os primeiros a declarar que Cristo não é o Cristo e que, na verdade, a posição que eles escolheram é a verdadeira.

Bem, amados, isto é uma tragédia, mas acontece o tempo todo. Eu choro não pelos anjos caídos, e sim pelos que, sem saber, se tornaram suas ferramentas e carregam, em consequência disso, um carma enorme. Quando permanecem como instrumentos efetivos, tais indivíduos começam a sentir uma diminuição do poder da alma e da substância da alma, e sua identidade se torna cada vez menor. Pois, embora eles sejam as ferramentas dos caídos, os caídos se alimentam de sua luz. E sua prática invertida da comunhão busca, na realidade, roubar a substância das almas dos que pertencem a Deus, para devorá-las e, assim, prolongar a própria vida.

Isso ocorre por ninguém lhes ter oferecido a hóstia da comunhão ou o cálice de vinho em nome de Cristo. E então eles afirmam: "O que não recebemos por Lei, vamos roubar! Vamos matar por isso. Vamos cometer adultério por isso. Vamos profanar a Virgem. Vamos mutilar o Filho. Vamos atirar fora as Leis do Pai e vamos perverter a força do Espírito Santo."

Desse modo, amados, face à infâmia da Sexta-feira da Paixão e à maldição que os caídos colocaram sobre a Terra, alegremo-nos por Deus ser Real. E ele vai salvar todos, principalmente, os que estão perdidos ou quase perdidos, aqueles que estão nas garras dos que os tentam e talvez aqueles que já foram capturados. Por orações fervorosas, sabemos que o coração de Cristo que flui fisicamente através do vosso próprio é capaz de realizar milagres por meio da Ciência da Palavra Falada.[9]

Os eventos nos noticiários mostraram a força de nossos seminários, e o quanto a Palavra é eficaz... Há alguns que se mostram indecisos e querem minimizar essa vitória, e as muitas outras que estamos vendo. Eles não compreendem que *essas* vitórias marcam o ponto da reversão da maré, da reversão daquele *momentum*. Eles alcançaram a marca e não vão recuar, se compreenderdes que eles realmente *fogem* — estão em uma corrida desabalada e, portanto, esta é a hora de atirar sobre eles, com ajuda dos poderosos arcanjos, aquele *impulso*, aquela *energia* e aquele *ho-ho-ho*, a poderosa risada das hostes do Senhor, que penetra no próprio núcleo da consciência de irrealidade e no Mal manifestado que está presente.

Compreendei a estratégia da vitória

É muito importante compreender a estratégia da vitória. Quando destes um golpe em nome do Senhor, como o fizestes, e os caídos fogem, é importante persegui-los com mais decretos dinâmicos. Pois, se eles fogem e sentem que ninguém os persegue, logo vão parar de correr. E se mais uma vez acharem que ninguém está olhando, vão tentar se reagrupar e reconquistar o que haviam perdido.

Portanto, precisamos ter uma ação continuada e organizada em nossos grupos de estudo, centros de ensino e junto a cada indivíduo. Precisamos ter uma percepção cumulativa do que enfrentamos, e não permitir que as fogueiras do acampamento se apaguem e para que o inimigo não pense que não estamos mais atentos.

Longe disso. Estamos atentos e em movimento! Há muito progresso e muitas razões para a vitória nesta hora. Mais um motivo para estes traidores, inclusive os da Mãe e do meu coração, mesmo os dos mensageiros e dos ensinamentos, aproveitarem o momento e a oportunidade para tentar agredir essa expansão, que se tornou uma poderosa liberação de luz — como os fogos de artifício na primavera, como a canção da aurora boreal e os céus do norte, que esperam a vinda das crianças do Sol.

Sim, estou pesarosa por aqueles que recebem as sementes dos agressores, que se tornam enraivecidos, cujas auras se invertem, e as trevas que existiam neles é multiplicada por dez ou por cem devido à sua aceitação do morador do umbral planetário, multiplicando então o seu morador do umbral pessoal.

Deveis compreender então, amados, que o confronto direto com aquele que se chama Satanás pode vir a vós sob qualquer disfarce, e isso servirá de aviso como se fosse o próprio Maitreya vos entregando a prova de iniciação — a iniciação através da qual deveis enfrentar o adversário interno e destruí-lo, a fim de que ele não vos pegue com a guarda abaixada e ache algo em vós,[10] algo que não deveria estar lá.

Deveis vos esvaziar. Deveis deixar que o Senhor vos preencha por completo! Deveis deixar que Jesus preencha o vosso eu esvaziado com alegria e deveis deixar que a alegria dele preencha com todas as necessidades humanas, até serdes libertados destas necessidades e chegardes a outro plano, no qual percebereis com amor e compaixão que existe uma necessidade maior em vossa vida, uma necessidade que vai substituir a que passou. Será a vossa alma ansiando pelo verdadeiro companheirismo de Cristo, o amigo de vossa vida.

Deveis tornar-vos amigos dele como jamais o fizestes com ninguém. Quando segurardes a mão dele, apertai-a com força. Mas não espereis que ele aperte a vossa mão de volta ainda com mais força. Deveis compreender que deve haver uma vontade no aperto, uma determinação de acompanhá-lo onde quer que ele vá e onde quer que ele possa vos levar.

Meu outro pesar para a Sexta-feira Santa é ver o contínuo aumento do fardo de nossos devotos abençoados e de nossa mensageira. Asseguro-vos, porém, que o meu pesar é ainda maior pelo traidor. Porque, afinal, os filhos de Deus vivem na Terra para a manifestação da luz que contrasta com as trevas. Eles anseiam por estar na linha de frente deste confronto. Eles esperam e compreendem isso, e esse é o caminho que os conduz à vitória.

A força que o filho de Deus tem para superar tudo é a maior alegria da Sexta-feira Santa. A maior alegria da Mãe é a constatação de que aquele que é Cristo se torna outro Cristo que vai iluminar o mundo — pois "enquanto estou no mundo, EU SOU a luz do mundo".[11]

Uma unidade física com os santos do céu

Eu, Maria, digo-vos isto para que possais compreender que Jesus, Saint Germain, El Morya e os filhos do céu só podem funcionar como luz para o mundo se estiverem fisicamente no mundo. Portanto, deve existir uma unidade *física* do vosso eu com os santos do céu. E eles devem estar onde vós estais, do mesmo modo que o inferno se põe onde o céu está — com a diferença que isso ocorrerá por meio do magneto do amor, e não da guerra do irreal contra o Real.

Essa harmonia e unidade é aquele estado hierárquico legítimo que se estende por todo o cosmos e é então condensado e comprimido em um flamejante coração de diamante, um simples devoto, um simples chela inabalável que se torna o nosso ponto de entrada. E eu, Maria, falo deste coração deste chela, e digo-vos, em nome do rosário abençoado e da vossa oferta através dele: Enquanto eu estiver no vosso mundo e na morada da vossa consciência, EU SOU a luz da Mãe do Mundo através de vós!

Nas horas e nos momentos em que intensificais essa luz e esse chamado, somos um. Não há separação. Conheceis o Amigo, conheceis o Amante divino de vossa alma, conheceis a bem-aventurança dessa comunhão e sentis o fluxo do fogo que não é inteiramente o vosso.

É a vossa colheita das flores da primavera e da essência do coração de Cristo, e é o foco através do fogo de nossos corações, que reunimos como buquês de estrelas, corpos causais e margaridas das vossas adorações, que formam uma corrente através do céu e atravessam a noite como um relâmpago — no entanto, continua sendo a infindável corrente de almas, a infindável corrente de margaridas nos campos do Senhor.

Sim, tudo isso em vosso coração vos torna o porta-voz eficiente para a Grande Fraternidade Branca. Que seja assim.

Vamos coroar o Senhor com muitas coroas. Vamos colocar a coroa do amor de nossos corações sobre o Cristo uns dos outros. Vamos venerar juntos o Deus vivo e saber que, com a chegada da Sexta-feira Santa, e por Ele ter sido vitorioso, nada — nada mesmo — que venha das profundezas do inferno ou das alturas celestiais, poderá roubar vossa vitória!

E ninguém, corações abençoados, pode vos concedê-la. Deveis tomá-la em vossas mãos e entregá-la como um presente a Deus e a toda a vida. Vossa vitória é o assunto mais particular de toda a vossa existência. Vossa vitória é o ponto de comunhão no qual apenas o Um pode ocupar o terceiro olho e o coração.

Ó meu abençoado Rafael, ensina-lhes que o ponto da vitória está ao alcance da mão, para ser *agarrado*! Mostra-lhes a vitória das almas que partem hoje e seguem para os retiros mais elevados — almas cujas vidas foram bem vividas na busca de Deus, e que agora terão abertos diante de si os portais do céu para a continuação do seu estudo e da sua experiência nos retiros da Fraternidade — e assegura-lhes que eles também poderão ter sua hora e seu dia de vitória na Terra. Não permiti que ninguém tome a vossa coroa,[12] a vossa oportunidade de vitória.

Não aceitaremos uma vitória pela metade, nem vós o aceitaríeis. Eis por que tantos desejam voltar, reencarnar a fim de "fazer certo" e deixar um registro que incentivará todos à luta em busca do mais elevado e do mais nobre em cada um.

Sou uma mãe de vosso coração. Sou uma organizadora, uma administradora, uma sacerdotisa, e também lidero exércitos dos céus. Talvez me conheçais em um ou em muitos dos meus cargos mas, acima de tudo, lembrai-vos de que vos presto assistência na vossa senda do gerenciamento e da organização de vossa vida — na determinação de prioridades, no uso das horas e da vossa força durante o dia. Pois, quando a noite chega, nenhum homem pode trabalhar,[13] e esta noite pode ser tanto a noite escura da alma quanto a noite escura do Espírito.

Nas horas da iniciação, quando tiverdes de lidar com toda a consciência e carma planetário, gastareis toda a vossa energia com essa iniciação. Portanto, apressai-vos a fim de completar o trabalho de vossa vida, para que um dia, quando fordes chamados — sempre de forma inesperada, como chegam os ladrões noturnos e como chega o noivo —, possais compreender que Maitreya vós chamará e estareis prontos, e outros poderão dar continuidade ao que começastes.

Lembrai-vos também da forma súbita com que é lançada a semente da traição e a virada da consciência. Também são súbitos o Encontro Divino e a conversão ao Cristo. Todos

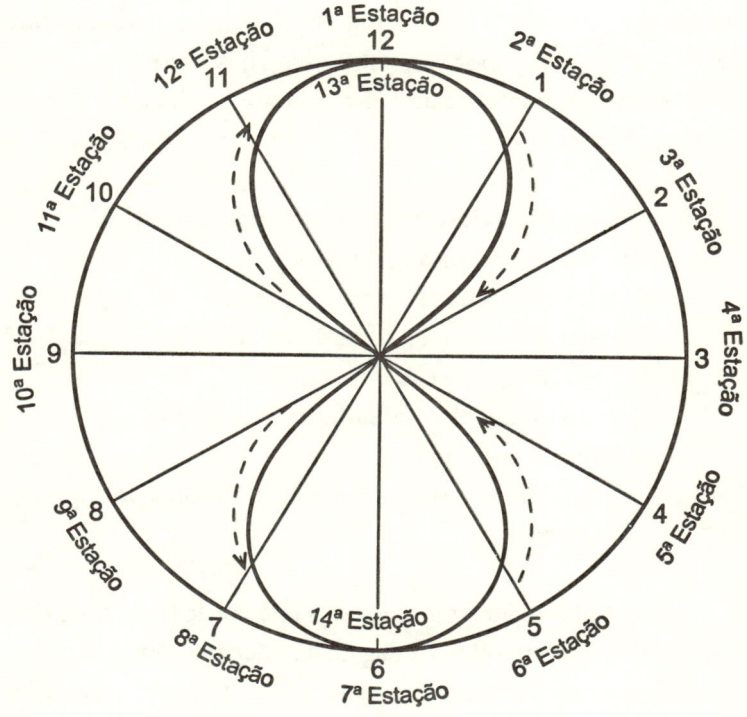

As 14 Estações da Cruz nas linhas do Relógio Cósmico

testemunham que foi como se algo muito poderoso tivesse entrado em seu mundo, algo ligado à ordem absoluta das coisas — o Bem absoluto ou o Mal absoluto.

Tais forças existem. Embora vós não possais vê-las, podeis enxergá-las claramente nas consequências que trazem à vida dos homens e nas escolhas que eles fazem. Algo vindo de fora, algo vindo de dentro — a química muda e uma nova identidade aparece.

Que nesta Sexta-feira Santa a vitória do vosso amor veja manifestado em vós, através das 14 estações,[14] a multiplicação da vossa luz pela luz do Cristo.

Abençoados, se os novos lírios da santidade não aparecerem a cada Páscoa, a caminhada até o Gólgota terá sido em vão. Ele não passou por tudo aquilo apenas por ele, mas por *vós*, meus filhos, por cada um de vós. Desse modo, deixai vossa própria vida ser o foco de luz que ele vai multiplicar.

> Que o Cristo Cósmico apareça onde estiverdes!
> Que Maitreya *esteja* onde estiverdes.
> Então vereis Maintreya aqui e Maitreya ali.
> Vede, o reino de Deus está dentro de vós!
> De todos vós e de cada um de vós!
> E eles não saberão onde Maitreya apareceu,
> Porque ele está em toda parte —
> Em toda parte nos corações dos discípulos de
>   Cristo.

Assim, todos estão errados e todos estão certos — e ninguém está errado nem certo. Pois a imagem de Maitreya como uma pessoa de carne e sangue é errada, mas a negação de que Maitreya vive no coração de uma pessoa de carne e sangue também é errada.

Sede a luz encarnada! Sede o Escolhido! Sede a universalidade dos Seres Crísticos, e que todos se tornem lírios nos campos do Senhor — assim no Alto, nos Campos Elísios, como embaixo.

EU SOU Maria, a Mãe do lírio dentro de vós,
sempre e para sempre.
Amém.[15]

Maria

Venho, então, para nutrir todos os aspectos da luz da Mãe. Do mesmo modo que vos disseram que os sete raios possuem sete aspectos da luz Crística, deveis compreender que, mesmo que todos aspirem se tornar a Mãe, nem todos alcançarão o mesmo desígnio, pois nem todos serão moldados pela mesma forma.

Maria

Mantendo a vigília

Meus amados corações de luz, corações da chama viva:

Acabei de visitar a Missa do Galo em todo o mundo, passando por todos os fusos horários do planeta, até chegar aqui para fazer a vigília da meia-noite.

De onde quer que os corações tenham me invocado esta noite, respondi. Sempre que eles rezaram para o menino Jesus, enviei uma resposta às suas preces — uma resposta talvez diferente da esperada, mas, mesmo assim, uma resposta.

Amados, deveis entender neste momento que meu serviço na Terra está ligado diretamente ao chamado feitos pelos devotos; e o chamado mais frequentemente ouvido, como bem o sabeis, é a Ave-Maria.

Tem havido muita controvérsia com relação ao cargo da Mãe de Deus, confundindo o cargo com a minha pessoa, argumentando que nesta saudação, de algum modo, o humano é tornado divino.

Pois bem, amados, deixai que eu vos conte exatamente por que razão a tradição de invocar meu nome teve início. Não foi por causa da minha pessoa, foi por causa do meu cargo, o cargo

que ocupo como arqueia do quinto raio. O amado Alfa conce-
deu a este cargo autoridade para intercessão divina. O chamado
a mim é respondido por milhões de hostes do SENHOR que carregam a chama desse cargo, que cuidam das funções do cargo e
descem à Terra para socorrer almas em meu nome.

Assim, o apelo a Maria, conforme aprendestes, é um apelo
ao raio da Mãe. Mais especificamente, é um chamado cien-
tífico a meu ponto de contato com a divindade de nosso Pai
e de Brahma — e também da Palavra, na qual igualmente
me transformei.

Abençoados, deveis compreender que o chamado feito a
mim é, como sempre foi, uma via de acesso ao computador
cósmico da Mãe, da própria Virgem Cósmica. Portanto, a minha Presença Eletrônica, por meio da dispensação de nosso
Pai, pode estar presente em um bilhão de locais em todo o
mundo, ao mesmo tempo.

Digo-vos isso para poderdes compreender que eu também
recito a Ave-Maria, pois adoro a Unidade, a Fonte, o Deus
como Mãe. É a manutenção da chama da Mãe e da senda em
que me sobressaio e da qual sirvo de exemplo que leva à reintegração dos mundos.

Digo-vos, entretanto, que a negação — seja do meu cargo
ou da minha pessoa — resultou em uma vela que se apagou,
dentro do movimento Protestante. Pois o EU SOU que é o EU
em mim, a quem o SENHOR DEUS deu a missão (que vos foi recentemente explicada)[1] de manter o cargo da Mãe — é o único
ponto dos quatro que desce abaixo do nível do coração.

Recebestes este ensinamento. Brahma, Vishnu e Shiva — o
poder muito forte do Pai, do Filho e do Espírito Santo que
reside na chama trina — só podem descer até o ponto dessa
chama e dessa perfeição. A Mãe, porém, desce pela escada em

espiral, até o porão escuro do corpo astral, do plano astral e do cinto eletrônico, onde deverá encontrar também o morador do umbral e ter a mestria de atar esse morador temporariamente — a fim de alcançar a alma, pregar para a alma, estender a mão e levá-la rapidamente para cima, pelo mesmo lance de escadas, até chegar à câmara secreta do coração, na qual a alma poderá ser instruída por Cristo, Buda, Krishna e pela Chama eterna.

Subi por essa escada

Desse modo, se as almas me ouvirem quando eu desço, confiarem em mim e subirem comigo pela escada, grande progresso se fará. Pois em meu cargo de Virgem Cósmica eu mantenho acesa a chama, coloco a minha Presença Eletrônica em torno de cada alma como panos envolventes feitos de luz, a fim de que ela possa ter a sensibilidade e o desenvolvimento dos sentidos do Espírito e dos chakras, com os quais perceberá e compreenderá o que o Pai ou o Filho ou o Espírito Santo tiver a lhe ensinar.

Quando a aula terminar e a alma tiver obtido iluminação com relação a seu destino, seu carma e sua razão de ser nesta vida, será como se a alma tivesse estado no alto da montanha; mas esta montanha é o local no Monte Sião, o local da poderosa chama trina e o local do Cristo do coração. Então a alma deverá descer novamente pela escada, e eu a acompanharei pela montanha abaixo, até chegamos novamente aos vales e planícies.

E a alma agora compreenderá que existe um mundo de *maya* e de ilusão, e também um mundo de Realidade. E o doce sabor da Realidade, como o néctar do Buda, tornar-se-á algo que a alma acalentará, do qual se lembrará e pelo qual ansiará.

Essa lembrança também vai lhe dar equilíbrio, força e recursos internos na hora da descida do carma, do Ciclo das Trevas, ou mesmo da noite escura da alma. Assim, como podeis ver, existem alguns que enfrentarão a adversidade com essa Rocha do Cristo interna. Isso acontece porque eu os levei até este Cristo e eles receberam uma transfusão do fogo sagrado para os séculos à frente.

Alguns já passaram dez mil, cem mil anos a partir de um único encontro, no qual, pela confiança na Mãe, eles visitaram o coração de Cristo e mantiveram o fogo que lhes foi fornecido. Desse modo, podeis compreender as palavras do meu Filho: "A minha graça te basta."[2] Ela é realmente suficiente para um milhão de anos ou mesmo para todo o período de tempo da descida aos planos da Matéria.

A reforma

Amados, com a chegada da revolta protestante, iniciada pelo próprio fogo do inferno por intermédio dos anjos caídos, podeis ver o apagar da chama da vela da Mãe. Pensai na escuridão que tomou conta da Terra à medida que as velas da Mãe foram se apagando, uma a uma, e eu mesma fui expulsa das catedrais do norte da Europa e da Grã-Bretanha.

Deixou de existir nesses lugares a reverência à Mãe, e ela se tornou novamente uma jovem comum, inculta e ignorante a qual, por acaso ou por escolha aleatória de Deus, se tornou a Mãe do Cristo, sem ter nenhuma virtude pessoal em particular, simplesmente por uma ordenação ou uma concepção imaculada.

Deveis ver que aqui não existe apenas a negação da Mãe, mas também a negação de sua senda, da escada em espiral e da saudação à Mãe quando ela aparece. As pessoas que são doutrinadas desse modo, externamente, muitas vezes também sofrem internamente quando visitadas pelos meus anjos. Outras, no entanto, nunca perdem o seu amor interno, pois me conheceram como amiga, Mãe, irmã ou mesmo menina.

Desse modo, abençoados, nesse grande mistério da Palavra da Mãe, devo dizer-vos que a restauração da vida na Terra depende da saudação diária ao raio da Mãe. Se não tendes tempo ou local para fazer o rosário, peço-vos que pelo menos esse mantra, a Ave-Maria, esteja em vossos lábios quando tendes que esperar aqui e ali, entre este horário e aquele, quando estais caminhando pelas ruas ou indo de um lugar para outro.

O mantra, em sua forma simples, pode ser declamado sem o ritual completo, pois ele estabelece a porta aberta através da qual posso não apenas entrar no vosso templo e ficar morando lá, mas também utilizar o vosso cálice, fornecido em pureza, para servir a toda a vida. E posso também descer a escada, se necessário for, a fim de ensinar à vossa alma, no chakra da alma, mesmo que a vossa alma jamais tenha verdadeiramente se elevado até o coração de Cristo, ou mesmo que ela tenha ido até lá apenas através do manto da mensageira e dos ditados dos Mestres Ascensos.

Deveis compreender, portanto, que o cargo de mensageira existe para ser o foco da minha chama, guiando-vos através das câmaras escuras e dos desfiladeiros da noite, segurando uma tocha, mostrando o caminho mais seguro, por entre os dilemas da criação humana. Nosso desejo, o desejo da Grande Fraternidade Branca, é que pela mestria de vossa alma vós possais ser capazes de subir pela escada que sai do chakra da alma, sobe pelas iniciações do plexo solar até o coração e segue então até a câmara secreta do coração.

Deveis compreender que a jornada até o coração a partir da morada da alma é a passagem pelo turbulento ponto de ancoragem do corpo astral no plexo solar — por meio de todos os registros de emoções violentas, distúrbios, fardos, carma e assim por diante. Não é de espantar que algumas almas não sigam adiante, pois os que tentaram tiveram de enfrentar os mais severos obstáculos.

Isso tudo é observado na estrada da vida. Alguns interpretam tais adversidades como carma. Nem sempre elas são carma. Às vezes podeis ver calamidades acometerem os indivíduos unicamente pelo fato de eles amarem tanto a Cristo que querem mais uma vez se arriscar a ir em frente; e, sem a mão da Mãe encarnada, mal conseguem suportar o que desce sobre eles sob a forma de registros de seu próprio passado.

Por conseguinte, todos os membros da Grande Fraternidade Branca, todos os Mestres Ascensos e todos aqueles que nasceram avatares, como Jesus, vieram para ser a Mãe encarnada. Quanto a vós, não importa se são homens ou mulheres na forma, sois a Mãe porque estais aqui em vosso labor sagrado, no sexto sacramento do servo ministrante e no casamento, para guiar almas pelo labirinto das áreas e dos níveis de consciência onde eles encontram o maior dos perigos, fardos, todos os tipos de acidentes, doenças e tragédias terríveis das quais a vida na Terra é herdeira.

A abençoada Kuan Yin se tornou conhecida como a Salvadora do Oriente, desempenhando as mesmas e idênticas funções que eu desempenho, embora cada uma de nós traga para o cargo da Mãe nossas próprias mestrias e experiências passadas, as quais são diferentes devido a nosso serviço em diferentes raios.

A onda senoidal da lei do carma

Amados, todos os Mestres Ascensos do céu planejam e têm esperança de alcançar as almas onde quer que elas estejam, movendo-se em direção ao Sol central do Ser. Com relação àqueles que estão espiralando para fora do centro devido a doutrinações errôneas, pelas drogas ou pelo terrível ritmo da música rock, tentamos convencê-las por todos os meios e formas imagináveis (e algumas outras que jamais poderíeis imaginar e que são segredos do céu), a levar suas almas rumo ao Sol de seu próprio Cristo Pessoal e caminhar nessa senda, não de forma desordenada, mas de acordo com a onda senoidal da lei de seu carma.

Essa onda senoidal traz a eles o ritmo da descida de Ômega, a qual, por sua vez, dá o ímpeto para a ascensão de Alfa, e essa ascensão de Alfa lhes dá o impulso para a descida — como quando estais em uma montanha-russa e sentis o *momentum* ganho na descida para impulsionar a subida.

Se compreenderdes vossa vida nestes ciclos, podereis verificar que os picos do Monte Sião, do contato com Deus, da aceleração da luz, serão seguidos pela descida, quando toda a luz acumulada se tornará um impulso, até os níveis em que criastes carma, onde tereis então de retornar à cena desse carma, levando a luz, sem perder o *momentum* no processo de ofertar essa luz — sem gastá-la de todo, mas oferecendo o que é requerido por lei, de forma a deixardes reservado combustível suficiente para uma nova ascensão ao ponto de Alfa, a fim de uma nova recarga e reabastecimento com luz, até a nova descida.

Este é o grande mistério da jornada da alma até o centro do coração. Aos poucos, a alma que entra em união alquímica com Cristo vai acumulando mais e mais da luz de Cristo nos cen-

tros inferiores, até que todo o carma é transmutado, o morador
é atado e lançado fora, o fogo sagrado da Kundalini é elevado
sem perigo, pois já não vai mais entrar em contato com o carma
turbulento, com registros e cargas de substâncias desqualifica-
das que possam provocar uma alquimia diferente e muitas vezes
uma reação violenta, no caso de essa Kundalini ser forçada.

Aos poucos, conforme podeis ver, com a alma ascenden-
do e descendendo na escada em espiral, há a iluminação; os
chakras inferiores se tornam tão limpos e purificados quantos
os superiores. E cada indivíduo, então, se mantém no centro
do poderoso fluxo da figura em forma de oito, e a luz do corpo
causal pode descer. E ela pode descer porque a Presença do EU
SOU e o Cristo Pessoal, o Pai e o Filho, vêm fazer a sua morada
no templo do discípulo amoroso e obediente.

Portanto, dia após dia e pouco a pouco, experimentais o in-
cremento de fogo. E à medida que tornais a fazer a jornada pelas camadas ainda não transmutadas, mantendes a harmonia,
guardais a consciência, não vos permitis engajar em desarmo-
nia. Nenhum dos vossos chakras, dos vossos sentimentos, emoções e pensamentos se ocupam da irrealidade que está sendo
consumida. E, desse modo, preciosos, vos tornais vitoriosos.

Uma vez que a vossa criação humana verificar que não
há nada que ela possa fazer para vos incitar, aborrecer ou
engajar, nada que possa fazer para que acrediteis na mentira
ou na ilusão, ou que possa vos tornar pesados com os registros
da dúvida, então ela acaba desistindo. Não manifestará mais a
ferocidade do animal, embora veja o fim chegando e sinta as
agruras da morte — enquanto permaneceis vigilante.

Por meio de vosso chamado, o Arcanjo Miguel e os poderosos arcanjos atam o morador enquanto vos manteis firmes e
contemplais a salvação do vosso Deus em vosso próprio tem-

plo vivo, e vos tornais na Terra um eletrodo do fogo vivo como aquele do SENHOR Deus acima que mora no Santo dos Santos, no coração da Presença do EU SOU. Este é o objetivo de vossa caminhada com Deus.

Não permitais que considerações menores tomem o lugar dessa senda, dessa compreensão, dessa vigília. Pois na mesma velocidade em que adquirirdes esta percepção da Mãe e esta Presença da Mãe, vós mesmos vos encontrareis alimentando as multidões e cuidando de milhões. Pois a chama da Mãe do cosmos vai fluir por vós como os rios de Água Viva[3] e muitos, muitos mais vão obter essa mesma força interna pela vossa presença na Terra.

Esses dias não estão longe de vós! Não deveis comparar a senda dos Mestres Ascensos e da Grande Fraternidade Branca a qualquer outra senda, do Oriente ou do Ocidente. Não permitais que ninguém tome a vossa coroa[4] nesta hora. Que nenhum homem arranque o véu da santidade e a unidade da vossa vida com o Cristo vivo.

Compreendei, amados corações, que esta é a nova dispensação de Aquário. Ela não exige que se passem séculos, como no passado, para alcançardes essa união. Nem se trata de um processo que deva ser encarado sem seriedade. Do mesmo modo, não deveis perdoar-vos tão facilmente em vossas faltas de harmonia, como se elas não representassem nada.

Deveis consertar a ponte da consciência

A medida e a compreensão do que é violado quando perdeis vosso controle Divino e o quanto deixais de ganhar são, na verdade, necessários. Assim, é preciso não o remorso, nem a condenação ou a autopiedade, e sim mais empenho, estar alerta e se mostrar iluminado — é necessária não a rotina, mas uma inserção mais profunda e a determinação de ir até os lugares mais fracos da consciência, como se fôsseis um operário consertando uma ponte que atravessa os abismos do Himalaia, lembrando sempre que o vosso mestre vos disse: "O Buda está vindo! Ele vai passar por esta ponte. Deveis consertá-la para que ela não desabe durante a passagem dele. Há lugares fracos na ponte. Deveis encontrá-los. Deveis testar a ponte. Deveis consertar todas as falhas, para que quando o Buda passar possa fazê-lo com segurança e alegria."

Desse modo, a responsabilidade está em vossos ombros. Mas o Buda é vossa alma. Com toda a vossa engenhosidade, preparais o caminho para a passagem da alma e nesse processo deveis compreender, amados corações, que se deixardes um ponto fraco na ponte, um elo fraco na corrente, no momento em que a alma passar pelos mais severos exames, tentações e testes ela não vai ter a força para suportá-los, e aquele local na ponte, em particular, vai quebrar — e assim a alma cairá no abismo.

Eis por que nenhuma luz a mais, nem mestria ou nova iniciação vos poderá ser dada até consertardes a ponte para a travessia. Não nos arriscamos a dispensar a luz que serviria para iniciações mais avançadas nas quais poderíeis ser reprovados.

Portanto, o vosso impedimento, como podeis ver, tem relação com a vossa criatividade, com a vossa sabedoria e com o vosso cuidado em lembrar do que vos ensino hoje. Isso é muito importante para a jornada da vida — seja para o iniciado que caminha como servo ministrante, seja para o casal casado, a família, ou a criança. O casamento não vai ser feliz, o labor sagrado será abandonado a meio caminho, a criança não vai alcançar todo o seu potencial e o empreendimento vai falhar se não cuidardes, antes de mais nada, dos pontos fracos.

Já sabeis onde sois fortes, pois seguis a vossa mão direita e os vossos pontos fortes. Portanto, deveis examinar o que está faltando, sempre em busca da abrangência esférica, expressando a vossa força em cada signo do relógio.[5]

Este aviso é feito para a vitória da Igreja e da comunidade. Agora, cada um de vós é uma tábua da ponte, um fio da corda. Sereis o elo fraco por cuja falha a comunidade vai se partir ou desabar, a ponte pela qual o Buda não poderá passar, para não pisar no ponto fraco?

Deveis dizer para vós mesmos: "Eu sou tão importante quanto qualquer outra parte da ponte. Quando o Buda passar sobre mim, eu serei capaz de manter a harmonia e a integridade da ponte, ou serei o elo fraco?"

Não desanimeis diante da possibilidade de serdes o elo fraco! Simplesmente elevai a tocha da Mãe. Fazei o chamado, pois é para isso que existe a Mãe-Instrutora, em todo o universo da Matéria. Ômega está em toda parte, e EU SOU e estou em toda parte na consciência de Ômega.

O cargo da Mãe do Mundo é o manto usado pela mensageira. O instrutor, na pessoa da Mãe Sanat Kumara, está disponível para vos ensinar a consertar as falhas na ponte da consciência, para revelar-vos as fraquezas, e insistirá sem parar até achardes que não podereis aguentar nem mais uma rodada sequer de correções ou instruções sobre aquele mesmo ponto, sobre aquele mesmo velho parafuso enferrujado.

Mas eu vos asseguro que a Mãe jamais vai vos deixará em paz até ter certeza de que o ponto fraco foi fortalecido, consertado e vai aguentar o passo poderoso do Senhor do Mundo.

Podeis perceber que a Mãe não se preocupa com os pontos fortes. Ele não se preocupa com eles. Estes são as vossas velas, que os ventos do Espírito Santo utilizam diariamente para vos levar em frente. Essas forças pertencem a vós, e quando tendes a certeza de possuir mestria nelas não precisais de elogios nem constantes incentivos, pois conheceis vossa tarefa e a desempenhais bem.

A fórmula da vossa vitória

Deixai que a Mãe, com toda a sua ternura — e aqui eu me refiro às chamas da Mãe por todo o universo —, deixai a Mãe encarnada nessa chama vos ensinar. Não precisais temer esse encontro. Pois, abençoados, eu digo em uma só voz com o meu Senhor: "Contemplai, eu vim rapidamente e a minha mensageira está comigo! Também comigo está a fórmula para a vitória. A fórmula para a vossa vitória é Cristo, o Senhor, cuja encarnação eu louvo nesta hora."

Então, seres abençoados, os seres do fogo, do ar, da água e da terra, anjos do fogo sagrado, proclamam sua chegada! Pois verdadeiramente, pelo fato de Jesus Cristo ter nascido, a evolução Adâmica tem agora a porta aberta para a vida eterna.

Pois desde o princípio até o fim EU SOU Ômega. Vim agora para reivindicar todas as sementes de Abraão e toda a descendência de Sete. Portanto, amados corações de luz, anuncio-vos a hora da jornada de volta para casa de toda essa onda de vidas em particular conhecida como evolução Adâmica — devido à semente dessas chamas gêmeas. A hora chegou. Alegrai-vos pelo nascimento do Salvador e pela chegada da Mãe, pois por intermédio deles o Cristo surge em vosso templo.

Ó noite santa do retorno do fogo sagrado de Sanat Kumara à Terra, EU SOU a virgem vestal! Para sempre e eternamente eu carrego a luz e o cargo de Mãe.

Sendo assim, invocai a Ave-Maria e as forças da Maternidade cósmica descerão para a salvação deste planeta. Que a luz da Mãe e da Ave-Maria voltem às nações da Europa e especialmente ao coração da Alemanha, para a unificação dos corações de luz, como fundamento sólido da construção da nova nação sob o Deus único.[6]

Em nome do Pai, do Filho e do Espírito Santo, eu, Maria, envio esta chama ao coração de Alfa em nome de Ômega, mantendo o registro de todas as correntes de vida que agora escutam a minha Palavra, estão aqui sentados nesta plateia e que ouvirão a minha Palavra para sempre nas gravações desta mensagem.

Uma olhada no interior do céu

Agora, para que possais dar uma olhadinha em como é o céu por dentro, devo contar-vos que já sabemos de antemão e já determinamos por antecipação essa oportunidade para toda corrente de vida que ouvir este ditado, nestes dois mil anos de dispensação. Amados, isso não é predestinação, é um cálculo baseado no livre-arbítrio!

Selo-vos no mistério de vosso destino. O que foi previsto pode ser realizado. Cumprireis isso?

Amados, segui adiante e conquistai em nome do EU SOU O QUE EU SOU, Amém. Ao enviardes as vossas chamas para Alfa, deixai-as levar também vossos sonhos e esperanças, pois Alfa verdadeiramente adora ouvir a respeito dessas vossas esperanças e sonhos...

EU SOU Maria, Mediadora para as nações. Desejo o selamento das nações no fogo sagrado do amor — amor que é o raio rubi, que ata todos os demônios que se opõem ao Cristo vivo, que escravizam e oprimem os meus filhos e lhes negam o meu coração.

Desejo ver a devoção à Mãe... pois eu vos asseguro que é a chama da Mãe na Terra, consagrada em todos os vossos chakras, que derrotará toda a justaposição de conflitos nucleares e tudo aquilo que vos desafia tanto ao considerardes a responsabilidade de colocar uma criança no mundo. Essa devoção existe para tornar o mundo mais seguro para vossos filhos e as gerações futuras.

Tendes juros garantidos sobre este investimento, e cada um de vós deve deixar como legado à geração seguinte uma porção da própria Cristicidade. E sois vós, sob a forma dessa luz Crística, que vivereis para sempre nessa evolução. Portanto, isto vos diz respeito. E assim, deveis amar.

Na plenitude da alegria, deixai soar os sinos de casamento das noivas de Cristo!

Deus vos abençoe, amados. Um feliz Natal
na alegria de vosso Senhor.[7]

Maria

*Colocada de forma simples, sem a chama da Mãe
manifestada como ciência sagrada, como Verdade
e como Lei, a humanidade não pode sequer aceitar
o potencial que a semente possui de se tornar um
imenso carvalho.*

Maria

A continuidade do ser

"Vinde rezar comigo"

Amados do meu coração,

Venho até vós hoje na plenitude do meu cargo. "Maria" é como me chamais — e hoje me chamastes aqui. Também devo obedecer à Lei de Deus, devo estar onde minhas crianças, meus filhos e filhas estão.

Este Círculo de Luz que formastes[1] demonstra a consciência determinada, de vossa parte, em serdes as servas do SENHOR, a vossa Presença do EU SOU. Oferecer-vos a Deus, como eu me ofereci, só poderá gerar o fruto de Cristo dentro de vós.

Fazei nascer então este Cristo, nesta temporada, como o mais Verdadeiro Eu que sois. Oferecei-lhe as boas-vindas ao vosso templo, como a Realidade de vós mesmos, e caminhai de mãos dadas com o vosso irmão, meu Filho Jesus.

Coloco-me fisicamente [nesta cidade]... através deste templo, o corpo da mensageira, com os chakras purificados, e também os vossos. Pois a radiação da Mãe que eu trago de Deus é verdadeiramente a cura para todos os males internos e externos.

Vosso desejo por integridade é inteiramente satisfeito pelos decretos dinâmicos

Venho dizer-vos que já vi e ouvi vosso desejo e vosso anseio pela integridade, pela obtenção da paz em vossa vida, pela melhoria dos vossos entes queridos. Asseguro-vos que a fonte de cristal limpo da Água da Vida desce sobre vós no instante em que escolheis girar a torneira e abri-la por intermédio da afirmação da Palavra.

Os decretos dinâmicos dados pelos Mestres Ascensos para seus estudantes são eficazes quando os preencheis com o vosso amor e a vossa fé, quando os tornais a comunhão muito pessoal entre o vosso coração e o coração de Deus, compreendendo que eles são a ciência sagrada que está sendo concedida a vós nesta era para prevenir guerra nuclear, aniquilamento de almas, perda de vossa própria identidade ou qualquer outra calamidade, pessoal ou nacional.

O poder de cura de Deus está dentro de vós — em vosso Eu Verdadeiro, que é Deus. Não deveis buscá-lo, então, na mera consciência humana, e deveis saber que o poder é a centelha divina em si.

Descobri a vossa missão por intermédio do fluxo principal de propósito cósmico

Muitos de vós esperaram durante muito tempo pela oportunidade de descobrir a vossa missão. Muitos de vós pensaram tê-la descoberto há muitos anos, quando encontrastes os ensinamentos, mas até hoje não mergulhastes no fluxo principal desse propósito. Falo convosco e também com todos os que buscaram e agora precisam lidar com as exigências de achar o caminho verdadeiro da senda pessoal.

Aconselho-vos do ponto de vista da compaixão e da pratici-
dade. Aconselho-vos a não provocar uma reviravolta em vossa
vida, pois a Verdade não vem com essa finalidade. Deveis absorver a luz passo a passo. Deveis saber reconhecer o momento
em que ela está plantada com firmeza dentro de vós, e deveis
saber o momento em que o vosso eu foi despido de inadequa-
ção, densidade, ideia errônea ou hábito indesejado.

Amados, alguns dos que receberam a Lei não perceberam
a trave nos próprios olhos,[2] se mantiveram e permaneceram
por muito tempo com um sentimento de autodepreciação, e
deixaram de observar o rápido movimento das águias que se
ajuntam onde o corpo de Cristo está.[3]

O conhecimento da lei traz a responsabilidade
pela mudança

O conhecimento da Lei traz a responsabilidade pela mudança e
não deve promover o acomodamento em uma situação humana
confortável. Apesar disso, esse conforto pode ser também uma
espiral que se move. Uma pessoa pode se tornar confortável em
Deus pela força do hábito, do mesmo modo que antes estava
acomodado, também por hábito, na consciência humana.

Aqueles que vêm pela primeira vez à fonte bebem dela livre
e alegremente e se sentem limpos pelas Águas da Vida. Quando chegam os problemas mais graves do coração e do subconsciente, porém, eles não se mostram tão simples. Portanto, deixai a chama violeta saturar, envolver, suavizar e limpar todos
os bloqueios subconscientes que impedem o fluir do poderoso
Rio da Vida dentro de vós.

Falo-vos agora seguindo o ditado do meu Filho Jesus...[4]
Com grande sinceridade no coração, emoção na alma e

compaixão pela Terra, ele pediu aos discípulos que seguissem a senda que chamou de sua, a fim de manter o equilíbrio contra as condições mundiais que descreveu — ainda desconhecidas para a maioria das pessoas, embora fosse da maior necessidade elas serem resolvidas, circunstâncias das quais hoje em dia sabeis, a ameaça à vida representada pela má utilização da energia nuclear e outras condições ainda desconhecidas por vós, que ameaçam as nações neste exato momento.

Posso apenas repetir o chamado e rogar em nome dele para todos e para cada um de vós, para que buscais alcançar a estrela mais elevada do vosso propósito na vida, e para que vos ofereçais em vossas famílias e em vossas comunidades, a fim de atrair esta luz maior que sentistes — ou talvez ainda não sentistes, embora ela tenha passado através de vós hoje — para uma limpeza, uma purgação do planeta e depois uma cura.

Limpeza, busca da alma e a missão de resgate planetário

Precisamos limpar as toxinas do corpo político, da moldura de civilização e de todas as células do corpo físico antes que a luz da restauração e da integridade possa descer. Não negligencieis, então, a limpeza da mente, do corpo e do coração. Não vos esqueçais de vistoriar a alma, pois isso é necessário a fim de avançardes e serdes parte da missão de resgate dos anjos para salvar uma nação, um planeta e um povo, mas, acima de tudo, para salvar a vossa própria alma.

Abençoados, vivo na profecia de Fátima. Vivo em sua mensagem. Vou de porta em porta e de coração em coração batendo, pedindo que as pessoas venham e rezem comigo — invocar a chama violeta ou fazer o rosário ou os chamados ao Arcanjo

Miguel. Acima de tudo, rezai. Pois, por meio das vossas orações a porta aberta se abre ainda mais e os anjos começam a atravessar o véu, a fim de prevenir desastres e calamidades.

Desejo sussurrar uma mensagem suave em vosso coração, em cada um individualmente. Uma mensagem de conforto, de alegria e de direção divina. Esta mensagem está selada em vosso coração. E, embora talvez não consigais ouvi-la agora, ela vai desabrochar como uma rosa, para guiar-vos e vos servir de consolo nos dias que seguem.

Enviamos a nossa mensageira aqui para tocar em vós com uma luz, para vossa própria proteção e elevação. Nós vos trouxemos aqui para que possais conhecer o quanto sois amados pelos anjos e por Deus. Conhecendo esse amor, não o tomeis por certo, pois Deus pode amar-vos, mas pode ser que não ame os vossos maus hábitos. Assim, deveis entender que, nesse amor supremo, podereis deixar todas essas coisas de lado e vir ficar em união com aquele que foi devotado à vossa alma para sempre.

Segurai as mãos do Cristo Pessoal de vossa amada chama gêmea

Agora eu vos peço para que estendais as mãos a fim de receberdes as mãos do Cristo Pessoal da vossa amada chama gêmea, para que possais sentir a vossa contrapartida divina e conhecer a integridade da vida que uma vez conhecestes, no Princípio, e que tornareis a conhecer no fim de todos os ciclos.

Os anjos vêm vos guardar e guiar até o coração do vosso amor perfeito. Os anjos vêm renovar o amor pela amada Presença de Deus em vós. Que o vosso amor despejado diariamente possa fazer voltar para vós o grande amor dos altares celestiais.

Que possais conhecer a proximidade da Presença celestial e estendê-la àqueles que verdadeiramente sofrem por carência de afeição, de conforto e de iluminação da verdadeira senda do meu Filho.

Vossa senda até os retiros da fraternidade tornada conhecida por meio de *Os anos ocultos de Jesus*

Recomendo que estudeis *Os anos ocultos de Jesus*[5] a fim de obterdes a compreensão de vossa própria senda até os retiros mais elevados da Fraternidade, além da necessidade de seguir esta senda e aproveitar as vantagens de tudo o que oferecemos.

O mundo precisa enfrentar o fato de que existe muito mais na vida de meu Filho do que o Cristianismo ortodoxo aceita. Eles não permitiram que minhas crianças conheçam a verdade sobre sua missão e obra, e como essa missão e essa obra devem ser aplicadas a cada um de nós, ao longo dos séculos.

Assim, que possais tornar-vos arautos, em companhia dos anjos, da divulgação deste livro e da sua mensagem a todos os amigos e entes queridos, para que eles possam enfrentar o desafio de aceitar um Jesus que exige muito e oferece ainda mais, exigindo que cada um siga a senda do Autoconhecimento e alcance a Automestria.

Todas as coisas podem ser superadas onde estais e conforme ele demonstrou. Que seja revelado a vós que as dádivas estão aí, disponíveis, e os mesmos anjos que o confortaram vão também vos confortar agora.

Não será isso um testemunho da eternidade da vida — que os mesmos anjos continuem vivos, ministrando ao Cristo em vós? Não será isso uma prova da continuidade do Ser, o fato de serdes eternos em Deus, sem começo nem fim e ao mesmo tempo permanecerem por toda a eternidade no coração do Pai?

Ensinai as vossas crianças a conhecer Deus e tornai-vos Um em imagem e semelhança

Ensinai às vossas crianças que a vida apresenta uma grande oportunidade para elas conhecerem Deus e se tornarem um com ele, em imagem e semelhança.

Confortai uns aos outros em meio às agruras do carma.

Apoiai uns aos outros na luta contra a besta do ódio, contra todos os vícios dos quais vos tornastes presa, por força e complô dos anjos caídos em vosso meio, que buscam atar-vos quimicamente e de todas as formas, para vos privar do único verdadeiro amor e do abraço perfeito do vosso Cristo, de Jesus Cristo, da Presença do EU SOU e da chama gêmea.

No círculo de nosso amor, recebei agora o toque de todos os amados de todas as eras, perdidos ou esquecidos, e sabei que jamais estivestes separados, pois sois um só, e todos estão unidos em planos internos, a fim de salvar o planeta.

A grande necessidade dessa hora é trazer à atenção física dos portadores de luz na Terra a disponibilidade imediata da luz por meio da Ciência da Palavra Falada.

Posso vos assegurar que, se dezenas de milhares de pessoas invocassem a chama violeta diariamente, a mudança que ocorreria no planeta seria tão fenomenal que não apenas iríeis vos perguntar para onde foram os problemas, mas até mesmo esqueceríeis que eles existiram.

Portanto, sede um divulgador do conhecimento divino. Em companhia de Melquizedeque, do Eclesiastes e do Senhor

Cristo, e também de Enoque e Elias, tornai-vos pregadores do
que é justo por meio do exemplo, do amor, falando quando o
Espírito Santo fala por vosso intermediário e permanecendo
calados quando isso não acontece

EU SOU a Mãe de todas as Crianças de Deus

Eu sou a Mãe de todas as Crianças de Deus, não só dos cató
licos. Sou uma videira nova, uma mestra no céu que representa a Mãe divina. Muitas também representam esta Mãe.
Eu também pertenço ao reino angélico, sou a contrapartida,
o complemento do Arcanjo Rafael, que mantém o equilíbrio
para mim como minha chama gêmea sempre que eu desço
à Terra por amor à alma de Jesus, para tecer para ele os panos envolventes, e para que ele possa tecer para si mesmo a
veste nupcial.

Por muitas vidas, eu fui sua mãe. Fui sua mãe quando
ele estava encarnado como rei Davi, e também na Atlântida.
Portanto, a jornada até o Himalaia descrita no livro [*Os anos
ocultos de Jesus*] começou muito antes. Suas pegadas estão
em toda a parte sobre a Terra. Assim foi planejado, e tudo o
que é exigido de vós ele também enfrentou, tomando sobre si
mesmo o carma do mundo, para mostrar a senda do equilíbrio
do carma.

Cristo, o Salvador, chegou através do coração de Jesus

Através de seu coração, o Salvador chegou, e é o caminho para
a vossa própria salvação. Ele deseja que olheis então para aqueles que o patrocinaram e ensinaram, e não apenas para o seu
eu externo para, a partir daí, saberdes que o Cristo Univer-

sal tem o poder, em todas as eras, de elevar o representante do Espírito.

Nesta hora e em vossa vida, deixai que esse representante seja cada um de vós, o vosso próprio Eu,[6] amados. Assumi a responsabilidade por vossa própria alma e por outras, e vede que maravilhas o céu poderá realizar por intermédio de vós. Não negligencieis os primeiros passos e, depois de tê-los conquistado, selai a vossa vida em vitória. Não recueis aos velhos dias — aos velhos dias da morte e da sensação de morte — e ide em frente. Pois este período na Terra é curto e vossos anjos se reúnem por vossa vitória.

Cabe a vós ascender nesta vida

Com o sinal da ascensão, Eu vim. E Gabriel, junto comigo, anuncia que cabe a vós ascender nesta vida, e isso é determina do pela lei cósmica do vosso ser.

Em vossa fronte, está escrito EU SOU O QUE EU SOU. Dentro do vosso coração, está escrito EU SOU O QUE EU SOU. Assim no Alto como embaixo, Deus esteja convosco para sempre.

EU SOU Maria. O vosso amor de Mãe nunca falha.[7]

Maria

A sabedoria deseja ensinar as suas crianças a entender todas as partes da vida ao deixar o fluxo da Mãe ser despejado em outros cálices de identidade. Aprendereis a compaixão olhando através de outros olhos, caminhando sobre outras pegadas, entrando no coração e na mente, por um momento, por um instante, do pai, da mãe, do irmão, da irmã ou da criança. Pois quando fluirdes com a consciência da Mãe para frente e para trás, entrando e saindo do corpo de Deus na Terra, podereis compreender por que as pessoas são pessoas, por que agem da maneira que agem, tanto com o conhecimento da Lei como sem ele. Ao reter a vossa identidade como o Cristo, podereis estar ao mesmo tempo no ponto deste Cristo no homem, na mulher, o ponto que libera a criatividade da Mente Universal, enquanto tentais imaginar os porquês e as razões da existência humana, que é um enigma para tantos.

Maria

A promessa de curar um planeta

Estudai as artes curadoras em Fátima

Ó minhas amadas crianças do Sol,

Sou vossa Mãe, muito próxima. E vim atenta à mensagem de Fátima e às profecias que devem descer sobre a Terra.

Peço-vos, então, que compreendais que Deus ofereceu a mim, em vosso nome, uma Presença, um chamado e uma dispensação. Quando dizeis "Ave Maria, cheia de graça", estais fazendo uma saudação ao raio da Mãe, o *Ma-ray* que está no coração do Grande Sol Central, o qual é a minha ordenação transmitir a vós através do meu coração.

Sou uma arqueia e, portanto, a consorte de um arcanjo. Meu amado Rafael manteve para mim uma chama de amor no céu, enquanto eu descia à Terra — não apenas em uma vida, mas em inúmeras vidas de preparação, para finalmente dar à luz Jesus, em sua encarnação final como Cristo.

Neste dia eu vos cubro com meus mantos envolventes de luz. Mantenho-vos neste abraço imaculado que é um poder de cura para restaurar a mente, a alma e o corpo ao plano original que está em vosso corpo etérico mais elevado.

Falo-vos, então, de vossa promessa de estardes na Terra nesta hora, em que muitos precisam de cura. Peço-vos, então, que escuteis as palavras do meu amado Rafael, para que lembreis de invocar Deus, nós mesmos e muitos anjos a fim de trazer a cura onde ela for possível. E se a Lei não permitir que a cura seja efetuada na carne, pedi então pela cura da alma e do espírito, para que ele possa se elevar do corpo no fim e possa entrar em novos planos de glória e edificação, preparando-se para a rodada final rumo à ascensão.

É da cura do homem como um todo que estamos falando. E vos pedimos não apenas isso, mas também que vos lembreis da promessa de curar o planeta, tornando-se o instrumento de tal radiante luz vinda do Sol Central. Buscai, pois, todas as vias de cura que estão abertas para vós, de forma legítima. E também, amados, buscai a cura das almas.

As almas estão atormentadas e precisam da cura do Espírito Santo. Podeis aprender a respeito das dádivas e graças que podeis obter sob a tutela dos senhores dos sete raios.[1] Podeis buscar o aumento da aura por meio da devoção, de decretos e serviços. E podeis invocar a mim e a Rafael, pois o nosso retiro etérico está sobre a cidade de Fátima, em Portugal.[2] Podeis ir até lá à noite (levando a vossa alma em vestes etéricas, separada do físico à noite, enquanto dormis), a fim de estudar as artes da cura. Não muito longe dali está também a Universidade do Espírito, de Hilarion, sobre a ilha de Creta.[3]

Invocai, então, Deus e vossos anjos da guarda para vos levar à noite em vossos corpos sutis, onde podereis estudar e aprender quais são os métodos de cura da era de ouro. Vereis que, quando o planeta for libertado de certa quantidade de carma, e libertado também de certa legião de anjos caídos que estão encarnados e se opõem às verdadeiras curas que já poderiam estar disponíveis hoje para o câncer e outras doenças terminais, as verdadeiras artes da cura poderão ser finalmente liberadas por intermédio de vós e de outros como vós.

Alguns que não sabem disso foram inspirados por nós e desenvolveram seus métodos. Eles foram perseguidos. Foram caçados por aqueles que tomaram a Lei para forçar a destruição dessas curas, que já deviam estar disponíveis para todos na face da Terra.

Não foi o SENHOR DEUS que decretou que a humanidade deve sofrer essas doenças terríveis. Foi, amados, uma certa facção de anjos caídos que se introduziram furtivamente, com toda a sua malignidade espiritual, em altos postos[4] e evitaram que os pequeninos — os meus pequeninos — obtivessem curas e aplicações científicas que teriam libertado seus corpos, para que suas almas pudessem buscar o verdadeiro chamado espiritual de sua vida ainda nesta existência.

As pragas que desceram não eram, em si, destinadas a servir à morte e ao inferno. Elas eram carma, sim, mas o SENHOR sabia disso e enviou o intercessor na pessoa do Cristo Cósmico para inspirar em todos os meios de libertação.

E eu digo a todos vós, que sois tão inspirados: não vos permitis ser atados pela besta do dinheiro! De graça recebestes, de graça deveis dar.[5] Assim, deixai o mundo ter o que Deus vos ofertou para curar. Deveis ministrá-lo aos pobres de espírito e aos que têm problemas físicos.

Alguns prometeram dar, mas foram desviados de sua palavra pelo desejo de riquezas e dinheiro. Abençoados corações, há milhões morrendo. Doai, e tornai a doar, até ficardes vazios — quando então podereis ser preenchidos pelo Espírito e renovados, para tornar a doar.

Já ocorreu a algum de vós, amados, que Deus pode vos ter dado alguma dádiva de cura ou de conhecimento porque isso é adequado, porque vosso carma exige que sirvais à vida do mesmo modo que podeis tê-la desservido no passado? Computai cada bênção recebida, pois, e também vossos talentos e genialidade como uma oportunidade de acertar as coisas.

Desejo ver-vos livres, livres até mesmo de vosso desejo de curar. Desejo que vos torneis instrumentos de qualquer luz e de qualquer amor que Deus libere por meio de vós. Assim, um pouco de distanciamento poderia vos libertar para ouvir o mais alto chamado de vossa vida.

No coração mais puro do meu Filho Jesus, estendo a vós a luz — a luz verdadeira que é a resposta para todas as necessidades e chamados. Enviada a vós pelo Pai no dia de hoje, selo-vos na vontade de Deus, na integridade de Deus e em sua infalível compaixão.

Como sou uma com Rafael, estabeleceremos um círculo de fogo em torno de vós se nos receberdes, para que nossos anjos possam ministrar melhor para vós e por intermédio de vós, sempre.

Então, quando estiverdes prontos, que o Espírito Santo entregue a vós dádivas para cura — de graça recebidas e de graça oferecidas, em nome dele.[6]

Maria

*Mulher do mundo, corre para saudar o homem que é o filho de Deus. Devolve a ele os poderes que lhe tiraste por meios tortuosos. Devolve ao homem sua divina identidade. Devolve a ele sua alma, seu coração, sua unidade com o Pai. Ele está à espera do amor da Virgem Cósmica, no dia de hoje. Corre e conta a ele a boa nova de que o Fiel e Verdadeiro está vindo, e também os exércitos do céu, os anjos do S*ENHOR *e as hierarquias do Sol, e que eles vêm para reforçar a vitalidade na hora do Armagedom, na qual o homem de Deus poderá defender a mulher. Corre para dar a ele a boa-nova da vida que está crescendo dentro de ti, da vinda do Filho-Varão, de que Cristo vai nascer novamente em Belém, e que a estrela do EU SOU O QUE EU SOU vai aparecer, que a Terra vai encontrar seu lugar, que a Terra está voltando para casa.*

Maria

Eu estou a vosso lado

Defendei a causa da criança!

Meus amados filhos e filhas,

Estou grata por estar convosco nesta cidade. Estou grata por poderdes ouvir os sussurros de meu coração e por poderdes conhecer a Senda comigo. Pois eu jamais abandonei nenhum de vós. Mesmo quando estava ao lado do meu Filho no caminho para o Gólgota, estava ao vosso lado. Estou ao vosso lado quando estais na cruz e estou lá quando sois retirados da cruz.

Ainda não aprendestes que as 14 estações da cruz foram feitas para caminhardes nela (veja p. 267). Nesta hora não é só o Cristo que é crucificado, mas também a Mulher e a sua semente, pois os anjos caídos se movimentam por aí em corpos humanos, atormentando mulheres e crianças. Sim, estou aqui para caminhar nas estações junto convosco.[1]

A alma, tanto do homem quanto da mulher, é feminina. O Noivo é Cristo, vosso cônjuge divino, que é masculino. Então deveis saber que a alma de todos e de cada um de vós é mutável, embora se torne imutável pelo amor, pela luz, pela glória, pelo altruísmo.

Desse modo, deveis aprender o caminho do carregar da cruz do carma do mundo, pois já estais carregando a cruz de vosso próprio carma. Já vos acostumastes com o peso dele, mesmo que nem sempre vos sintais confortáveis com ele. Por causa disso, vos indulgenciais com música alta e dissonante, com filmes de TV e de cinema que não possuem mérito algum, com drogas e álcool — qualquer coisa que sirva para silenciar o fardo da alma e o peso do carma, nem que seja para escapar deles por uma noite, antes de serdes obrigados a retomá-los na realidade do dia seguinte.

Eu sou a Mãe Angelical que protege e acalenta vossa alma. Cada um de vós pode ser uma parte de mim mesma. A intercessão da Mãe Divina na Terra é a grande necessidade dessa hora. A Mãe Divina é universal e universalmente presente convosco, por meio dos seus anjos ministrantes. Milhões de legiões dos meus anjos respondem às orações de todas as pessoas à Mãe Divina, ela, a Grande Deusa. Podeis pedir-lhe o que quiserdes, podeis configurá-la conforme os vossos padrões ou sendas religiosas — a Mãe é a Palavra, a Grande Shakti de Brahma. E a Mãe, em suas várias vestes, segue em frente para resgatar os seus.

As crianças precisam de vós em todas as horas

Hoje em dia, como nunca antes, as crianças do mundo têm uma profunda necessidade de ser protegidas e nutridas. Mães do mundo, pais do mundo, dirijo-me agora a vós: vossos filhos não necessitam tanto assim dos produtos deste mundo, nem das coisas materiais que trabalhais tanto para obter e proporcionar a eles, se em troca negligenciais os momentos de ternura, carinho e intimidade, e que estão acima de tudo para o desenvolvimento da alma deles. Vossos filhos precisam *de vós*, e a toda hora.

Não deveis mais lhes causar mal! Mesmo que vossos pais e tutores tenham feito mal à vós, à vossa alma e à vossa criança interior. E se for possível desfazer o mal que vos foi feito (e é claro que isso é possível!), então estareis livres e não precisareis danificar as almas dos vossos filhos, passando para eles a dor que experimentastes em vossa infância.

Nesta era de materialismo e negligência da unidade entre a mãe e o filho, deixai que o braço protetor do pai abençoado ofereça conforto e força a ambos. Deixai que a Sagrada Família e a vossa própria família sejam o signo da era de Aquário. Deixai que a ternura seja a marca do vosso ser, do vosso falar, das trocas com crianças e também com adultos.

E quando encontrardes almas que estiverem vazias, sem qualquer senso de cuidado por si mesmas ou por outros, sem qualquer ternura em relação à vida, almas nas quais o fogo se extinguiu, sabei que isso muitas vezes decorre da sua infância, quando elas sofreram abandono em algum nível — em nível emocional, em nível espiritual ou em nível físico. E, nesse abandono, elas também abandonaram a si mesmas, deixaram de cuidar da vela da própria identidade e a chama se apagou.

Pensai em quantos estão atrás das grades por crimes em que o ato cometido lhes parecia o único meio de atrair a atenção da mãe. Pois bem, eu vos digo a todos que eles têm a minha atenção. Minha atenção está neles. E eu vos peço para rezar por aqueles que vieram de casas e famílias disfuncionais, pois esta disfunção foi trazida dos pais para os filhos desde gerações passadas.[2]

Como poderá o mundo se curar a não ser que alguns digam:

Vou fazer reverter isto!

Vou invocar a chama violeta e o Espírito Santo!

Vou aceitar a cura nos meus quatro corpos
    inferiores

Vou buscar terapia para a minha alma

Vou resolver os cismas da minha psique.

E virei ao ponto da integridade!

Vou interromper os *momentums* de gerações
    antes de mim que abandonaram a criança.

E vou nutrir a vida!

Nenhuma missão será maior do que a de restaurar
    a todas as partes da vida
    a suave comunicação da Mãe:

EU SOU e estou aqui.

Voltei.

EU SOU e estou convosco.

Não estou longe.

Estas são as palavras da Mãe Divina:

Sou uma Mãe entre as hostes celestes. E, como sabeis, sou chamada de Rainha dos Anjos. Neste cargo, envio todos os anjos do céu para nutrir a vida e retirar das mães a sua dureza de coração em relação a seus filhos, dureza essa que surgiu a partir do próprio abuso que elas sofreram por ação deste, daquele, daquele outro e de mais alguém.

Envio anjos em encarnação, tais como esta mensageira, para ensinar tais mães a fazer chamados à chama da Misericórdia, à chama do perdão, que é a chama violeta transmutadora, para a dissolução dessa dureza de coração e para a restauração do coração de fogo vivo e pulsante, do coração de carne, do imaculado coração do olho da mãe que enxerga apenas a beleza de seu filho, que protege seu bem mais precioso e não permite que o mundo arranque esse filho de seu ventre ou de seu seio.

Coloco-me contra o aborto da vida e contra o aborto da missão de uma alma

É claro que eu me coloco contra o aborto, contra o aborto da vida e da missão de uma alma! Claro que sim! Pois eu sei que em cada criança abortada existe um potencial Crístico e uma missão. Desse modo, o aborto é o abordo do plano divino de uma alma viva. Pois Deus ordenou o retorno de cada alma à encarnação física em um determinado momento, quando aquela alma terá a oportunidade de voltar à vida em seu grupo, juntos aos muitos que desempenharam papéis e a influenciaram, nos palcos de civilizações antiquíssimas, onde todos criaram carma bom e ruim juntos.[3]

Existe a lei das gerações, que determina o futuro dos que nasceram sob as influências comuns dos planetas, que se movem lentamente, e das estrelas fixas — gerações de pessoas que devem nascer juntas, brincar juntas, crescer juntas, estudar juntas e exercer domínio sobre a Terra juntas, enquanto os mais velhos vão envelhecendo, até que eles passam aos mais novos a tocha da civilização.

Onde estão eles?

Eu vos alerto! Faço este alerta em nome das 29 milhões de almas cuja missão foi abortada, só neste país!* Falo em defesa deles, pois esta mensageira me oferece um aparelho fonador e

---

* Soma total dos abortos que ocorreram nos Estados Unidos até vinte anos após *Roe vs* Wade, na decisão da Suprema Corte americana que autorizou o aborto no país, até a divulgação deste ditado.

uma voz. Eu vos alerto e vos asseguro que uma alma possui um coração vivo e tem uma perfeita percepção consciente, desde o momento da concepção do seu corpo físico, de fazer parte da vida e de estar viva!

Todos vós já assististes filmes da alma em seu novo corpo, nadando dentro do ventre da mãe, dançando de alegria e até mesmo executando piruetas.[4] Não vos lembrais de já terdes visto essas atividades felizes acontecendo dentro do útero da mãe?

Portanto, rezai por aqueles cuja dureza de coração, passada de geração a geração, permitiu que silenciassem o batimento cardíaco e o choro da criança no ventre. Essa criança que está dentro da mãe é parte dela, e também parte do pai e de toda a vida: a vida que é sagrada, a vida que é Deus.

Não sou antiquada, sou realista. E estou vos informando das realidades do carma do aborto.

Se o aborto entrou em vossa vida, eu vos aconselho: invocai a chama violeta para a cura da alma em dor e por sua missão, que foi cortada. Invocai a lei do perdão para vós mesmos. Não vos condeneis, pois eu, Maria, não vos condeno, mas incentivo a todos para que busqueis o mais rápido possível uma oportunidade de servir à vida e cuidar de crianças, a fim de poderdes aprender a amar a vossa própria criança interior e equilibrar o carma do aborto.

E rezai para que, no devido tempo, possais formar uma família e trazer à existência a alma ou as almas que abortastes, seja por ignorância por estardes, talvez, perturbados e mal orientados diante dessa escolha, sem ter tido conhecimento da realidade da vida que crescia em vosso ventre, ou talvez sabendo de tudo isso mas negando-o, na ocasião.

Abençoados, a América não está cumprindo a sua missão porque milhões de almas não estão encarnadas, não estão crescendo, nem assumindo sua posição a vosso lado.

De quem seria a chama gêmea que foi abortada?

De quem seria a chama gêmea que foi abortada? De quem ela seria filho? De quem são os entes queridos que não estão aqui?

Às vezes olhai em torno de vós e dizei: "Onde está fulano? Ele devia estar aqui. Onde está beltrana? Ela também devia estar aqui."

Pois eu vos digo onde eles estão. Estão esperando em meio às asas da vida, no mundo celestial, por pais que as recebam de braços abertos, para que, mesmo com atraso, elas possam dar continuidade à sua missão. Não vou insistir nesse ponto, pois não quero colocar sobre vós o peso da culpa, mas apenas iluminar-vos. Esta é uma das mais graves realidades de nosso tempo; precisais saber disso para não criardes carma negativo e para despertardes outros, a fim de que eles também não criem carma negativo.

Venho então com a mais profunda preocupação com todas as crianças da Terra, e peço-vos que luteis por esta causa, pois elas são a semente da Mulher Vestida com o Sol.

As crianças são indefesas. Quem defenderá a criança e o direito que essa criança tem de respirar o ar da liberdade, de ser despreocupada, de não passar fome, de aprender suas lições e de crescer, a fim de aproveitar a vida em toda a sua maturidade?[5]

Quem vai defender esta criança? Em meio a toda a população do planeta, somente as crianças são totalmente indefesas.

Os anjos descem em defesa da criança

Sim, amados, os meus anjos vêm, os anjos do Arcanjo Miguel, em defesa da criança. Deveis correr em auxílio das crianças, não importa a profissão que exerceis! Deveis arranjar tempo para as crianças e para a vossa própria criança interior!

Sim, deveis arranjar tempo para as crianças. Arranjai tempo para elas, pois elas precisam desesperadamente de vosso amor, e em suas pequenas almas e corações elas rezam a Deus por libertação.

Quem as libertará?

Quem tirará as mulheres e as crianças da cruz?

Que a luz da vossa missão esteja sobre vós agora. Eu faço resplandecer a luz sobre a vossa própria infância e envio ondas de cura para todos os males que possam ter sido a vós infligidos. E que vós, que sois fortes e íntegros, possais tomar nos braços muitos destes pequenos preciosos. Pois esta é a era da prestação de socorro à vida.

Agora os nossos anjos vêm. E eles vêm em um número incontável, às miríades, agregando-se em torno de vós, dando tapinhas em vossos ombros e dizendo, a todos e a cada um: "Lembras-te de mim? Eu sou o teu amigo na luz. Estava lá quando nasceste. Cuidei de ti, estive sempre ao teu lado. Vem comigo, pois vou mostrar-te qual é o próximo passo."

Senti o amor de Deus nas hostes angélicas. Somos reais, eu vos garanto. Somos reais e estamos prontos, determinados a fazer com que esta civilização não decaia por causa disso, nem das trevas que nela penetraram. Pois o julgamento do Senhor Cristo virá no fim para atar os anjos rebeldes, e os fardos da vida vão se tornar mais leves sobre os vossos ombros depois que entrardes no século XXI. Agora, porém, e também nos anos que vêm pela frente, nove anos e um pouco mais a partir deste momento, enfrentareis desafios supremos.

Vim agora, portanto, para o fortalecimento da vossa determinação e para vos fazer a promessa de que eu, Maria, virei até vós e cuidarei de todos, como fiz com meu Filho Jesus. Portanto, invocai por mim, pois EU SOU a vossa Mãe de Amor, a mãe acessível que nunca vos condena.

Não, vós não sois pecadores entalhados em pedra. Sim, pecastes no passado. Podeis ter ignorado as Leis de Deus e podeis ter quebrado algumas das suas Leis, errando aqui e ali, mas em vós está o Ser Divino, o Atman, aquele que cada um de vós é e sempre foi, desde o Princípio.

Lembrai-vos, EU SOU Maria.

Mantenho o conceito imaculado por vós e por vossa vitória.

EU SOU a vossa Mãe, que torce por vós.

Não vou abandonar-vos, meus filhos e filhas.

Nessa chama selamos nossa mensagem para vós, esta noite. Deveis vos alegrar por estardes agora com os olhos abertos, por terdes a chance de nutrir a vossa visão interna e, a partir daí, saberdes e verdes as coisas que logo sucederão.

Com Rafael, eu me inclino diante da luz que existe em vós, sempre serva da vossa chama de Deus e de vossa alma.[6]

Maria

O objetivo não está muito longe de vós se ouvirdes a palavra de uma Mãe. Eu ensinei aos discípulos abençoados, assim como também ensinei a muitas correntes de vida, uma por uma, que os passos não são muito difíceis para vós, pois não são muito difíceis para o Senhor. Não escalais uma montanha de uma vez só; antes disso, vos preparais para a jornada; e, se a viagem vai levar 14 dias, levais os suprimentos necessários, várias mudas de roupa e tudo o que é preciso, e só então vos colocais em marcha.

Maria

O presente do coração de uma Mãe:
O mistério do Décimo Quinto Rosário
A Renúncia do Cristo em que vos transformastes

Amados filhos e filhas de meu coração,

Estou grata por estar em meio ao fogo sagrado que arde com brilho sobre o altar do coração do verdadeiro chela da chama. EU SOU a Mãe de todo o mundo, e nesta luz da Mãe eu amplifico e intensifico o próprio amor de vosso coração pelas crianças do mundo.

A Deusa da Liberdade, o Grande Diretor Divino, a amada Cyclopea e os membros do Conselho do Carma[1] trouxeram para vós uma magnífica dispensação de vida. É verdadeiramente um presente das eras a oportunidade de serdes guiados por eles, receberdes a percepção dos seus corpos causais, conhecerdes a sua cósmica percepção solar de vida e as maiores necessidades da vida. O ato de transferir para vós a sabedoria da mente de Deus, encarnada pelos principais juízes dos sistemas solares e das galáxias, coloca dentro de vosso coração e em vossas mãos esta magnífica ferramenta de luz que é uma ferramenta de discernimento e de percepção prática do amor da Mãe. Pois esta é a função da chama da Mãe, cumprida de maneira soberba pelos Senhores do Carma, e segundo a qual a vida na Terra recebe a ministração da vida no céu.

Portanto, vos tornardes representantes dos Instrutores Mundiais e dos meus próprios filhos Jesus e Kuthumi[2] é vos tornardes também a encarnação da chama da Mãe como chama da síntese da justiça cósmica. É de justiça que vos tornais íntegros. É de justiça que deixais em legado para a vida a dádiva da vossa integridade. É de justiça cósmica que as criancinhas são ensinadas por Deus! É de justiça cósmica que sois, no tempo e no espaço, a completa manifestação da cruz cósmica de fogo branco.

Revelo-vos agora, no momento em que coloco este tesouro no coração da Mãe e da mensageira, a compreensão do mistério do Décimo Quinto Rosário.

Primeiro, porém, deixem-me lembrar-vos que o Décimo Quarto Rosário e todos os rosários que o precederam* são as iniciações para a colocação na chama de todo o carma não equilibrado, das energiais de vida mal qualificadas, das substâncias indesejáveis e de tudo o que é irreal. Estes rosários são chaves sagradas para as iniciações da Cristicidade, através das quais cada um de vós pode, de forma imediata e rápida, equilibrar 51 por cento do vosso carma e manter em vossa vida a Presença viva de vosso abençoado Cristo Pessoal.[3]

Esse objetivo não está assim tão distante de vós quando ouvis a palavra da Mãe. Eu ensinei aos discípulos abençoados, assim como também ensinei a muitas correntes de vida, uma por uma, que os passos não são muito difíceis para vós, pois não são muito difíceis para o Senhor.[4] Não escalais uma montanha de uma vez só; antes disso, vos preparais para a jornada;

---

* Os oito rosários escriturais foram apresentados no primeiro livro da trilogia *Mensagens Douradas de Maria*. Os cinco rosários dos raios secretos foram apresentados no segundo livro da série. (*N. do T.*)

e se a viagem vai levar 14 dias, levai os suprimentos necessários, várias mudas de roupa e tudo o que é preciso, e só então vos colocais em marcha.

O regular do vosso ritmo e a preparação para a subida até o cume pode envolver muitas excursões prévias à montanha. Mas aquela subida, a última subida ao monte da transfiguração,[5] é uma jornada que fazeis no ritmo do sopro do Espírito Santo, pois é por meio da inspiração e da expiração do prana da vida que sois capazes de subir ao monte da realização. Desse modo, amados, sois capazes de fazer vossas pausas nas 14 estações e vos demorardes lá (veja pág. 267).

As 14 estações da cruz são postos intermediários na senda progressiva

Essas 14 estações foram feitas para servir de postos intermediários na senda que leva adiante, subindo sempre até a estrada real da reintegração com o vosso Eu Divino. Portanto, deveis compreender que o mais importante é que comeceis logo e que vos sintonizais com o ritmo do Espírito Santo, do Maha Chohan, pois o ritmo da vossa caminhada na vida é, na verdade, o ritmo do compasso do coração do Deus Todo-Poderoso. Assim, ao começar, passo a passo, e à medida que a montanha se torna mais íngreme e o ar mais rarefeito, deveis deixar para trás alguns dos itens mais pesados da vossa bagagem. À medida que o Sol, a natureza e o próprio Deus se tornarem mais reais, deixareis para trás porções ainda maiores do antigo eu, pois ele não será mais essencial depois de terdes encontrado o Eu que é Deus.

Então, ao passardes pelas 14 estações, atingis o cume do Ser, que é Cristo, o Senhor. Entrais no coração deste Cristo e ele entra na plenitude do vosso templo. Primeiramente, vos dirigis à câmara secreta do coração, onde o *Ishwara*,[6] que é Cristo em vós, está selado. Há iniciações para a Cristicidade. Quando passais por elas, o abençoado *Ishwara* sai da câmara secreta do co ração e passa a ocupar a plenitude do templo da vida.

Deveis compreender, porém, que ainda estais escalando as quatorze estações. E existem alguns dos estudantes dos Mestres Ascensos que nem mesmo começaram a caminhar as 14 estações. Eles ainda estão se preparando para a iniciação à Cristicidade.

Essas estações servem, de início, para o estudante receber o julgamento do mundo, o ódio e os registros de morte, o anticristo e todo o *momentum* rebelde de desobediência, a divisão da vida e a tentativa de dividir e conquistar, o peso da má utilização da chama da Mãe e tudo o que se opõe à grande luz de alegria do coração, como a ingratidão do egoísmo, toda a acumulação da injustiça pessoal e planetária, os maus usos dos ciclos da vida, todo o *momentum* da irrealidade, todo o conglomerado do senso de luta do mundo, que se manifesta unicamente através do egoísmo e do narcisismo; e por fim elas servem para derrotar o dragão da vingança contra o Todo-Poderoso. Portanto, essas estações,[7] que foram feitas para suportar o fardo da vida resultam, então, na transferência de toda a autoridade no céu e na Terra.[8] Nessa hora de realização da ressurreição através das 14 estações, cada candidato tem a oportunidade de escolher entrar na espiral de ascensão e subir até Deus.

Como o amado Lanello já vos contou, este não é o nosso desejo para esta era, pois nosso verdadeiro desejo é ver a plenitude desse Cristo manifestada na Terra durante muitos ciclos e por muitos anos, em muitos de nossos devotos. Pois a colheita é realmente grande,[9] e as almas de luz sobre a Terra precisam de exemplos físicos dos que caminham no mais completo senso de liberdade. Assim, meus amados, *o mistério do Décimo Quinto Rosário é o mistério da renúncia do Cristo no qual vos transformastes.*

Abri mão do Cristo no qual vos tranformastes

Não é um caso de renúncia automática, pois alguns discípulos podem alcançar as 14 estações, se tornar esse Cristo e desejar possuir esse Cristo, ser este Cristo, aproveitar esta Cristicidade adquirida e, com ela, seguir alguns dos caminhos particulares que podem realmente aumentar a mestria pessoal, mas talvez não sirvam para alargar a senda da Cristicidade para outros. Assim, quando todos os que renunciaram estão ainda nos vales atrás de vós, quando alcançais o monte da transfiguração e vos colocais de pé sobre a glória da manhã de Páscoa, deveis descobrir que do monte da transfiguração até o monte do Santo dos Santos do Eu ressuscitado existe um caminho único a ser trilhado, que é o da renúncia à Cristicidade que alcançastes.

O eu irreal que está colocado sobre o altar de Deus não é um sacrifício suficiente que possa, sozinho, transferir para vós a plenitude do vosso Cristo Pessoal. Acontece que, quando renunciais ao eu irreal, o Eu Verdadeiro começa a se manifestar — muitas vezes como discretos vislumbres, a princípio, como um bebê minúsculo, que vai então se fortalecendo, crescendo e se transformando, até que a plenitude da Cristicidade se manifesta. Assim, a partir do momento em que colocais de lado a longa senda da irrealidade até a hora de vestirdes a realidade Divina no verdadeiro sentido da palavra, este é o caminho do Décimo Quarto Rosário. Mas, quando a realidade

Divina desce, o Cristo em vós se torna perfeito e a alma também se torna perfeita em Cristo, uma decisão deve ser tomada: abrir mão do Cristo no qual vos tranformastes.

Portanto, amados, quando Abraão colocou Isaac sobre o altar, ele estava renunciando à sua Cristicidade manifestada no próprio filho.[10] Ele não estava renunciando ao eu irreal, mas estava, sim, disposto a oferecer até mesmo a plenitude daquela identidade Divina, confiando em que, da mesma forma que aquele corpo, aquela consciência e aquele ser seriam quebrados como migalhas de vida para alimentar toda a humanidade, igualmente Cristo poderia retornar e ser um só. E ao ter sido repartido por todos, então, esta Cristicidade — a mais completa Cristicidade da vitória da missão — se torna o Cristo Cósmico, se torna o Mestre Ascenso.

No compartilhar do pão de Deus dentro de vós está o sacrifício temporário da plenitude de expressão dessa identidade. Em vez de manterdes a plenitude daquela luz em vosso próprio templo, dissestes: "Vou compartilhar o pão da vida, vou oferecer uma porção dessa Cristicidade que é minha para toda alma de Deus que me for enviada, para que ela receba esse fermento, essa pedra branca, o fogo ardente da vida eterna."[11]

Tornai-vos um com toda a vida

Assim, amados, embora Deus tome em suas mãos o pão inteiro, ele é dado a Deus por meio do vosso livre-arbítrio e da vossa renúncia. E quando ofereceis a ele a vossa consciência Crística e ele reparte o pão da vida, passais a viver na alegria da chama trina autogerada em toda parte — no coração das criancinhas, no coração daqueles que estão amadurecendo de acordo com os seus ciclos de tempo e espaço, no coração das famílias, no coração dos elementais e anjos. Tendes até mesmo a oportunidade de viver na chama autogerada dos Mestres Ascensos e dos seres cósmicos. Transcendeis a escada da vida, entrando e saindo das oitavas do céu e da Terra. Pois, verdadeiramente, pela dádiva da graça de Deus em vosso próprio Eu Crístico, vos tornastes um com toda a vida no sentido mais profundo da palavra.

Esse é o mistério do Santo Graal — a forma como o Graal pode ser um e também duplicatas dele mesmo, de vossa Presença Eletrônica, fragmentos de seu cristal que podem fazer viver, crescer e multiplicar a consciência Divina em todas as partes da vida que Deus estabeleceu.

Essa unidade da vida é de um amor incomparável. É a unidade que compartilhais com vossos mensageiros. É uma unidade que é vossa — para beber, para experimentar, para distribuir e abrir mão dela. Quando estais passando pelos exercícios da vida nos quais precisais renunciar a uma ou a outra bugiganga, experiência ou até mesmo um bom amigo que segue por outro caminho, lembrai sempre que essas renúncias são preparatórias para o momento em que abrireis mão do presente mais precioso de todos — o Filho de Deus no qual vos transformastes...

A sensação de ser necessário e de ser útil, em termos profissionais a práticos, é muito necessária para as vossas almas. Como sois felizes quando tendes a dádiva da vida nas mãos! Recomendo a vós, que estais começando a jornada a partir do primeiro nível, que considereis o quão precioso é a experiência de receber a tocha que um dia coloquei nas mãos de Maria Montessori.[12] Portanto, nossos corações mantêm o cálice para que a vida continue na Terra, para que a civilização se sustente e para que os corações esperançosos das crianças nas cidades, em todas as nações, sejam saudados por vós e recebidos por vós...

Da luz do Oriente e do Ocidente, do retiro interno da Mãe da Índia eu vos dou a dádiva da chama da Mãe do Oriente e do Ocidente. Dou-vos a dádiva do coração da Mãe, o mais sagrado presente — O mistério do Décimo Quinto Rosário. Junto dos que foram antes de mim, eu vos digo: "Fortalecei a vossa identidade Divina!" para poderdes entrar no mistério do Décimo Quinto Rosário.

EU SOU, na alegria da primavera, a Mãe gentil do vosso coração. Venho no lírio do vale. Venho colher meus lírios do vale para que eles possam seguir por terrenos mais elevados, no caminho que leva ao cume da realização.

Filhos e filhas de luz, levantai-vos e assumi o domínio sobre a Terra! Filho e filhas do domínio, eu vos exorto: Mantende a chama para estes meus pequeninos!

Em nome de Jesus Cristo e dos filhos servos de Deus, EU SOU sempre Maria, no núcleo da chama em vossos corações.[13]

Maria

Agora eu vos dei o meu amor, minha compreensão e minha Presença, neste dia. Transferi para vós minha consciência e meu raio. Tomai-o, mães do mundo. Tomai-o, correi com ele e sabei que estou convosco ao longo do caminho. Eu sou o caminho, a verdade e a vida. Sou a vitória das eras. E estarei convosco até o cumprimento de todos os ciclos da consciência cósmica de Deus como Mãe surgindo dentro de vós.

Maria

23

A hora da crucificação da Mãe

À medida que a música da Índia começa a ficar mais distante do ouvido externo, podemos ouvir os sons da Irlanda, da América, da Rússia e da China, nos lugares onde as crianças da Mãe fazem canções que são música para os ouvidos dela. Pois através do som dessas canções vem a alegria do coração na expectativa da vinda da Mãe do Mundo.

Seus filhos já esperaram muito — aguardaram por sua vinda, sentindo uma solidão muitas vezes preenchida com as preocupações e ruídos da vida que, apesar da longa espera, mal conseguiram fazer com que ela entrasse, quando o momento chegou.

EU SOU Nossa Senhora, Mãe do Oriente e do Ocidente, e venho na presença que comanda a paz a fim de quebrar a maldição da Sexta-feira Santa. É a maldição de morte e de seriedade excessiva dos caídos que estão convencidos de que crucificaram Cristo e que ele não existe mais. Alguns deles nunca chegaram a compreender de verdade o mistério do Christus,[1] o mistério da ressurreição. São tão ligados à carne e ao sangue mortais que não conseguem perceber em si mesmos a realidade que está além da sua própria forma — e muito menos percebem a realidade dEle.

Assim, amados, viemos na chama da Estrela de Deus, com nossa própria marca de "Sirius-dade", a seriedade de Sirius, pois esta é a hora da crucificação não de um único filho de Deus, mas de todos os filhos de Deus que contemplam este mistério (ao qual eu me referi nos ensinamentos sobre o Décimo Quinto Mistério do Rosário)[2] e que só pode vir quando tiverdes vos tornado a plenitude do Ser Crístico — e depois na decisão, amados, que vai culminar com a Palavra: "Todavia, Pai, não a minha vontade, mas sim a tua seja feita."[3]

O dilema do Ser Crístico — se é que isso pode ser chamado de dilema — é como preservar a integridade daquele Cristo e ao mesmo tempo acabar com a sua vida. Assim, nesta Sexta-feira Santa, venho ensinar-vos na hierarquia de Áries — a hierarquia do Filho de Deus que declara "Contemplai, EU SOU O QUE EU SOU!".

Essa declaração de que tudo o que EU SOU na Terra é o que EU SOU no céu é, na verdade, a afirmação do Senhor Sanat Kumara ao aparecer a cada avatar, sucessivamente, quando cada um deles encarnou com a dádiva do Filho-Varão e chegou ao "estado de Ser" no meio do Sinai,[4] para a resolução dos mundos e para a declaração do Ser, a qual expressa que tudo o que EU SOU aqui e agora se torna a plenitude da alegria da minha própria amada Presença do EU SOU! E cujo EU SOU ofereço então para o cumprimento da vida e da luz sobre a semente de Sanat Kumara, e para o julgamento dos que são a antíteses daquela semente. Por isso o meu Filho declarou "Eu vim a este mundo para juízo!".[5]

Amados corações, se a Lei não for compreendida, podereis vos encontrar em uma situação de abrir mão do Cristo como potencial antes mesmo do pleno florescer desse potencial. Sendo assim, o caminhar do discípulo deve ser compreendido. Pois é muito perigoso quando alguém se torna parcialmente imbuído com a bem-aventurança do Cristo Pessoal sem tê-la absorvido por completo; pois é nesse momento que os caídos surgem em busca da luz da Mulher e da sua semente, para desvelá-la véu por véu, à medida que arrancam porções de luz para uso deles mesmos.

Guardai o broto do coração

Deveis compreender, então, que a oferenda de meu Filho na cruz neste dia é a oferenda do pleno desabrochar da rosa de Sharon.[6] É o Ser Crístico em plena formação, com a plenitude da pessoa do Senhor Maitreya — harmonioso como os triângulos entrelaçados que são o sinal de todos os que descendem da casa de David. Até o pleno florescer da rosa, então, guardai o broto do coração! Guardai o fogo sagrado! E tornai-vos sensíveis pela sensibilidade da alma que vivencia sobre o coração a pressão daqueles que são capazes de arrancar o broto ou uma frágil porção dele para que a flor não consiga desabrochar plenamente na estação apropriada.

A preparação para a manifestação completa do lírio dourado e branco de vossa Cristicidade deve ser vista como a mais magnificente caminhada de todas as eras. Tereis vos envolvido pessoalmente em uma conversa com o Salvador. Tereis contemplado esta caminhada. Tereis vos lançado passo a passo nesta caminhada, amados. E o Cristo virá para vos acolher em seu coração — acolher-vos como as flores que ele tanto aprecia. E através da radiância cristalina do Sol, o calor do coração do Filho de Deus vos trará esperança, encorajamento abençoado conforto e sabedoria para usar na Senda.

Venho, pois, nestas horas de contemplação da alegre e abençoada união sobre a Terra com Alfa e Ômega, pois o Filho de Deus — firmemente unido à cruz cósmica de fogo branco — está pronto, absolutamente pronto, na alegria do Senhor, para tomar sobre si até mesmo os pecados do mundo, sabendo que ao fazer isso a porção da sua Cristicidade pessoal será derramada como sangue, como uma névoa de fogo cristalino — absorvente por si mesmo e que prevalecerá na superfície do mundo todo. E quando isso ocorrer (e vai ocorrer em toda parte!), ela absorverá a substância da antiluz para que as pequenas flores possam respirar novamente o sopro da vida, possam ser restauradas e comecem elas mesmas a compreender o magnífico ponto estrelado do Eu Crístico que EU SOU.

Falo com os meus amados do Oriente e do Ocidente que estão ansiando, aspirando e realizando as obras de Deus para que Cristo possa ser formado de maneira perfeita dentro de vós.[7] Ó amados, venho a vós com o amor mais intenso da chama da Mãe — mundos sem fim! Senti o meu coração assim como eu sinto o vosso próprio coração prestes a nascer, prestes a receber a descida do vosso amado Cristo Pessoal nesse templo tão precioso, prestes a atravessar a noite escura da alma, prestes a entrar na noite escura do Espírito a partir da própria cruz, e prestes, enfim, a se tornar o Verbo Encarnado e, vede, a encarnação do EU SOU O QUE EU SOU.

Como é abençoada a vida que usufruímos juntos sobre esta Terra! Como é maravilhosa nossa doce comunhão com ele, Jesus, mesmo existindo o clamor das batalhas que os caídos travam entre si. E, ao imitarem os portadores da luz, esses terroristas que fazem jejum até a morte,[8] fingindo ser seus seguidores, fingindo fazer sacrifícios como os filhos da luz costumam fazer — são eles os impostores! No entanto, posam de libertadores do povo contra os governos fascistas. Não passam de outro tipo de traidores. Sua morte não é uma morte glorificada e não pode ser chamada de crucificação, pois essa iniciação é reservada àqueles em quem o Cristo habita fisicamente. Recebei, pois, com carinho, amados, a vinha suave da alma.

É bom cantar para o Amado do vosso próprio coração. Pois a adoração precisa ser oferecida à chama de Deus dentro de nós — e através disso há o senso de mérito próprio na hora em que os caídos condenam não só Cristo em Jesus meu Senhor, mas o Cristo universalmente presente. Não apenas eles condenam o Filho de Deus, mas também a alma em busca da luz e que não alcançou a plenitude na mente e no coração prometidos para cada pequenino.

Envergai as vestes do pastor, e buscai as ovelhas

Ó abençoados corações que já internalizastes o bastante dele, Emanuel,[9] a ponto de serdes capazes de envergar as vestes do pastor, eu vos incentivo, hoje: colocai estas vestes sobre vós, mesmo que ainda não estejais perfeitos. Envergai-a, ide em busca das ovelhas que ainda precisam de quem lhes guie pelo caminho, e protegei-as do mal.[10] Pois o mal existe lá fora na Terra, o mal que ainda não é prontamente percebido como o desgaste da Cristicidade, o desgaste das almas nesta senda — a senda do equilíbrio da vida e do equilíbrio dos registros de morte.

O corpo planetário caminha penosamente sobre os registros da morte da era de Peixes, que ainda estão no processo de serem transmutados. Conforme as correntes de Peixes passam por vossos corações, vossos sagrados corações carregados de chama violeta, uma nova vida é sentida. No entanto, amados, ninguém pode negar que nesta hora do princípio, o novo princípio da era de Aquário, a morte ainda prevalece sobre a

Terra — e também a fome, a guerra, as pragas e a peste. Tudo isso se refere às coisas antigas que precisais superar.[11] Neste momento presente do vosso coração, olhando para a glória futura, deveis lutar ainda com os registros do passado — um passado longínquo que ainda está por aqui, pois esses registros exigem dedicação na aplicação do Espírito Santo.

Vou ensinar-vos o mistério de sedes Christus

Vou então vos ensinar o mistério de ser Christus e ensinar também como abrirdes mão de tudo o que sois — sacrificando esta vida que é Deus por todos e, no entanto, recebendo-a de volta[12] e retendo-a a cada hora. Dar-vos-ei, então, uma comparação simples: o inspirar e o expirar de Deus, traduzidos para vós quando inspirais o sopro do fogo sagrado e o expirais.

Pensai no momento da expiração, amados. Colocais todo o ar para fora com total confiança de que vai haver ar suficiente para a próxima inspiração. Não sois possessivos com relação a esse ar. Abris mão dele, sabendo que no ciclo rítmico da vida podeis inspirar uma quantidade suficiente para todas as necessidades imediatas — e não mais, pois não podeis inspirar mais do que os pulmões aguentam de uma vez só, nem mais do que podeis usar em determinado momento.

Assim também acontece com o entregar de vossa própria Cristicidade. Expirais tudo o que sois, como um sopro sagrado, como a fragrância de lírios — compreendendo que o mundo todo, então, receberá a névoa de fogo cristalino e se traduzirá, sabendo que a inspiração que vem de Deus, que desce como o bater do coração da Presença do EU SOU, vai, nesse simples ato de respirar, recriar, reformar e remanifestar a plenitude do Cristo que está sobre o monte da vida.

Minuto a minuto, podeis sacrificar a vossa vida para que os pecados do mundo possam ser transmutados, pela remissão de todos eles por meio do derramar do sangue na crucificação.[13] Conseguis compreender então, amados, que na meditação mais profunda do vosso coração, que eu compartilhei com alguns dos santos da igreja que caminharam sobre a Terra, acontecerá a experiência da crucificação no mesmo fluxo cíclico de horas, dias, semanas, momentos e do ritmo da respiração? Quanta fé, quanta confiança em Deus!

Deveis ver o quanto os vossos medos são equivocados, e deveis vos tornar perfeitos — e isso só pode acontecer se, de uma vez por todas, a plenitude do vosso amor pelo Cristo e o amor dele por vós vencerem o medo. E então, o amor perfeito nascerá dentro de vós.[14] E esse amor perfeito, o magneto perfeito do Coração Magnânimo, vai abrir caminho para que o próprio Cristo habite em vosso templo para todo o sempre!

Agora compreendeis o mistério do Décimo Quinto Rosário. Tendo alcançado a Cristicidade, que ainda é um objetivo para vós, compreendeis então que podeis dar e tornar a receber, entregar e receber de volta! E os três dias[15] se transformam no ciclo do três — o Pai, o Filho e o abençoado Espírito Santo como uma luz trina dentro do vosso coração. No piscar de um olho, na transformação da chama em um ciclo, estes três vivem, se expandem, expressam, expiram e retornam para inspirar e para ser a plenitude de Deus manifestada.

Colocai-vos à direita e à esquerda do Senhor na cruz

Como são nobres vossas aspirações — as aspirações de estar junto dele, de ser crucificado com ele, no lugar dos ladrões! Hoje, qualquer um de vós daria a vida para estar à direita ou à esquerda do Senhor Jesus Cristo na cruz, certo? Abençoados, se o Senhor não vos chamou — com uma mensagem enviada e confirmada por um anjo — para a vossa própria crucificação, podeis apelar para o Senhor Sanat Kumara, a fim de estardes à direita e à esquerda dele, como bodhisattvas.*

Abençoados corações, vede a zombaria que o Filho de Deus sofreu, pois os caídos colocaram ao seu lado não filhos da luz, nem santos para entregar a sua vida junto com a dele, mas sim aqueles que não tinham luz em seu interior — aqueles que zombavam dele e diziam "Se tu és o Filho de Deus, salva a ti mesmo! Desce da cruz e nos salva!".[16] Esta é a história das eras, o enredo do Grande Dramaturgo é o que deve ser representado no supremo sacrifício do Verbo Encarnado. Portanto, Deus permitiu que esses caídos chegassem tão perto, para serem os porta-vozes do próprio inferno no momento da vitória da vida sobre a morte.

A dispensação dos bodhisattvas portando a chama de Alfa e Ômega, cuidando do Buda, é o caminho do Oriente. Desse modo, podemos ver a configuração, nesta hora, do nosso Senhor Gautama e de dois discípulos (que representam a polaridade masculina e feminina do Corpo e do Sangue do Cristo vivo) dizendo: "Ó Senhor, nosso Senhor, não te deixaremos ser crucificado sozinho, estaremos contigo para redimir os pecados de todo o mundo e para fazer desta crucificação, nesta hora, uma trindade de luz sobre os montes do mundo!"

---

* Bodhisattva é uma palavra em sânscrito cujo significado literal é "um ser de bodhi (ou iluminação)", um ser destinado à iluminação ou aquele cuja energia e poder estão direcionados para a iluminação. Um bodhisattva é aquele que está destinado a se tornar um Buda, mas que renunciou ao êxtase do nirvana ao fazer um voto para salvar todos os filhos de Deus sobre a Terra. O bodhisattva pode adiar a sua ascensão por milhares de anos ou até o último homem, mulher ou criança na Terra alcançar a sua vitória.

Portanto, amados, quando dizeis "Jesus Cristo, meu Senhor, eu carrego a tua cruz! Saint Germain, eu carrego a tua cruz!", podeis ser igualmente escolhidos para manter o equilíbrio à direita e à esquerda da poderosa obra de Jesus e de Saint Germain nesta hora — mantendo à direita e à esquerda da Grande Fraternidade Branca, da mensageira e dos servos de Deus encarnados o equilíbrio da chama da vitória, do amor intenso e de todo o Poder de Deus que se mantém junto com os apóstolos de Cristo para o julgamento dos anjos caídos, como foi profetizado há muito tempo, desde a hora em que eles desceram.[17]

Agora, abençoados corações no caminho do Gólgota (onde podeis consumir muitos anos de ritos iniciáticos com Jesus e Maitreya), podeis entregar porções desse Cristo de acordo com a vossa vontade, conforme a divisão proporcional determinada pelo vosso próprio Cristo Pessoal, para que não preciseis sentir que até mesmo a imersão no Décimo Quinto Rosário vos foi negada. Pois, afinal, é o próprio Eu Verdadeiro, o Ser Crístico de cada um de vós que está sendo crucificado nesta hora! E quando a alma for uma só como esse Cristo a ponto de estar completamente abrigada dentro da joia dessa cruz — ela também vai conhecer o mistério do Verbo, do Cordeiro morto desde a fundação do mundo.[18] Até chegar esta hora, podeis cuidar de vosso Amado.

Correi para a cruz e cuidai desse Cristo, assumi o manto do Consolador

Eis o noivo, sai-lhe ao encontro![19] Ele veio, abençoados, como aquele que logo será crucificado. Recebei-o, pois, dentro de vossa alma como eu o fiz. Recebei-o em vossos braços de luz e compreendei que todos vós mantendes o verdadeiro coração da Mãe do Mundo dentro de vossa alma ao sentirdes com-

paixão pelo Cristo Eterno, pelo Ser Crístico, pelo Enviado —[20]
para aquele Cristo que se prepara para se fundir com cada Divino Filho-Varão. E a compaixão do vosso coração é correr para a cruz e cuidar dele nessa hora.

Contemplai, então, a vida. Olhai para os vossos irmãos e irmãs na Senda. Olhai para o Deus Eterno que ousa descer agora aos corações dos seus! Ele tem a coragem de descer para ser crucificado mais uma vez. E sois tão valentes que assumis o manto do Consolador, Misericordioso, ou até mesmo o manto do Senhor Buda e dizeis:

> Vou cuidar de ti, meu Senhor e Salvador!
> Vou afirmar a tua vitória.
> Vou te louvar na hora da morte aparente
> Pois a vida é eterna aqui e agora!
> Vou envolver os pesarosos em teu nome!
> Vou te encontrar, meu Senhor, no fundo do
>   coração
> Das tuas crianças desamparadas, dos teus
>   discípulos ainda não plenos.
> Vou oferecer compaixão como se fossem rosas,
> na vinha da minha transformação
> na plenitude da rosa de Sharon.
> Eu vou.
> Vou ofertar a preciosa essência da tua vida a mim
>   dada.
> A cada inspiração do fogo sagrado,
> vou expirar — *Purusha!*
> Vou transmitir o elemento da Divindade
> Que Deus me ofertou hoje!
> E depois de um milhão de inspirações na vida de
>   Brahma,

Saberei que o próprio Cristo se formou em mim.
E estarei resplandecente!
E todas as flores oferecidas pelos anjos da
ressurreição
Vão adornar a minha forma, que será de Deus.
Contemplai! Cristo veio para viver dentro
Deste templo onde EU SOU.
Contemplai! EU SOU O QUE EU SOU
Na plenitude da alegria de Deus habitando
fisicamente em mim.[21]

Esta é a minha prece imaculada para que vos transformeis, de forma imaculada, no Verbo.

Ouvi minha prece, Deus Todo-Poderoso! Ouvi minha prece Senhor Jesus Cristo! Intercedei por esses abençoados discípulos que ousam afirmar a plenitude da nossa integridade ao mesmo tempo em que percebem com a devida humildade vestirem a mortalha que simboliza as veste do carma que ainda está sendo transmutado, que ainda está sendo traduzido.

Passo a passo, fio a fio, o Corpo Solar Imortal[22] está surgindo em torno de vós. E verdadeiramente esta é a veste do lírio dourado e branco que surge no lugar da mortalha que usastes durante séculos. Eu observo todo esse processo. Contemplo o começo, o primeiro passo na Senda, e o último. E contemplo também o final e o meio.

Uma trindade de Seres Crísticos

Eu caminho com Gautama. Sigo pelo Caminho do Meio com meus filhos de luz — Jesus e Gautama. Nós três seguimos pelos caminhos da Terra nessa hora, desejando manifestar, nesta Sexta-feira Santa, a essência da Comunhão — a essência do significado desse ritual.

Meus abençoados filhos Jesus e Gautama pediram para cuidar de mim na hora da crucificação da Mãe, que é a minha hora. Esses avatares das eras consideram uma bem-aventurança estar à minha direita e à minha esquerda enquanto eu mantenho a vigília nesta era de Aquário — a crucificação de Deus Mãe dentro de cada um e da sua semente.

Assim, seguimos como símbolos, como sinais de que quando a bandeira da Mãe Divina for elevada sobre a Terra, esse será o sinal da ressurreição da Mãe, da elevação dessa luz, da elevação da força da vida e da descida da cruz para a presença manifesta em toda a Terra da chama da ressurreição que habita fisicamente dentro de vós como a semente dela, como uma emissão dela, como a sua prole para sempre!

Ó amados, este é um sinal de dois mil anos, na luz flamejante do Ser Infinito! Está escrito no *akasha* que, quando o filho e a filha de Deus atingirem a interiorização da chama da Mãe, então esta Mãe também será crucificada como Ser Crístico, ressuscitará como Ser Crístico e entrará na espiral da ascensão.

EU SOU a Mãe de todos os devotos do Oriente e do Ocidente. Em mim e no meu Imaculado Coração, todos são abençoados. Agora percebei como esses filhos de Deus estão determinados a ficar à vossa direita e à vossa esquerda no momento em que compartilhais como cálice de Comunhão até mesmo uma gota, uma única gota de Seu sangue derramado na hora da crucificação.

Pois eu vos dou essa única gota. Ela entra no coração. Ela se mistura com vosso próprio sangue. E experimentais, vede, o fardo, a dor, o golpe da lança no lado e sua fisgada, *que é luz!*

Uma única gota do sangue é suficiente para a salvação de muitos. Ela vai lavar-vos — se o permitirdes. Ela servirá para a vossa transfiguração — se o permitirdes. Ela vai ser o elemento de transmutação sempre presente, ao oferecerdes os vossos decretos dinâmicos à chama violeta — se o permitirdes. Ele será o presente do coração do Filho de Deus nessa hora.

Rezemos. Ajoelhemo-nos diante da cruz.

Esta é a minha prece para esta Sexta-feira Santa, diante de Christus e diante de Brahman, com quem está o Verbo:[23]

Ó SENHOR, eu te saúdo!

Venho a ti, mantendo a luz e a porção do peso do carma dos portadores de luz da Terra. Venho, SENHOR, pedir que dentro do meu Imaculado Coração possa acontecer uma tradução nesta hora, e que eu possa compartilhar o fardo da vida junto dos devotos de Christus, do Oriente e do Ocidente.

Todos os que o amam e todos os que amam a ti, SENHOR — eu os trago no coração! Meu desejo é que, antes da entrada nesta fase do Ciclo das Trevas eles possam ser, de algum modo, aliviados; e que ao carregar o meu rosário em seus corações eles possam receber um pouco de alívio, um pouco de perdão, um pouco de transmutação, e que um pouco de seu carma seja deixado de lado pela Grande Lei, para que eles possam seguir lutando.

Para que eles possam seguir lutando, SENHOR, esta é a minha prece! — que o peso do Ciclo das Trevas que vem vindo não lhes seja pesado demais, que os fardos da guerra e dos rumores de guerra, e também o aumento das intenções dos assassinos — a fome, a manipulação da vida abundante, a praga, a peste — possam lhes ser mais leves de suportar.

Portanto, venho. Venho com súplicas. Venho diante do trono do Senhor DEUS, de onde procede a chama da arca da aliança com o meu povo Israel! Rogo para que a luz do Espírito Santo interceda entre a cruz e os corpos que carregam a cruz, entre a cruz e os corações, almas e mentes.

Senhor DEUS que vives e reinas para sempre, ouve o que minha alma implora! Escuta minha alma implorando. Envia a luz do Consolador como um fogo sagrado, acalentando, transmutando e elevando os corações já em fogo por ti!

Ó Senhor, eu caminho ao lado deles neste ano! Ó Senhor, EU SOU a tua filha Maria! E como raio da Mãe, estou pregada na sagrada cruz de fogo branco levada pelos meus filhos, o Senhor Jesus e o Senhor Gautama.

EU SOU e estou contigo neste ano, Ó Deus! Pois estarei onde estiveres sendo mais uma vez crucificado sobre a Terra. Estarei lá para que o meu Imaculado Coração possa ser o vórtice de galáxias de luz que engolem as trevas, para que muitos possam passar através da crucificação e emergir triunfantes, universalmente unidos com a tua abençoada Igreja — assim no Alto como embaixo — sempre o núcleo branco desta comunhão dos santos.

EU SOU Maria. Que os portadores de luz sejam fortalecidos na hora do julgamento dos malignos sobre a Terra! Dá a eles a resistência do teu flamejante coração, SENHOR Deus Todo-Poderoso. Esta é a prece de um coração de Mãe.

Eu intercedo! EU SOU a Mediadora da Vida — aquela com a cruz de fogo branco, mundos sem fim, até que todos os que são meus retornem ao trono de Alfa e Ômega no Grande Sol Central.

Portanto, vinde depressa, Senhor Maitreya, Senhor Gautama, Senhor Jesus.

Abençoados corações, nesta trindade de Seres Crísticos enviados por Sanat Kumara é o sagrado Maitreya que se coloca em posição central, junto comigo, para que os três ungidos possam aparecer verdadeiramente para todos os portadores de luz da Terra, verdadeiramente na bênção da vida, verdadeiramente na alegria da entrega desse Cristo e dessa luz, e da sua retirada novamente — sempre se expandindo, sempre se expandindo, sempre se expandindo!

Contemplai, EU SOU e serei sempre e para sempre, até o alcançar da vossa união com a cruz, a vossa Mãe de luzes que aparecem — luzes eternas, luzes das hostes do SENHOR! Estou com alegria no coração do corpo causal de toda a vida.

Podeis vos aproximar de mim, amados. Pois esta sou eu. Estou aqui. Estou convosco. Não deveis temer a hora — a hora da vossa chegada. Pois esta é a vossa hora, e a hora da Vossa vitória de amor.

EU SOU a vossa Mãe, amados. Podeis ver a mim no momento em que eu toco o vosso coração com o meu próprio coração na Terra.

Sigamos agora pela via dolorosa. Caminhemos com Ele rumo ao Gólgota *com alegria!* — Ó alegria abençoada, a mesma alegria que estava no coração Dele nas 14 estações da cruz.

Ó abençoados entre os abençoados. EU SOU o amor vivo no meio de vós. Acariciai um coração de Mãe e sabei que EU SOU e estou sempre convosco.[24]

Maria

Vou sussurrar uma mensagem suave em vosso coração, em cada um individualmente. Uma mensagem de conforto, de alegria e de direção divina. Esta mensagem será selada em vosso coração. E embora talvez não consigais ouvi-la agora, ela vai desabrochar como uma rosa, para guiar-vos e vos servir de consolo nos dias que seguem.

Maria

A Imagem do Seu Eu Divino

A Imagem do Seu Eu Divino é um retrato de você e do Deus que habita seu interior. É um diagrama de você mesmo e do seu potencial de se transformar em quem realmente é. É uma representação da sua anatomia espiritual.

A figura superior é sua "Presença do EU SOU", a Presença de Deus que está individualizada em cada um de nós. É o seu "EU SOU O QUE EU SOU" pessoal. A sua Presença do EU SOU está envolvida pelas sete esferas concêntricas de energia espiritual, que formam o chamado "Corpo Causal". Essas esferas de energia pulsante contêm o registro das boas obras realizadas desde a sua primeira encarnação na Terra. Representam, digamos assim, sua conta bancária cósmica.

A figura do meio da imagem representa o "Santo Cristo Pessoal", também chamado de Eu Superior. Você pode considerá-lo como seu anjo da guarda principal e seu melhor amigo; seu instrutor, a voz da sua consciência. Assim como a Presença do EU SOU é a presença de Deus individualizada para cada um de nós, o Santo Cristo Pessoal é a presença do Cristo universal individualizada para cada um de nós. "O Cristo" é,

A Imagem do Seu Eu Divino

na verdade, um título dado àqueles que alcançaram a unidade com o seu Eu Superior, ou Ser Crístico. É por isso que Jesus foi chamado de "Jesus, o Cristo". Cristo vem da palavra grega *christos*, que significa "ungido" — ungido com a luz de Deus.

A imagem mostra que cada um de nós tem um Eu Superior ou "Cristo interno", e que estamos destinados a nos unir com o Eu Superior — quer o chamemos de Cristo, Buda, o Tao ou o Atman. Esse "Cristo interno" é o que os místicos cristãos costumavam denominar de "o homem interior do coração" e o que os *Upanishads* misteriosamente descrevem como um ser do "tamanho de um polegar" que "habita as profundezas do coração".

Todos temos momentos em que sentimos esta conexão com o Eu Superior — quando somos criativos, amorosos, alegres. Mas há instantes em que nos sentimos fora de sintonia com ele — quando sentimos raiva, depressão, tristeza. A Senda espiritual nos ensina a manter esta conexão com nossa consciência superior, para que possamos oferecer nossa melhor contribuição à humanidade.

O feixe de luz branca, que desce da Presença do EU SOU por intermédio do Santo Cristo Pessoal e chega até a figura inferior da Imagem, chama-se cordão de cristal (também denominado de cordão de prata). É o "cordão umbilical", a linha salva-vidas que liga você ao Espírito.

Seu cordão de cristal também nutre a chama de Deus, especial e radiante, localizada na câmara secreta do seu coração. Ela é chamada de chama trina ou centelha divina, e é, literalmente, uma centelha do fogo sagrado que Deus transmitiu do Seu coração até você. Esta chama é denominada "trina" porque expressa os atributos primários do Espírito — poder, sabedoria e amor.

Os místicos de todas as religiões contataram a centelha divina, descrevendo-a como a semente da divindade interior. Os budistas, por exemplo, falam da "semente da budicidade" que existe em todos os seres viventes. Na tradição hindu, o Katha Upanishad fala da "luz do Espírito", que se oculta no "lugar sagrado do coração" de todos os seres.

Da mesma forma, o teólogo e místico cristão Meister Eckhart, no século XIV, falava sobre a centelha divina: "A semente de Deus está em nosso interior." Existe uma parte de nós, dizia Eckhart, que "permanece eternamente no Espírito e que é divina.(...) Aqui Deus cresce e flameja sem cessar".

Quando decretamos, meditamos na chama que fica na câmara secreta do coração. Essa câmara secreta é o seu templo de meditação pessoal, seu castelo interior, como Teresa de Ávila costumava chamá-lo. Na tradição hindu, o devoto visualiza uma ilha de joias no interior do coração. Vê a si mesmo nessa ilha, diante de um lindo altar, onde, em profunda meditação, envia amor ao seu mestre.

Jesus falou sobre a importância de entrarmos na câmara secreta do coração disse: "Quando rezais, deveis entrar no quarto, fechar a porta e orar em segredo ao Pai; e o Pai, que vos ouviu em segredo, recompensar-vos-á abertamente."

A figura inferior da Imagem do Seu Eu Divino representa você na Senda espiritual, envolvido pela chama violeta e pela proteção da luz branca de Deus, o "tubo de luz". Sua alma é o potencial vivente de Deus — sua parte mortal que poderá se tornar imortal. A energia de alta frequência da chama violeta poderá ajudá-lo a alcançar esse objetivo mais rapidamente.

O propósito da evolução da sua alma na Terra é desenvolver a mestria pessoal, equilibrar o carma e cumprir sua missão no planeta, para assim poder retornar às dimensões espirituais que são seu verdadeiro lar. Quando finalmente sua alma levantar voo e ascender de volta a Deus e ao mundo celestial, você se tornará um Mestre "Ascenso", livre dos ciclos do carma e do renascimento.

Notas

Uma palavra da autora

1. A evolução angélica inclui coros de serafins, querubins, tronos, anjos, dominações, potestades, virtudes, principados e arcanjos.

2. Nossa Senhora revelou a ciência do relógio cósmico para o mapeamento dos ciclos da nossa autodisciplina. Não se trata de astrologia tradicional. Trata-se de uma astrologia interna do núcleo de fogo branco por meio do qual podemos fazer um diagrama dos ciclos do nosso carma — sequências de causa-efeito de energia em movimento. Para saber mais sobre os ensinamentos do relógio Cósmico, leia o livro *Preveja seu futuro: compreenda os ciclos do relógio cósmico*, de Elizabeth Clare Prophet, publicado no Brasil pela Editora Nova Era.

3. Esses rosários escriturais estão disponíveis, em inglês, em gravações da Summit University Press.

4. *O Décimo Quarto Rosário: o mistério da renúncia* está disponível em duas fitas, com um folheto publicado em português pela Summit Lighthouse do Brasil.

5. Rm 8:7.

6. Jo 1:9.

Capítulo 1 — A Maria verdadeira

1. Ruth Hawkins é agora uma Mestra Ascensa e também Deusa da Beleza. Em sua última encarnação, no século XX, ela foi uma artista e muito dedicada devota da Grande Fraternidade Branca. Ver o livro *Os mestres e seus retiros*, de Mark Prophet e Elizabeth Clare Prophet.

2. Um ditado é uma mensagem de um Mestre Ascenso, um arcanjo ou outro avançado ser espiritual que é divulgada, por intermédio do Espírito Santo, a um mensageiro da Grande Fraternidade Branca.

3. Os sete raios são as emanações de luz da Divindade, os sete raios espirituais de Deus. Esses sete raios originam-se na luz branca, através do prisma da consciência Crística. Cada raio focalizando uma frequência, ou cor, e qualidades específicas. O quinto raio é o raio verde da verdade, da ciência, da cura, da música, da abundância e da visão.

4. O chakra do terceiro olho é um centro de energia espiritual ancorado no corpo etérico, no espaço entre as sobrancelhas. Ele está associado com o quinto raio e com a expressão da Verdade e da visão divina, e mantém essa visão mais elevada para cada um e para os outros, e também a cura, a integridade, a abundância, a clareza, a constância, o foco, a música e a ciência. O chakra do terceiro olho tem 96 pétalas e é a abertura da visão espiritual. De forma ideal, nós deveríamos ser capazes de, através do terceiro olho, ancorar a visão de Deus e a visão da perfeição. Era disso que Jesus falava quando dizia: "A luz do corpo são os olhos; portanto, se os teus olhos forem bons, todo o teu corpo terá luz" (Mt 6:22; Lc 11:34). Veja na página 59 o diagrama dos sete chakras.

5. *Pérolas de Sabedoria* são cartas semanais de instrução ditadas pelos Mestres Ascensos a seus mensageiros Mark e Elizabeth Clare Prophet, para os estudantes dos mistérios sagrados em todo o mundo. Essas cartas preciosas são o contato íntimo, de coração a coração, entre guru e chela. As *Pérolas de Sabedoria* vêm sendo publicadas pela Summit Lighthouse, continuamente, desde 1958. Elas contêm ensinamentos atemporais, fundamen-

tais e avançados sobre lei cósmica, com aplicação prática das Verdades espirituais aos problemas pessoais e planetários. Para recebê-las, entre em contato com a Summit Lighthouse do Brasil pelo site www.summitlighthouse.com.br.

6. Dt 6:4.

7. Ap 12:1.

8. O raio violeta é o sétimo raio e focaliza as qualidades da liberdade, da misericórdia, da justiça, da transmutação e do perdão.

9. Os ensinamentos de Nossa Senhora sobre o relógio cósmico e os ciclos das energias das 12 hierarquias solares podem ser encontrados no livro *Preveja o seu futuro: compreenda os ciclos do relógio cósmico*, de Elizabeth Clare Prophet, lançado no Brasil pela Editora Nova Era.

Capítulo 2 — Assim no Alto como embaixo

1. Jo 1:14.

2. As experiências da alma de Maria na Terra foram relatadas nas introduções do primeiro e do segundo livro desta trilogia, *Mensagens de Maria para um novo dia* e *Mensagens de Maria sobre o amor divino*, ambos lançados no Brasil pela Editora Nova Era.

3. Foi no antigo continente perdido da Lemúria que houve a alegórica Queda do homem descrita no relato bíblico de Adão e Eva, a qual ocorreu por influência dos anjos caídos chamados de Serpentes (por usarem as energias serpentinas — ondulantes — da coluna para enganar a alma, ou princípio feminino da humanidade, para fazer enfraquecer o potencial masculino). Isso representou uma degradação gradual da consciência de muitos filhos e filhas de Deus, do nível da autopercepção Divina ao plano da dualidade e da percepção relativa do bem e do mal. As energias da humanidade desceram dos chakras superiores para os chakras inferiores, comprometendo a santidade do altar de Deus através da má utilização do fogo sagrado para a gratificação dos sentidos e do desejo carnal. Desse modo, a consciência de morte e de pecado foi introduzida na raça humana, que se tornou, então, sujeita às leis do carma e da mortalidade.

4. Lc 2:35.
5. 2 Pe 1:10.
6. Hb 10:9.
7. Tg 2:19.
8. Mt 17:2.
9. Sl 8:5; Hb 2:9.
10. Há muitos anos os mestres desejavam um livro sobre as estratégias das trevas. Enquanto os mensageiros não escreviam esta obra, os mestres nos deram abundantes ensinamentos sobre as estratégias dos caídos e como superá-las com a luz. Publicado em 2002, em inglês, *Strategies of Light and Darkness* é uma compilação e condensação de alguns desses ensinamentos.
11. Mensageiro é aquele que é treinado por um Mestre Ascenso para receber, por intermédio de vários métodos, as palavras, conceitos, ensinamentos e mensagens da Grande Fraternidade Branca; aquele que transmite a lei, as profecias e as graças de Deus a um povo e a uma era (Ap 14:6; Mt 10:6; 15:24). Os mensageiros da Grande Fraternidade Branca são ungidos pela hierarquia como seus apóstolos ("aquele que é enviado em missão"). Eles transmitem, por meio dos ditados (profecias) dos mestres Ascensos o testemunho e os ensinamentos perdidos de Jesus Cristo pelo poder do Espírito Santo, à semente do Cristo, às ovelhas perdidas da casa de Israel e a todas as nações.
12. Nossa Senhora, *Pérolas de Sabedoria*, v. 18, nº 44, 2 de novembro de 1975.

Capítulo 3 — O rosário da Nova Era

1. "La Tourelle", em Colorado Springs, no Colorado, EUA, foi a sede da Igreja dos Mestres Ascensos Universal e Triunfante de janeiro de 1966 até o verão de 1976, e um centro de ensino comunitário desde então, até a venda da propriedade, em novembro de 1984. O amado Ômega consagrou o lugar como Retiro da Espiral da Ressurreição em 11 de abril de 1971.
2. 1 Jo 3:1-2.

Capítulo 4 — A chama da Mãe e a encarnação de Deus

1. Jo 1:14.
2. Gn 4:1.
3. Jo 4:25-26.
4. Ap 19:16.
5. Mt 19:24.
6. Lc 1:46.
7. O Deus e a Deusa Meru veneram a chama da Mãe em seu retiro etérico, o Templo da Iluminação, localizado sobre o Lago Titicaca, que fica na cordilheira dos Andes, na fronteira entre o Peru e a Bolívia. Este retiro é também o foco do raio feminino da Divindade para a Terra. Ver o livro *Os mestres e seus retiros*, de Mark L. Prophet e Elizabeth Clare Prophet.
8. Tt 1:15.
9. Nossa Senhora, *Pérolas de Sabedoria*, v. 17, nº 50, 15 de dezembro de 1974.

Capítulo 5 — A ciência do conceito imaculado

1. O Ovo Cósmico é o universo espiritual-material, incluindo uma cadeia aparentemente infinita de galáxias, sistemas estelares, mundos conhecidos e desconhecidos, cujo centro, ou núcleo de fogo branco, é chamado de Grande Sol Central. O Ovo Cósmico tem um centro espiritual e material. Embora possamos descobrir e observar o Ovo Cósmico a partir dos nossos sentidos e da nossa percepção física, todas as dimensões do Espírito também podem ser conhecidas e vivenciadas dentro dele. O Ovo Cósmico representa os limites da habitação do homem neste ciclo cósmico.
2. Mt 25:40.
3. Mt 6:12; 14-15.
4. Ver a parábola do credor incompassivo, Mt 18:23-35.
5. Hb 10:9.
6. Nossa Senhora, *Pérolas de Sabedoria*, v. 17, nº 52, 29 de dezembro de 1974.

Capítulo 6 — A visão de uma Nova Era

1. Jo 3:16.
2. Nossa Senhora, *Pérolas de sabedoria*, v. 17, nº 52, 29 de dezembro de 1974.

Capítulo 7 — Um conselho da Mãe para seus filhos

1. Em 1917, a Primeira Guerra Mundial se alastrava furiosamente pela Europa. Na Rússia, os bolcheviques planejavam sua Revolução de Outubro, e Portugal fazia uma difícil transição, passando por uma série de regimes instáveis. Tendo esse momento tumultuado como pano de fundo, Nossa Senhora revelou seu plano de paz a três pastorinhos que moravam nas proximidades da aldeia de Fátima, em Portugal. Durante as suas seis aparições, Nossa Senhora alertou sobre um grande castigo que cairia sobre o planeta e revelou o seu plano para a implantação de paz no mundo: a recitação diária do rosário, a fim de "trazer a paz para o mundo e o fim da guerra", a devoção ao seu Imaculado Coração e também penitência. Ela ofereceu duas visões às crianças e transmitiu a elas um Terceiro Segredo, que elas não deveriam revelar. Para uma descrição das aparições de Nossa Senhora e de suas profecias, leia o livro *Mensagens de Maria sobre o amor divino*, de Mark L. Prophet e Elizabeth Clare Prophet, segundo livro da trilogia *Mensagens Douradas de Maria*, publicada no Brasil pela Editora Nova Era.
2. Ap 13:7-8.
3. Ap 13:10.
4. Gl 6:7.
5. 1 Co 6:20; 7-23.
6. Jesus ensinou intensamente durante seu ministério, e, no entanto, os Evangelhos registram apenas uma parcela de tudo o que ele disse. Na série *Os ensinamentos ocultos de Jesus* (obra em quatro volumes publicada no Brasil pela Editora Nova Era), Elizabeth Clare Prophet mostra que muitos dos ensinamentos originais de Jesus ficaram de fora; ela explica que o Novo Testamento revela

apenas fragmentos do que Jesus ensinou e que muito do que foi escrito foi modificado por inúmeros editores — ou suprimidos pelo "guardiães da fé".

7. Ap 12:7-8.

8. Jd 4.

9. A Revolução de Outubro foi a segunda e maior fase da revolução russa de 1917, na qual o Partido Bolchevique tomou o poder, inaugurando o regime soviético e acabando com a monarquia russa, que já tinha mil anos.

10. William C. McGrath, no texto "The Lady of the Rosary", do livro *A Woman Clothed with the Sun*, editado por John J. Delaney.

11. Para descrições dos retiros etéricos e de como viajar até eles, veja o livro *Os mestres e seus retiros*.

12. A matriz esmeralda é um padrão interior, uma fórmula interior personalizada para sua Presença Divina, no coração do átomo permanente do Eu que existe para a precipitação, no plano físico, do Eu Interior. Ela é o sinal da descida da luz interior na manifestação externa. Os Mestres Ascensos nos dão a iniciação da matriz esmeralda através da transferência de luz. O Mestre Ascenso Saint Germain orientou a mensageira a usar a esmeralda da marca Chatham para selar os servos de Deus em suas testas, ao viajar pelas nações do mundo. Ela disse: "Eu a chamo de matriz esmeralda porque ela é um padrão molecular em cristal que Saint Germain pode usar a fim de transferir o raio de luz para o selamento dos servos de Deus. Esse raio vem do coração dele e passa pelo chakra do meu coração. Em seguida, por meio desse cristal e é ancorado no seu chakra do terceiro olho."

13. McGrath. "A Senhora do Rosário."

14. Lúcia foi uma das três crianças para quem Nossa Senhora apareceu em Fátima. Ela faleceu em 13 de fevereiro de 2005, aos 97 anos.

15. *Fátima nas palavras da própria Lúcia: As memórias da Irmã Lúcia*, livro editado por Louis Kondor (Fátima, Portugal: Centro de Postulado, e distribuído pela Ravengate Press).

16. Podemos notar a ligação do terceiro segredo com os atos do Comunismo Mundial quando Nossa Senhora nos deu esse ensi-

namento, em 1917. De acordo com o *Stimme des Glaubens*, em novembro de 1980 o papa João Paulo II falava para um grupo de católicos alemães que lhe perguntaram a respeito do terceiro segredo. Ele disse: "Devido à seriedade do conteúdo desta mensagem, e a fim de não incentivar o Comunismo a dar algum tipo de golpe, meus predecessores na Cadeira de Pedro diplomaticamente preferiram impedir a sua publicação.

"Por outro lado, deveria ser suficiente para todos os cristãos saber o seguinte: Se existe uma mensagem na qual é dito que os oceanos vão inundar imensas porções do planeta: que de um momento para outro milhões de pessoas vão perecer, não há razão para querer divulgar essa mensagem secreta. Muitos querem saber a respeito dela por pura curiosidade, ou por simples gosto pelo sensacionalismo, mas esquecem que 'saber' implica responsabilidade para eles. É perigoso querer apenas satisfazer a curiosidade se as pessoas estão convencidas de que não há nada que possamos fazer contra uma catástrofe que tenha sido prevista."

O papa pegou seu rosário e disse: "Aqui está o remédio para todo o mal! Rezem, rezem e não peçam mais nada. Coloquem tudo nas mãos da Mãe de Deus!" Fazemos a nós mesmos a seguinte pergunta: "Por que razão os papas não vêm atendendo aos pedidos de Nossa Senhora para a consagração da Rússia e para a revelação do terceiro segredo?"

17. *Neues Europa*, 15 de outubro de 1963.
18. Gl 6:5.
19. Gn 1:26-27; 5:1; 9:6.
20. Js 16:9.
21. O Ciclo das Trevas do retorno do carma da humanidade começou no dia 23 de abril de 1969. Esse foi o momento em que a energia mal qualificada de toda a humanidade (isto é, o retorno do seu carma negativo), que havia sido foi mantida em suspenso durante séculos sob a grande misericórdia da Lei foi liberada, de acordo com os ciclos de iniciação das hierarquias solares, para ser equilibrado neste período de transição até a era de Aquário.
22. *Neues Europa*, 15 de outubro de 1963.

23. O Livro de Enoque é um texto valorizado pelos essênios, antigos judeus e cristãos, mas condenado, posteriormente, por rabinos e pelos Patriarcas da Igreja. O livro foi denunciado, banido e "perdido" por mais de mil anos. Em *Anjos caídos e as origens do mal: Por que a Igreja ocultou o livro de Enoque e as suas impressionantes Revelações* (publicado no Brasil pela Editora Nova Era), Elizabeth Clare Prophet examina a controvérsia que cerca este livro e lança uma nova luz sobre os mistérios proibidos de Enoque.

24. Gn 6:4 (Bíblia de Jerusalém). Nm 13:33 se refere a "gigantes".

25. *Neues Europa*, 15 de outubro de 1963.

26. Gn 22:13; Jó 1:5.

27. Mt 6:12.

28. Frère Michel de la Sainte Trinité, "O Terceiro Segredo Revelado..." *O Cruzado de Fátima* (Junho-Julho de 1986).

29. Ibid.

30. Nossa Senhora transmite o Terceiro Segredo para as crianças, em 13 de julho.

31. Frère Michel de la Sainte Trinité, "O Terceiro Segredo Revelado...".

32. Ibid.

33. Ibid.

34. Ibid.

35. Nossa Senhora, *Pérolas de Sabedoria*, vol. 27, nº 63, 30 de dezembro de 1984.

36. Um dia, quando o papa Leão XIII (1878-1903) acabou de rezar a missa, ele parou no altar como se estivesse em transe. Mais tarde, anunciou que ouvira Satanás conversando com Nosso Senhor. Satanás solicitou que lhe fossem dados 75 anos para tentar destruir a Igreja. O Senhor disse: "Vou lhe dar esse tempo; você tem o poder. Faça o que desejar." O papa entendeu que, se o demônio não tivesse conseguido alcançar seu objetivo até o fim deste prazo, sofreria um derrota esmagadora. Compreendeu também que, por meio de orações, sacrifícios e seguindo vidas boas e cristãs, poderíamos compensar o poder do demônio e de seus agentes humanos. Assim, o papa Leão XIII criou uma oração pedindo a intercessão do Arcanjo Miguel, que deveria ser rezada ao fim de cada missa durante 75 anos. Essa prática foi

interrompida depois do Concílio Vaticano II. A oração do Papa Leão XIII, revisada e adaptada pela mensageira para os estudantes dos Mestres Ascensos, está incluída no *Rosário do Arcanjo Miguel para Armagedom* (disponível em português em uma edição da Summit Lighthouse do Brasil):

"São Miguel Arcanjo, defende-nos em Armagedom, sê a nossa proteção contra os embustes e ciladas do demônio; rogamos humildemente que Deus o repreenda e que tu, ó Príncipe da milícia celeste, pelo poder de Deus, detenhas as forças da morte e do inferno, os descendentes de Satanás, a falsa hierarquia do Anticristo e todos os espíritos malignos que vagueiam pelo mundo para ruína das almas, e os mandes para o Tribunal do Fogo Sagrado para o seu Juízo Final. (Neste ponto, devem-se fazer os pedidos pessoais).

Lança aqueles que são das trevas e a sua escuridão, os malfeitores, as suas palavras e obras malignas, causa, efeito, registro e lembrança, no lago do fogo sagrado que foi 'preparado para o demônio e os seus anjos'.

Em nome do Pai, do Filho, do Espírito Santo e da Mãe, Amém."

37. Essa declaração faz parte da mensagem de Nossa Senhora em Garabandal, de 18 de junho de 1965.

38. Até o momento da publicação deste livro, três das crianças — Marija, Vicka e Ivan — haviam recebido nove segredos, e Nossa Senhora continuava a aparecer para eles todos os dias, onde quer que estivessem. Os outros três videntes — Mirjana, Jakov e Ivanka — receberam todos os dez segredos, e Nossa Senhora aparece para eles apenas uma vez por ano, e vai continuar a fazer isso pelo resto das suas vidas. Nossa Senhora também tem aparecido a Mirjana no segundo dia de cada mês, desde o dia 2 de agosto de 1987, com o objetivo específico de rezar por todos os que não creem.

39. Relato do Padre Tomislav Vlasic, em dezembro de 1983, divulgado no livro *Is the Virgin Mary Appearing in Medjugorje?*, de René Laurentin e Ljudevit Rupciv (World Among Us Press), anexo 1; e Joseph A. Pelletier, *The Queen of Peace Visits Medjugorje* (Worcester, Mass.: Assumption Publication, 1985).

40. Jo 8:12; 9:5.
41. Mt 5:14.
42. Mt 5:15-16.
43. Jo 9:4.
44. Vlasic, relato de 1983, no livro *Is the Virgin Mary Appearing in Medjugorje?*, de Laurentin e Rupciv, anexo 1; e Pelletier, *The Queen of Peace Visits Medjugorje*.
45. Relato do Padre Tomislav Vlasic ao papa João Paulo II, dezembro de 1983.
46. Nossa Senhora, em um ditado de 11 de maio de 1987, publicado nas *Pérolas de Sabedoria*, vol. 30, nº 23, de 7 de junho de 1987.
47. Mat 2:13.
48. Nossa Senhora, em um ditado de 11 de maio de 1987, publicado nas *Pérolas de Sabedoria*, vol. 30, nº 23, de 7 de junho de 1987.
49. Veja os livros de Elizabeth Clare Prophet: *Os anos ocultos de Jesus* e *Os ensinamentos ocultos de Jesus*, publicados no Brasil pela Editora Nova Era.
50. Mt 7:15.
51. 1 Co 15:52.
52. 2 Pe 3:10, 12.
53. Essa palestra foi feita no dia 31 de outubro de 1987 em Minneapolis, Minnesota.

A chama violeta

1. O decreto é uma forma dinâmica de oração falada usada pelos estudantes dos Mestres Ascensos, com o intuito de direcionar a Luz de Deus para condições individuais e mundiais, a fim de produzir mudanças construtivas. Um decreto é definido como uma vontade preordenada, um édito, um comando ou *fiat*, uma decisão de autoridade, declaração, lei, regulamento ou norma religiosa; um mandamento ou comando. A palavra "decreto", quando usada como verbo, significa decidir, declarar, determinar ou ordenar; mandar, comandar ou impor; invocar a presença de Deus, a sua luz-energia-consciência, seu poder, sua proteção, pureza e perfeição.

Está escrito no Livro de Jó: "Decretando tu alguma coisa, ela se estabelecerá sobre ti, e a luz brilhará em teus caminhos." O decreto é a mais poderosa de todas as solicitações à divindade. É o "demandai-me ordens" de Isaías 45:11, comando original à Luz, o qual, assim como o "Faça-se a Luz", é o direito inato dos filhos e filhas de Deus. É a autoritária Palavra de Deus, dita no homem em nome da Presença do EU SOU e do Cristo vivo para efetuar a transformação construtiva na Terra, por meio da vontade de Deus e de sua consciência, assim na Terra como no céu — na manifestação embaixo como no Alto.

O decreto dinâmico oferecido como louvor e petição ao Se-nhor DEUS na ciência da palavra falada é a "fervorosa e eficaz prece do justo" que é de grande valor. O decreto dinâmico é o meio pelo qual o suplicante identifica-se com a Palavra de Deus, até mesmo a ordem original do Criador. "Haja luz; e Houve Luz." Por intermédio do decreto dinâmico recitado com alegria e amor, fé e esperança na graça de Deus, o suplicante recebe o enxerto da Palavra e experimenta a transmutação pelo fogo sagrado do Espírito Santo, o "julgamento pelo fogo", por meio do qual todo pecado, doença e morte são consumidos, embora a alma justa seja preservada.

O decreto é o instrumento do alquimista e a técnica para a transmutação e autotranscendência pessoal e planetária. O decreto pode ser curto ou longo, e é geralmente caracterizado por um preâmbulo formal e uma conclusão, ou aceitação. Leia o livro *A ciência da falavra falada*, de Mark L. Prophet e Elizabeth Clare Prophet, publicado em português pela Summit Lighthouse do Brasil. Veja também Jo 22:28; Gn 1:3; Tg 1:21; 5:16; 1 Co 3:13-15; 1 Pe 1:7.

Capítulo 8 — Homem, mulher, tornai-vos quem realmente sois!

1. *Manu* é uma palavra em sânscrito cujo significado é progenitor e legislador das evoluções de Deus na Terra. O manu e seu complemento divino são as chamas gêmeas ascensas designadas pelo Deus Pai-Mãe para patrocinar e encarnar a imagem Crística de

determinada evolução ou onda de vida, conhecida como raça-raiz — almas que encarnam como um grupo e têm um padrão arquetípico único, um plano divino e uma missão a cumprir na Terra. De acordo com a tradição esotérica, existem sete grupos principais de almas, isto é, da primeira à sétima raça-raiz. As três primeiras raças-raízes viveram na pureza e na inocência, na Terra, ao longo de três eras de ouro antes da Queda de Adão e Eva. Através da obediência à lei cósmica e da total identificação com o Eu Verdadeiro, estas três raças-raízes adquiriram sua liberdade imortal e ascenderam da Terra.

Durante o período da quarta raça-raiz, no continente da Lemúria, a Queda alegórica ocorreu sob a influência dos anjos caídos conhecidos como Serpentes (pois usavam as energias da coluna espinhal, em forma de serpente, para seduzir a alma, ou princípio feminino da humanidade, como meio para alcançar a sua finalidade, que era reduzir o potencial masculino, enfraquecendo desse modo os Filhos de Deus).

A quarta, quinta e sexta raças-raízes permanecem encarnadas na Terra atualmente. A sétima raça-raiz está destinada a encarnar no continente sul-americano na era de Aquário, sob a direção dos seus manus, o Grande Diretor Divino e seu complemento divino. O Deus e a Deusa Meru são os manus da sexta raça-raiz; Vaivasvata Manu, com a sua consorte, são os manus da quinta raça-raiz; e o Senhor Himalaia, com sua bem-amada, são os manus da quarta.

Os manus são os padrinhos de cada uma dessas raças-raiz. Atendem prontamente ao chamado de seus filhos com a presença consoladora de sua Luz. Sua presença emite tamanho poder, sabedoria e amor que ela estremece o éter e faz com que cada uma das crianças de Deus se sinta nos braços Dele, mesmo nos momentos mais adversos.

2. Jesus, Maria e muitos outros santos realizam estudos no retiro do Deus e da Deusa Meru, o Templo da Iluminação, no plano etérico sobre o lago Titicaca. Para um perfil do Deus e da Deusa Meru, bem como uma descrição do seu retiro, leia *Os mestres e seus retiros*, de Mark L. Prophet e Elizabeth Clare Prophet.

3. Sl 110:4.

4. Os ditados em inglês do seminário de junho de 1974, *Planos da família para a era de Ouro*, estão disponíveis em CD, através de pedidos à Summit Lighthouse. Este seminário teve como foco a família, o relacionamento entre homem e mulher dentro da Senda e a criação de filhos.
5. Ap 17:1-6.
6. Lc 22:53.
7. Jo 9:39.
8. Lc 2:35.
9. Essa palestra foi dada em 11 de outubro de 1975, durante a conferência denominada *Até o novo dia*, em São Francisco, na Califórnia.

Capítulo 9 — O Décimo Quarto Rosário

1. Esses rosários estão incluídos nos livros *Mensagens de Maria para um novo dia* e *Mensagens de Maria sobre o amor divino*, de Mark L. Prophet e Elizabeth Clare Prophet, publicados no Brasil pela Editora Nova Era, como livros 1 e 2 da trilogia *Mensagens Douradas de Maria*.
2. Fundada em 1961 por Saint Germain, a Fraternidade dos Guardiães da Chama é uma organização que une os Mestres Ascensos e os chelas que fazem um voto de manter a Chama de Vida na Terra, e também de apoiar as atividades da Grande Fraternidade Branca. Visite o site *www.summitlighthouse.com.br* para saber como se tornar um Guardião da Chama.
3. Jo 17.
4. Jo 17:1.
5. Essa palestra foi dada no dia 11 de outubro de 1975, durante a conferência denominada *Até o novo dia*, em São Francisco, na Califórnia.

Capítulo 10 — O diagrama do Décimo Quarto Rosário

1. Ap 1:8.
2. Mt 6:9-13.
3. Veja a Imagem de Seu Eu Divino na página 348.

4. Êx 3:13-15.
5. Mark L. Prophet (1918-1973) foi treinado pelo Mestre Ascenso El Morya para ser um mensageiro da Grande Fraternidade Branca. Em 1958, sob a orientação de El Morya, ele fundou a Summit Lighthouse, uma organização dedicada à publicação dos ensinamentos dos Mestres Ascensos. A partir de 1961, ele passou a receber, nesse trabalho, a colaboração de sua chama gêmea, Elizabeth. Mark fez a sua ascensão em 26 de fevereiro de 1973 e é agora o Mestre Ascenso Lanello. Como Lanello, ele continua a dirigir as atividades da Summit Lighthouse, na qualidade de "Guru Sempre Presente" que disse: "A nossa mensagem deve ser uma mensagem de amor, e devemos demonstrar esse amor ao mundo." Annice Booth nos apresenta Mark Prophet em seu livro *Memórias de Mark: Minha vida com Mark Prophet.*
6. Ap 12:10.
7. O Livro do Apocalipse é uma revelação que, segundo afirmação de João, o Amado, foi dada por Jesus, "enviada e comunicada" por seu Anjo da Revelação. O Apocalipse é um estudo da psicologia da alma e uma profecia dos testes sobre os quais todos devemos obter mestria em nosso caminho que leva ao reencontro com Deus. O ensinamento de Jesus para nós revela o reino de Deus como a consciência de Deus experimentada individualmente, à medida que seus mistérios se abrem através da iniciação Crística e do batismo pelo fogo sagrado. Quando alguém veste este estado de consciência, isto é, o reino de Deus, ou nele faz morada, os elementos (carma) do "antirreino" são destruídos por completo. Eles estão registrados no subconsciente (bem como no inconsciente coletivo da raça como carma humano), e são descritos por João no Apocalipse como desafios a serem enfrentados no campo de batalha da psique de toda alma vivente.
8. 2 Co 6:16.

Capítulo 11 — O Mistério da Renúncia

1. Mt 5:48.
2. Sl 70:4.

Capítulo 12 — O Rosário da Criança para Nossa Senhora

1. O primeiro dos três pedidos feitos às crianças em Fátima foi: "rezem", especialmente o rosário.
2. Esse ditado foi dado em 22 de março de 1978.

Capítulo 13 — A ciência de cura da Mãe

1. Para uma descrição da encarnação de Maria na Atlântida, ver *Os mestres e seus retiros*, de Mark L. Prophet e Elizabeth Clare Prophet.
2. Mt 26:36-41. Ao lembrar as horas em que seu coração estava pesado devido aos fardos do mundo, o Mestre Ascenso Jesus se ofereceu para fazer uma vigília com as crianças de Deus, quando elas passam pelas dificuldades que ele também enfrentou. O "Vigiai Comigo", a vigília das Horas de Jesus, foi ditado por Jesus como oferenda a um mundo ainda repleto de caos, guerra, orgulho, superstição e ignorância. Ao fazer esta vigília, os filhos e filhas de Deus podem empenhar o seu amor e a sua lealdade, comprometendo-se a fazer uma vigília de uma hora com Jesus, a cada semana, como reparação pelos que não conseguiram fazer isso. Este serviço está disponível no livro *Vigiai comigo, a vigília das horas de Jesus*, publicado em português pela Summit Lighthouse do Brasil.
3. Lc 21:19.
4. Mt 11:30.
5. No dia 27 de novembro de 1830, Nossa Senhora apareceu a Catherine Labouré, então com 24 anos, noviça das Filhas de Caridade, em Paris. Em seu relato da visita que recebeu, Catherine contou: "Vi anéis em seus dedos, três anéis em cada dedo, o maior deles junto à base, um de tamanho médio no meio e o menor mais perto da ponta do dedo. Cada anel estava incrustado de joias, cada uma mais maravilhosa do que a outra; as joias maiores emitiam raios mais poderosos e as joias menores, raios de pequena intensidade." Catherine disse que Nossa Senhora explicou a ela que os anéis "eram os símbolos das graças que ela estendia sobre aquele que as pediam... As joias das quais não saía

raio algum representavam as graças que as almas se esqueciam de pedir". Nessa aparição, a Mãe Abençoada descreveu em detalhes para Catherine as imagens que ela queria que fossem colocadas na parte da frente e de trás daquela que passou a ser conhecida como "Medalha Milagrosa". Ela instruiu Catherine, dizendo que a medalha deveria sempre ser usada em volta do pescoço e disse: "Graças vão ser despejadas com abundância sobre aqueles que a usarem com fé e confiança." Ver o livro de Delaney, *A Woman Clothed with the Sun.*

6. Mc 9:35.
7. Esse ditado foi dado durante o seminário *A nova Atlanta*, na cidade de Atlanta, estado da Georgia, EUA, em 2 de setembro de 1973.

Capítulo 14 — O círculo sagrado

1. Hb 12:2.
2. Leia a nota número 1 do Capítulo 5 deste livro, a respeito do Ovo Cósmico.
3. Mt 10:14; Mc 6:11.
4. Hb 2:14.
5. Esse ditado de Nossa Senhora foi dado durante um seminário de fim de semana denominado *Os planos para a família na era de Ouro*, em Burbank, Califórnia, no dia 16 de junho de 1974.

Capítulo 15 — O raio da Mãe como instrumento de transição da alma para o novo dia

1. At 9:1-9.
2. At 9:4, 5.
3. Ap 19:14.
4. Ap 16:16.
5. Is 54:5.
6. Moisés carregava um cajado de pastor, o símbolo da força da vida no homem. Ele se tornou a vara da autoridade que o SENHOR DEUS deu a Moisés (Êx 4:17-21; 7; 9:23), a qual, empunhada por

Arão, tragou as serpentes dos magos negros do Egito e se transformaria no caduceu ígneo. Essa força "serpentina" é a espiral de luz que se eleva no altar espinhal, a energia que se eleva como um funil de fogo no centro da coluna, o frio e o calor do sopro do fogo sagrado subindo e descendo como fonte de vida. Esta é a vara da mestria, denotando que o escolhido elevou a luz da Mãe a partir da base da coluna até o chakra da coroa e a selou no terceiro olho.

7. Jo 14:6.
8. Mt 28:20.
9. Esse ditado foi dado durante o seminário *Até o novo dia*, em São Francisco, na Califórnia, em 11 de outubro de 1975. Foi publicada sob o título A Palavra Radiante em *Pérolas de Sabedoria*, v. 23, nº 27.

Capítulo 16 — Vou libertar-vos

1. Veja Parte Um, Capítulo 2.
2. Esse ditado foi dado durante o seminário *A respeito da Mãe*, no dia 29 de novembro de 1981, em Los Angeles, Califórnia. Foi publicado em *Pérolas de Sabedoria*, v. 24, nº 78.

Capítulo 17 — A traição e a vitória

1. Lc 22,3-6; Jo 13,27.
2. Mt 4:1, 2; Mc 1:12-13; Lc 4:1-2.
3. Mt 4,1-11. Veja também *Pérolas de Sabedoria*, vol. 26, p. 50.
4. Jo 14:30.
5. Eva ou *Chavvah*, em hebreu, tem como tradução "doadora de vida", a partir da raiz *chavah*, "viver" — e que resulta em "mãe de todos os seres vivos" (Gn 3:20). De acordo com Helena P. Blavatsky, *Ieva* ou "*heva*" é uma transliteração da antiga palavra hebraica para o nome Eva (pronunciada como *ha'va* ou *ya'va*), e que está contida dentro do nome hebreu para Deus: *Jehovah*, ou *Jodheva* (*Jod* ou *Yodh* significando "Adão", e *heva* significando "Eva").

6. Jo 13:27.
7. Mc 14:27-31, 66-72.
8. Mt 27:3-5.
9. A Ciência da Palavra Falada é a ciência da invocação da luz de Deus para produzir mudanças construtivas em si mesmo e no mundo. As pessoas usam a Ciência da Palavra Falada em afirmações, preces faladas e mantras, para acessar a energia divina do Cristo Pessoal, da Presença do EU SOU e dos Mestres Ascensos, a fim de dirigir essa energia para condições espirituais, mentais e físicas.

A Palavra Falada é a Palavra do SENHOR DEUS liberada nos *fiats* da criação. A Palavra Falada é a forma de liberarmos as energias da Palavra, ou Logos, através do chakra da garganta dos filhos de Deus, como confirmação da Palavra original perdida. Pois está escrito: "Pelas tuas palavras serás justificado, e pelas tuas palavras serás condenado" (Mt 12:37). Quando o homem e a mulher reconsagram o chakra da garganta para a formar a Palavra de Deus, tornam-se instrumentos dos próprios mandamentos de Deus, cumprindo a lei de sua recriação, segundo a imagem do Filho.

Os discípulos utilizam o poder da Palavra em decretos, afirmações, preces e mantras para atrair a essência do fogo sagrado da Presença do EU SOU, do Cristo Pessoal e dos Seres Cósmicos, canalizando a luz de Deus para matrizes de transmutação e transformação, cujo objetivo é produzir mudanças positivas nos planos da Matéria. A Ciência da Palavra Falada (juntamente com a do conceito imaculado) é o ingrediente básico e a chave de toda a alquimia. Sem a palavra falada não existe alquimia, nem criação, nem troca ou intercâmbio em qualquer porção da vida. Ela é a pedra branca do alquimista que, ao ser utilizada com sucesso pelos segredos da chama do coração, revela o "novo nome escrito, o qual ninguém conhece, senão aquele que o recebe" (Ap 2:17). Abençoado é aquele que superou a oposição da mente carnal no exercício — a prática que traz a perfeição — da Ciência da Palavra Falada, no oferecimento de decretos dinâmicos diários ao SENHOR; pois o Espírito Santo "lhe dará de comer do maná escondido" (Ap 2:17).

O Mestre da era de Aquário, Saint Germain, ensina seus discípulos a invocarem, pelo poder da Palavra Falada, a chama violeta para o perdão dos pecados e para o batismo do fogo sagrado, como preparação para a transição rumo à Consciência Mais Elevada de Deus. Ver o livro *A ciência da palavra falada*, de Mark L. Prophet e Elizaberth Clare Prophet, publicado em português pela Summit Lighthouse do Brasil.

10. Jo 14:30.

11. Jo 9:5.

12. Ap 3:11.

13. Jo 9:4.

14. As 14 estações da cruz descrevem os eventos que ocorreram desde que Jesus foi condenado à morte até quando foi colocado no sepulcro. Existem 14 eventos-chave na caminhada de Jesus até a cruz.

   As 14 estações da cruz são conhecidas como *via dolorosa*, a *via crucis*. Elas representam a descrição do observador. Não se trata da descrição de quem está passando pela iniciação, pois aquele que passa por ela encontra-se em um estado de suprema alegria e paixão.

   As 14 estações da cruz são uma bobina de energia que se desenrola, e são também a espiral de energia por meio da qual construímos o *momentum* divino da nossa mestria e da nossa iniciação na Senda. Deus não ordenou que nós enfrentássemos toda a energia e o peso de todo o nosso carma passado em apenas um dia e, portanto, desenrolamos essa bobina de energia pouco a pouco — como Jesus nos diz: "Basta a cada dia o seu mal" (Mt 6:34).

   A iniciação de cada estação é pegar essa energia e exigir que ela seja transmutada pelo fogo sagrado, de acordo com a natureza da iniciação daquela estação. O que não consegue aguentar o teste por fogo através do amor é consumido pelo Espírito Santo, pela chama violeta, e o que aguenta é selado por toda a eternidade. Ver *A senda do Cristo Universal*, de Elizabeth Clare Prophet.

15. Esse ditado foi dado durante o *Conclave dos Amigos de Cristo*, em Los Angeles, na Califórnia, no dia 1º de abril de 1983. Foi publicado em *Pérolas de Sabedoria*, v. 26, nº 28, em 10 de julho de 1983.

Capítulo 18 — Mantendo a vigília

1. Ver a mensagem de El Morya, de 30 de outubro de 1983, sob o título de "Uma necessidade cósmica".
2. 2 Co 12:9.
3. Jo 7:38.
4. Ap 3:11.
5. Ver o livro *Preveja seu futuro: compreenda os ciclos do relógio cósmico*, de Elizabeth Clare Prophet, publicado no Brasil pela Editora Nova Era.
6. Os dois Estados alemães instituídos no pós-guerra se tornaram um só em 3 de outubro de 1990, sete anos após esse ditado de Nossa Senhora. Esse acontecimento, visto agora em retrospecto, foi não apenas o ponto inicial, mas também o clímax do processo de unificação. Durante os quarenta anos em que existiram lado a lado, a República Federal da Alemanha e a República Democrática Alemã desenvolveram instituições políticas, econômicas e sociais muito diferentes. O estabelecimento dos termos da união política aconteceu rapidamente nos meses que se seguiram ao colapso da ordem comunista da Alemanha Oriental, no fim de 1989. Unificar a Alemanha econômica e socialmente, por outro lado, está sendo uma tarefa mais complicada, e vem levando mais tempo do que se esperava durante a empolgação dos anos 1989-1990. Embora as metades oriental e ocidental do país estejam compartilhando cada vez mais coisas entre si, a unificação alemã ainda é uma trabalho em progresso.
7. Esse ditado foi dado no dia 24 de dezembro de 1983, em Los Angeles, Califórnia. Foi publicado em *Pérolas de Sabedoria*, vol. 27, nº 2, em 8 de janeiro de 1984.

Capítulo 19 — A continuidade do ser

1. No serviço que aconteceu antes desse ditado, a mensageira fez um sermão a respeito de 2 Coríntios 12 — "A mensagem de Paulo: Palavras indizíveis, sobre as quais não se deve falar" — e em seguida convidou a congregação a unir as mãos a fim de formar

O Círculo de Luz de Nossa Senhora para a cura e proteção dos Estados Unidos da América. Durante a cerimônia do Círculo de Luz, a mensageira recitou preces, hinos, mantras e meditações sobre a coração diamantino da Mãe Abençoada, invocando a sua intercessão especificamente nas Cidades Gêmeas, Los Angeles e Washington; no governo, economia e defesa dos Estados Unidos; no Canadá e na América Central; e para a reversão do comunismo mundial e de toda a conspiração das drogas contra a nossa juventude.

2. Mt 7:3-5; Lc 6:41, 42.

3. Mt 24:28; Lc 17:37.

4. Ver *Jesus e Magda*, 7 de dezembro de 1984, publicado nas *Pérolas de Sabedoria*, vol. 27, nº 62, de 26 de dezembro de 1984.

5. *Os anos ocultos de Jesus*, de Elizabeth Clare Prophet, publicado no Brasil pela Editora Nova Era, reúne os registros de tudo o que Jesus fez e disse durante o período anterior ao início de sua missão na Palestina.

6. O Eu Superior é a Presença do EU SOU, o Cristo Pessoal. Ele é a consciência mais elevada, inata ao ser, o aspecto exaltado do Eu Crístico. O termo Eu Superior é usado como contraponto ao termo "eu inferior" ou "eu pequeno", que indica a alma que se afastou, mas que pode decidir, através do livre arbítrio, retornar ao Todo Divino pela manifestação da unidade do ser em Deus. O Eu Superior também se refere à consciência superior.

7. Esse dito foi dado durante o seminário *Cura através da Matriz Esmeralda*, em Mineapolis, Minnesota, em 9 de dezembro de 1984. Foi publicada em *Pérolas de Sabedoria*, v. 27, nº 63, em 30 de dezembro de 1984.

Capítulo 20 — A promessa de curar um planeta

1. Ver o livro *Senhores dos sete raios: Espelho da consciência*, de Mark L. Prophet e Elizabeth Clare Prophet, lançado em português pela Summit Lighthouse do Brasil.

2. Para uma descrição do retiro de Maria e Rafael, ver *Os mestres e seus retiros*, de Mark. L. Prophet e Elizabeth Clare Prophet.

3. Ibid.
4. Jd 4; Ef 6:12.
5. Mt 10:8.
6. Esse ditado foi dado na *Expo Vida Inteira — Los Angeles,* em Pasadena, Califórnia, no dia 8 de fevereiro de 1987. Foi publicada em *Pérolas de Sabedoria,* v. 30, nº 7, de 15 de fevereiro de 1987.

Capítulo 21 — Eu estou a vosso lado

1. As 14 Estações na era de Aquário. Os quatro pontos cardeais de Deus são: Pai, Filho, Espírito Santo e Mãe. Em cada era, um desses pontos cardeais passa pela crucificação. Uma vez que Deus é um só, todos esses elementos estão presentes em qualquer manifestação de Deus, mas hoje a ênfase está na crucificação da Mãe. É a Mãe Divina e seus filhos no planeta Terra, hoje, que estão sendo crucificados. É a mulher, a força de vida e o fogo sagrado, a própria Kundalini que estão sendo atacados, condenados e sacrificados. E é o corpo da Mãe — o corpo do homem e da mulher.

   Na dispensação da era de Peixes. Jesus caminhou por essas estações para a iniciação do Cristo e do raio masculino. Na era de Aquário, é a mãe e os seus filhos que caminham pelas 14 estações. Foi isso que Jesus disse ao chegar à oitava estação: "Não choreis, por mim, filhas de Jerusalém; chorai antes por vós mesmas e por vossos filhos" (Lc 23:28). Ele sabia que as mulheres e os filhos delas iriam reencarnar para ver o dia em que eles mesmos caminhariam por essa quatorze estações.

   É por isso que está escrito no capítulo doze do Apocalipse que quando o dragão foi lançado contra a Terra ele atacou a mulher que ia dar à luz o Filho-Varão. Isso ocasionou o ataque à mulher, à Mãe, ao princípio feminino dentro do homem e da mulher, um ataque excessivo. E hoje é o dia em que a mulher deve carregar a cruz do seu próprio carma e do carma mundial, e deve ensinar seus filhos a fazer o mesmo. É o dia em que o princípio do raio feminino no homem se eleva e desafia o

o princípio do raio feminino no homem se eleva e desafia o carma da má utilização da energia feminina. As 14 Estações da Cruz de Aquário são:1 – A Mulher e a sua semente são condenadas à morte; 2 – A Mulher e a sua semente são obrigadas a carregar a cruz; 3 – A Mulher e a sua semente caem pela primeira vez; 4 – A Mulher e a sua semente encontram a sua mãe aflita; 5 – Simão, o Cireneu, ajuda a Mulher e a sua semente a carregar a cruz; 6 – Verônica enxuga o rosto da Mulher e da sua semente; 7 – A Mulher e a sua semente caem pela segunda vez; 8 – A Mulher e a sua semente consolam as mulheres santas; 9 – A Mulher e a sua semente caem pela terceira vez; 10 – A Mulher e a sua semente são despidas de suas vestes; 11 – A Mulher e a sua semente são pregadas na cruz; 12 – A Mulher e a sua semente morrem na cruz; 13 – A Mulher e a sua semente são retiradas da cruz; 14 – A Mulher e a sua semente são sepultadas. Ver *A senda do Cristo Universal*, de Mark L. Prophet e Elizabeth Clare Prophet.

2. Êx 20:5-6; 34:6-7; Nm 14:18; Dt 5:9-10.

3. Para mais ensinamentos dos Mestres Ascensos sobre o aborto, ver *Quero nascer: O brado da alma*, compilação organizada por Neroli Duffy e publicada em português pela Summit Lighthouse do Brasil. Ver também as palestras apresentadas pela mensageira Elizabeth Clare Prophet durante o seminário *Vida gera vida*, no dia 30 de março de 1991.

4. Foram produzidos vários filmes que mostram a vida do feto no útero, entre eles *Ultrasound: "Eyewitness to the Earliest Days of Life"* (Educational Center for Life, uma organização norte-americana de proteção à vida — site: *www.edcenterforlife.org*), *The Miracle of Life* (WGBH Educational Foundation) e *The Silent Scream* (American Portrait Films).

5. O Mestre Ascenso Lanello patrocina a Ordem da Criança Sagrada para a defesa e proteção das crianças. Ele inaugurou a ordem em sua encarnação final como Mark L. Prophet em 1952 para legisladores, governantes, diretores culturais e cidadãos que prometeram ser "eternamente diligentes com as crianças do futuro". Educar as crianças e ensiná-las a dar e receber amor são importantes focos da ordem, bem como oferecer orientação à criança

vida. A associação à ordem está aberta a qualquer pessoa que deseje se tornar uma defensora das crianças, bastando apenas assinar um termo de compromisso e devotar um minuto por dia a lê-lo em voz alta. Para contatos, escreva para *ordens.sagradas@ summit.org.br.*

6. Esse ditado foi dado durante o seminário *Como contactar os anjos*, em Chicago, Illinois, no dia 27 de fevereiro de 1993.

Capítulo 22 — O presente do coração de uma Mãe

1. O Conselho do Carma promove a justiça neste sistema de mundos, distribuindo o carma, a misericórdia e o julgamento em prol de todas as correntes de vida. Todas as almas devem se apresentar diante do Conselho do Carma antes e depois de cada encarnação na Terra, a fim de receber antecipadamente as suas tarefas e o seu quinhão cármico para cada existência, submetendo-se à revisão do seu desempenho na conclusão de cada vida. Os membros do Conselho do Carma, chamados de Senhores do Carma, determinam *quem* vai encarnar, bem como *quando* e *onde*. Atribuem almas a famílias e comunidades, avaliando o peso do carma que deve ser equilibrado. O Conselho do Carma consistia, originalmente, de sete seres ascensos: o Grande Diretor Divino, a Deusa da Liberdade, o Elohim Cyclopea e as Mestras Ascensas Nada, Pallas Athena, Pórcia e Kuan Yin (no dia 30 de dezembro de 1993, o Buda Dhyani Vaichochana anunciou que, por uma dispensação especial, ele fora aceito como oitavo membro do Conselho do Carma). Para ver os perfis de cada um dos Senhores do Carma, leia o livro *Os mestres e seus retiros*.

2. Os Mestres Ascensos Jesus e Kuthumi atualmente exercem cargos na hierarquia dos Instrutores Mundiais. Servindo sob a orientação do Senhor Maitreya, eles são responsáveis pelos ensinamentos e pelo patrocínio de todas as almas que buscam união com Deus. Em todas as nações da Terra, eles vêm inspirando professores, filósofos, cientistas, artistas, pessoas em nível profissional ou não com a sabedoria das eras e como ela deve ser

fissional ou não com a sabedoria das eras e como ela deve ser aplicada a cada cultura em particular, pois as muitas culturas do mundo servem para expressar as muitas facetas da consciência Crística. Para mais ensinamentos sobre os Instrutores Mundiais, leia o livro _A alquimia de Saint Germain: fórmulas para sua autotransformação_, de Mark L. Prophet e Elizabeth Clare Prophet, publicado no Brasil pela Editora Nova Era.

3. Quando a oportunidade de ascensão surge para um indivíduo, no momento em que ele alcança o equilíbrio de 51 por cento do seu carma, ele é levado (em seu corpo etérico) diante dos Senhores do Carma, a fim de decidir se aceita a ascensão naquele momento ou se prefere se engajar em mais uma rodada de serviços.

4. Gn 18:14; Jr 32:17, 27.

5. Mt 17:1-13.

6. _Ishwara_: palavra em sânscrito que significa mestre ou senhor.

7. As estações da cruz correspondem às estações das hierarquias do Sol. Nesse ditado estão as perversões da consciência Divina das hierarquias solares em cada uma das linhas do relógio cósmico. Veja no livro _Preveja seu futuro: Compreenda os ciclos do relógio cósmico,_ de Elizabeth Clare Prophet, publicado no Brasil pela Editora Nova Era.

8. Mt 28:18.

9. Mt 9:37-38; Lc 10:2.

10. Gn 22:1-18.

11. Mt 13:33; 26: 26; Jo 6:35; Ap 2:17.

12. A Mestra Ascensa Maria Montessori, a Mensageira da Educação, estabeleceu os fundamentos do sistema de educação dos Mestres Ascensos para a era de Aquário, em sua encarnação final. Ela desenvolveu aquele que ficou conhecido como Método Montessoriano, inspirado por Nossa Senhora. Maria, a mãe de Jesus, explicou que ela e Isabel, sua prima, inventaram este método para ensinar João Batista e Jesus, quando eles eram crianças. Ver _Os mestres e seus retiros._

13. Esse ditado foi dado no dia 19 de março de 1980 em Los Angeles, na Califórnia. Foi publicado em _Pérolas de Sabedoria,_ v. 23, nº 27, de 6 de julho de 1980.

Capítulo 23 — A hora da crucificação da Mãe

1. *Christus*: Palavra em latim para "Cristo", derivada do grego *Christos*, que significa, literalmente, "ungido". Durante o Festival da Chama da Ressureição, a mensageira leu uma passagem de *Christus: Um mistério, "A tragédia divina"*, obra de Henry Wadsworth Longfellow.
2. Ver notas do Capítulo 20.
3. Mt 26:39; Mc 14:36; Lc 22:42.
4. Referência a um monte, ou cadeia de montanhas, onde Moisés recebeu a Lei. A parte norte dessa cadeia era chamada de Horeb; a parte sul, de Sinai. Ver Êx 19:1-2; Nm 1:1; Lv 7:38.
5. Jo 9:39.
6. Ct 2:1.
7. Gl 4:19.
8. Referência às greves de fome realizadas por terroristas aprisionados na Alemanha Ocidental e na Irlanda do Norte, e que resultaram na morte de Sigurd Debus. Debus, de 38 anos, da Facção Exército Vermelho da Alemanha Ocidental, morreu no dia 16 de abril de 1981 em Hamburgo, depois de uma greve de fome de 24 meses que ele e mais 23 outros condenados realizaram, em protesto contra o seu confinamento. Eles exigiam o mesmo tratamento dado a prisioneiros de guerra.
9. Is 7:14; Mt 1:23.
10. Ez 34; Jo 10:1-16.
11. Ver Ap 6:1-8 (Os Quatro Cavaleiros do Apocalipse); Ap 21:4.
12. Jo 10:17-18.
13. Is 53:5; Mt 26:28; Hb 9:22.
14. 1 Jo 4:18.
15. Mt 16:21; 17:22-23.
16. De acordo com Lucas (23:39-43), um dos ladrões se arrepende e acredita, dizendo a Jesus: "Senhor, lembra-te de mim quando entrares no teu reino." Mateus (27:39-44) afirma, porém, que "os que iam passando blasfemavam contra ele [...] de igual modo os principais sacerdotes escarneciam dele [...] e também o mesmo lhe lançaram em rosto os salteadores que com ele foram crucificados". Os arquivos da Fraternidade revelam que alguns

dos relatos apresentados no Evangelho de Lucas não são confiáveis. Ver também Mc 15:30.

17. Ap 12:7-12.
18. Ap 13:8.
19. Mt 25:6.
20. Jo 6:29.
21. Cl 2:9.
22. O Corpo Solar Imortal é o corpo de luz do Mestre Ascenso. Ele é também a veste nupcial que a alma deve tecer por meio da sua devoção a Deus, se desejar participar do casamento alquímico (a ligação permanente da alma ao Santo Cristo Pessoal) e do ritual de ascensão.
23. "No começo era Brahma, com quem estava o Verbo. E o Verbo é Brahma." Ver texto dos *Vedas*. Ver também Jo 1,1.
24. Esse ditado foi dado no dia 17 de abril de 1981 em Los Angeles, na Califórnia. Foi publicado em *Pérolas de Sabedoria*, v. 24, nº 17, de 26 de abril de 1981.

Dados sobre a autora

Elizabeth Clare Prophet é uma autora mundialmente conhecida. Entre seus best-sellers, estão *Anjos caídos e as origens do mal*, *Profecias de Saint Germain para o novo milênio* e a sua série de livros de bolso para a espiritualidade prática, com títulos como *Chamas gêmeas e Almas companheiras*, *Como trabalhar com anjos* e *Alquimia do coração*. É também de sua autoria o sucesso *Os anos ocultos de Jesus: Onde esteve o Homem de Nazaré entre os 12 e os 30 anos?*. Ela foi a pioneira em técnicas de espiritualidade prática, incluindo o uso do poder criativo do som para crescimento pessoal e transformação mundial. Seus livros foram traduzidos para mais de vinte idiomas.

Você pode adquirir os títulos da Editora Nova Era
por Reembolso Postal e se cadastrar para
receber nossos informativos de lançamentos
e promoções. Entre em contato conosco:

mdireto@record.com.br

Tel.: (21) 2585-2002
Fax.: (21) 2585-2085
De segunda a sexta-feira,
das 8h30 às 18h.

Caixa Postal 23.052
Rio de Janeiro, RJ
CEP 20922-970

Válido somente no Brasil.

www.editorabestseller.com.br

Este livro foi composto na tipologia Minion-Regular,
em corpo 11,5/15,2, impresso em papel off-white 80g/m²
no Sistema Cameron da Divisão Gráfica
da Distribuidora Record.